Garantenstellung und Solidarpflicht

AF893369

Europäische Hochschulschriften

Publications Universitaires Européennes
European University Studies

Reihe II
Rechtswissenschaft

Série II Series II
Droit
Law

Bd./Vol. 3163

PETER LANG
Frankfurt am Main · Berlin · Bern · Bruxelles · New York · Oxford · Wien

Christoph Schulte

Garantenstellung und Solidarpflicht

Eine Untersuchung der Rechtsprechung von Reichsgericht und Bundesgerichtshof

PETER LANG
Europäischer Verlag der Wissenschaften

Die Deutsche Bibliothek - CIP-Einheitsaufnahme

Schulte, Christoph:

Garantenstellung und Solidarpflicht : eine Untersuchung der Rechtsprechung von Reichsgericht und Bundesgerichtshof / Christoph Schulte. - Frankfurt am Main ; Berlin ; Bern ; Bruxelles ; New York ; Oxford ; Wien : Lang, 2001
(Europäische Hochschulschriften : Reihe 2, Rechtswissenschaft ; Bd. 3163)
Zugl.: Göttingen, Univ., Diss., 2000
ISBN 3-631-37987-0

D 7
ISSN 0531-7312
ISBN 3-631-37987-0

© Peter Lang GmbH
Europäischer Verlag der Wissenschaften
Frankfurt am Main 2001
Alle Rechte vorbehalten.

Das Werk einschließlich aller seiner Teile ist urheberrechtlich geschützt. Jede Verwertung außerhalb der engen Grenzen des Urheberrechtsgesetzes ist ohne Zustimmung des Verlages unzulässig und strafbar. Das gilt insbesondere für Vervielfältigungen, Übersetzungen, Mikroverfilmungen und die Einspeicherung und Verarbeitung in elektronischen Systemen.

www.peterlang.de

Dank

Besonderer Dank für die Anregung des Themas und die engagierte Begleitung der Dissertation gebührt meinem Doktorvater, Herrn Prof. Dr. Fritz Loos. Herrn Prof. Dr. Dr. h. c. Hans-Ludwig Schreiber danke ich für die zügige Erstellung des Zweitgutachtens.

Für wertvolle Anregungen, sorgfältige Korrekturarbeiten und viel Geduld möchte ich mich bei meiner Freundin Elisabeth Küttler bedanken. Schließlich, aber nicht zuletzt, danke ich meinem Vater für die nicht nur finanzielle Unterstützung.

Ich widme diese Arbeit dem Andenken an meine Mutter.

Inhaltsverzeichnis

Einleitung und Überblick über den Gang der Arbeit

A. Einleitung

Die Gründung des deutschen Kaiserreiches von 1871 markiert einen tiefen Einschnitt auch in der Geschichte der deutschen Justiz. Mit dem Ende der jahrhundertelang währenden Kleinstaaterei, abgelöst durch einen Nationalstaat, das Zweite Deutsche Reich, ging das Ende der aufgesplitterten Rechtssysteme und Rechtsprechungen einher. Durch das Gerichtsverfassungsgesetz (GVG) von 1877 wurde das Reichsgericht geschaffen und nahm seine Arbeit als Revisionsinstanz in Leipzig mit der Aufgabe der Schaffung von Rechtseinheit auf[1]; zuvor war das Reichstrafgesetzbuch (RStGB) in Kraft getreten. Die Gründung des Kaiserreiches stellt damit auch den Beginn einer einheitlichen Gesetzgebung und Rechtsprechung in Deutschland dar. Wie seine Vorgänger, etwa das preußische Strafgesetzbuch, enthielt das damalige Gesetz im Bereich der unechten Unterlassungsdelikte keine Vorschriften, obwohl die Möglichkeit der Begehung von Straftaten durch Unterlassen allgemein anerkannt war.
Das deutsche Strafrecht unterscheidet damals wie heute zwei Arten von Unterlassungsdelikten. Es sind dies einmal die *echten* Unterlassungsdelikte, deren Tatbestand das Unterlassen einer rechtlich gebotenen Handlung beschreibt, zum Beispiel das Unterlassen einer Anzeige (§ 138 StGB) oder der Hilfeleistung bei Unglücksfällen (323 c StGB)[2]. Daneben existieren die *unechten* Unterlassungsdelikte, deren Tatbestand regelmäßig die Herbeiführung eines Erfolges kennzeichnet[3]. Sie setzen also die (wenigstens versuchte) Herbeiführung des tatbestandlichen Erfolges voraus und stellen so quasi das Gegenstück der erfolgsabhängigen Begehungsdelikte dar. Im Gegensatz zu den Begehungsdelikten, die erfordern, daß der Täter den Erfolg durch ein aktives Tun verursacht hat, verlangen die unechten Unterlassungsdelikte, daß der potentielle Täter eine Garantenstellung innehatte, kraft derer er rechtlich verpflichtet war, den Eintritt des tatbestandlichen Erfolges zu verhindern (Garantenpflicht).
Die konkrete Festlegung einer Strafbarkeit auf letztgenanntem Gebiet oblag mangels gesetzlicher Regelung den Gerichten. Vor allem die entscheidenden Fragen, wann eine Garantenstellung besteht, welche Rechtspflichten dem Garanten obliegen, mußten in der Zeit des Deutschen Reiches also allein von der Rechtsprechung mit dem Reichsgericht als maßgeblicher letzter Instanz beantwortet werden.

---

1 *Laufs*, in: JuS 2000, 1 (3).

2 Weitere echte Unterlassungsdelikte sind etwa §§ 123 Abs. 1 2. Alt., 326 Abs. 3, 328 Abs. 2 Nr. 1 StGB; § 401 Abs. 1 Nr. 1, 2 AktG, §§ 64, 84 Abs. 1 Nr. 1, 2 GmbHG.

3 Unterscheidung nach *Tröndle*, Vor § 13 Rn. 12.

„Rechtschöpfung durch Rechtsprechung", das war in diesem Bereich gewissermaßen die Aufgabe der Judikatur, ihr vom Staat übertragen erst durch das „legislative Unterlassen" und bis in die heutige Zeit durch die ausfüllungsbedürftige Generalklausel des § 13 StGB. Auch nach Schaffung dieser Vorschrift blieb es bis heute der Rechtsprechung - und dort insbesondere dem dem Reichsgericht nachfolgenden Bundesgerichtshof - vorbehalten, die erforderlichen Garantenstellungen festzulegen.

In dieser Arbeit wird vornehmlich der Frage nachgegangen, wie die Justiz seit dem Bestehen einer einheitlichen deutschen Rechtsprechung mit dieser Aufgabe umgegangen ist, wie sich die Garantenstellungen und ihre jeweiligen Voraussetzungen im Laufe der Zeit bis heute entwickelt haben. Wesentliche Aufgabe der Rechtsprechung war dabei, zu entscheiden, wann eine rechtliche Verpflichtung zum Tätigwerden besteht, wann also ein schlichtes Nichtstun vorliegt und wann es sich dabei um ein strafrechtlich relevantes Unterlassen handelt. Die grundsätzliche Voraussetzung, die die Judikatur im Wandel der Zeit an das Bestehen einer Garantenstellung gestellt hat, ist stets die gleiche geblieben: Der potentielle Unterlassungstäter muß zur Verhinderung des Erfolges rechtlich verpflichtet sein. Die Frage aber, wann eine solche Rechtspflicht besteht und wann es sich um eine bloß moralische, strafrechtlich demnach irrelevante Pflicht handelt, ist indes in der Zeit von der Gründung des Reichsgerichtes bis heute nicht immer gleich beantwortet worden. „Alte" Garantenstellungen verloren an Bedeutung oder machten einen Wandel in ihren Voraussetzungen durch, „neue" Positionen traten hinzu. Der erste Eindruck, der bei einem Blick in die Judikatur zunächst entstehen mag, ist der, daß die Zahl potentieller Garantenstellungen im Lauf der Zeit in nicht unerheblichen Umfang zugenommen hat. In diesem Zusammenhang hat die Rechtsprechung zahlreiche Kritik erfahren. Von einer „Ölfleckentendenz" (Welzel) bei der Ausweitung war die Rede, auch von einem „Wildwuchs" (Schünemann) bei den Garantenstellungen. Allgemein wurde und wird konstatiert, die Zahl der möglichen Garantenstellungen sei im Verlauf dieser Entwicklung immer weiter angestiegen, ohne eine einheitliche Linie aufzuweisen. Deshalb will diese Arbeit neben einer Darstellung der Entwicklungen der einzelnen Garantenstellungen versuchen, den Gang dieser Entwicklung zu erklären und so in ihrem Verlauf nachvollziehbar zu machen.

B. Überblick über den Gang der Arbeit

Wie bereits erwähnt, hat es der Gesetzgeber bis heute in erster Linie der Rechtsprechung überlassen, festzulegen, wann eine Garantenstellung vorliegt, wann jemand rechtlich zum aktiven Tun verpflichtet ist. Im ersten Teil der Arbeit soll daher hauptsächlich der Frage nachgegangen werden, wie sich die maßgebliche Rechtsprechung im Hinblick auf dieses Problem verändert hat. Zu Beginn der Darstellung wird dazu eine Hypothese entwickelt, die eine Aussage über den erwarteten Verlauf enthält. Damit soll einerseits die Entwicklung als solche analysiert werden, andererseits soll versucht werden, auf diesem Wege die vielen unterschiedlichen Bereiche einer einheitlichen Untersuchung zu unterziehen, die Anhaltspunkte für eine Erklärung dieser Entwicklung geben kann.

Im Bereich der Garantenpflichten spielt der Gedanke der Solidarpflichten eine große Rolle. Die Bedeutung und der Umfang dieser Pflichten haben sich, wie gezeigt werden wird, im Laufe der Zeit gewandelt und so die Rechtsprechung nachhaltig beeinflußt. Es soll deshalb versucht werden, unter Bezugnahme auf den Wandel der Bedeutung von Solidarpflichten die Entwicklung der Rechtsprechung zu erklären. Die zu untersuchende Hypothese wird sich deshalb auf den jeweiligen zeit- und systembedingten Umfang einer solchen Solidaritätsgarantie beziehen. Sie wird vor der Untersuchung der Entwicklungen in einem theoretischen Eingangskapitel hergeleitet und im Folgenden konkret an den tatsächlich erfolgten Entwicklungen überprüft.

Vor der Auseinandersetzung mit der Jurisdiktion wird zunächst in einem Kapitel die Legalentwicklung im Bereich der unechten Unterlassungsdelikte behandelt, gleichfalls unter Berücksichtigung der genannten Hypothese. Dabei soll untersucht werden, ob sich nicht auch in diesem Bereich Anhaltspunkte finden lassen, die Hinweise für die Richtigkeit der vermuteten Entwicklung geben können.

Im Anschluß daran findet eine umfangreiche Untersuchung der Rechtsprechung unter dem oben genannten Gesichtspunkt statt. Neben dieser quasi-empirischen Analyse soll die Arbeit aber auch dazu dienen, die vielgestaltige Entwicklung der Judikatur zu den Garantenstellungen abzubilden und nachzuvollziehen. Eine umfassende Darstellung der Entwicklung auf diesem Gebiet liegt bis heute nicht vor. Sie erscheint aber gerade im Hinblick auf die Kritik an der Rechtsprechung interessant und erforderlich, um in der ermöglichten Gesamtschau ein Ausgangspunkt weiterer Forschungen und Überlegungen sein zu können. Eine Zusammenfassung der Ergebnisse bildet schließlich den Abschluß des Hauptteils der Arbeit.

Im zweiten Teil der Arbeit ist § 323 c StGB, die unterlassene Hilfeleistung, Gegenstand der Untersuchung. Die Entwicklung der gesetzlichen Verpflichtung zu solidarischem Verhalten wird aus einem ähnlichen Blickwinkel analysiert wie bei der Darstellung der unechten Unterlassungsdelikte. Auch wenn es sich bei den unechten Unterlassungsdelikten um von Verbotstatbeständen abgeleitete Gebote, bei der unterlassenen Hilfeleistung dagegen um ein originäres Gebot handelt, sollen diese Bereiche miteinander verglichen werden, da in beiden Fällen der Gedanke der Solidarität - oder genauer der Solidarpflichten - eine wichtige Rolle spielt. Die Betrachtung der Entwicklung bei einem tatsächlichen Solidargebot vermag unter Umständen auch Rückschlüsse für die untersuchten Garantenstellungen zu ermöglichen. In gleicher Weise wird hier zunächst der Verlauf der gesetzlichen Entwicklung betrachtet, bevor wiederum die Entwicklung der Rechtsprechung Beachtung findet. Innerhalb der Darstellung der Judikatur wird der Fortgang besonders der Bereiche „Begriff des Unglücksfalles“ und „Umfang der Hilfeleistungspflicht“ berücksichtigt, da der Wandel der Bedeutung von Solidarpflichten in der Rechtsprechung hier besonders anschaulich werden dürfte.

Am Schluß der Arbeit sollen erneut, wie schon am Ende des ersten Teiles, die Erkenntnisse in einer Zusammenfassung wiedergegeben werden, wobei auch ein Vergleich mit den Ergebnissen des ersten Teiles gezogen werden soll.

Erster Teil:
Die unechten Unterlassungsdelikte

1. Kapitel:
Ausarbeitung der Hypothese

Bevor die Entwicklung der Garantenstellungen sowohl im gesetzgeberischen als auch im rechtsprechenden Bereich dargestellt wird, soll zunächst eine Hypothese hergeleitet werden. Anhand dieser Vermutung, die eine Behauptung über den Verlauf eben jener Entwicklung zum Inhalt haben wird, sollen die Entwicklungen in den unterschiedlichen Bereichen untersucht und bewertet werden. Sie soll dazu dienen, einen möglichen Erklärungsansatz für den tatsächlichen Verlauf zu liefern.

Im Kern greift die Hypothese auf die – zu untersuchende – Bedeutung von Solidarpflichten bei den Garantenstellungen zurück. Im Rahmen ihrer Herleitung wird deshalb zunächst das Element der Solidarität auf dem Gebiet der unechten Unterlassungsdelikte erörtert; im Anschluß daran werden die unterschiedlichen Ideologien, die die Gesellschaftssysteme seit 1871 bestimmt haben, auf die ihnen innewohnende Bedeutung von Solidarpflichten untersucht. Danach wird eine sozialhistorische Hypothese aufgestellt, die unter Berücksichtigung der Bedeutung von Solidarpflichten eine Entwicklung vor dem Hintergrund dieser verschiedenen Gesellschaftssysteme beschreibt.

A. Der Bedeutungswandel von Solidarpflichten auf dem Gebiet der Garantenstellungen

I. Das Element der Solidarität bei den unechten Unterlassungsdelikten

Grundsätzlich sind im deutschen Strafrecht rechtsgutsverletzende Handlungen jedermann verboten, rechtsgutserhaltende Handlungen dagegen werden nicht unter allen Umständen und nicht einem jeden geboten, sondern stellen vielmehr eine Ausnahme dar[4]. Während eine Verbotsnorm den Adressaten eine Verschlechterung oder Beeinträchtigung des geschützten Rechtsgutes verbietet, gebietet eine Gebotsnorm ihnen eine Erhaltung desselben. Ziel eines Verbotes ist damit, ein Rechtsgut vor den Gefahren zu schützen, die von den Normadressaten ausgehen, es will diese gewissermaßen vom Schutzobjekt abschirmen. Ein Gebot dagegen strebt die Bewahrung der Situation eines Rechtsgutes auf die Weise an, daß es den jeweiligen Adressaten zu einer bestimmten Handlung zu-

[4] Zu dieser ethisch begründeten Tradition ausführlich *Seelmann*, in: JuS 1995, 281, 282 f., m. w. N.

gunsten des Rechtsgutes verpflichtet. Dadurch, daß es so die vom Normadressaten vorzunehmende Zuwendung zur Bedingung der angestrebten Verfassung des Rechtsguts macht, will das Gebot den Adressaten gerade nicht vom Schutzgut fernhalten[5]. Dieser Gegensatz legt den Schluß nahe, daß Verbote dem Bereich des individualistischen Denkens entstammen, Gebote hingegen den Umfang der Pflicht zu gegenseitiger Solidarität bestimmen[6].

1. Der Begriff der Solidarität

Wenn in diesem Zusammenhang von Solidarität gesprochen wird, von der die Gebote abhängig sind oder der sie sogar entstammen, dann erscheint es notwendig zu klären, wie der Begriff der Solidarität in dieser Arbeit verstanden wird.
Seine sprachgeschichtliche Wurzel findet er im römisch-rechtlichen „solidus", das die wechselseitige Haftung für das Ganze bezeichnet[7]. Schon hieran läßt sich der wesentliche, auf Gegenseitigkeit ausgerichtete Begriffsinhalt erkennen. In seiner weitesten Bedeutung stellt „Solidarität" einen Grundbegriff der durch Industrialisierung und die Leitvorstellung von einer bürgerlichen Gesellschaft geprägten Moderne dar. Er dient dabei als Grundkategorie, die sowohl geeignet ist, Zielvorstellungen politischen und gesellschaftlichen Handelns unter den Bedingungen einer industriell geprägten Moderne zu beschreiben, als auch die Kräfte zu benennen respektive hervorzurufen, die an der Herstellung gesellschaftlich wünschenswerter Verhältnisse mitwirken sollen. Dazu umfaßt der Begriff auch eine normative Vorstellung, die sich auf Ansprüche an kooperatives Verhalten und eine entsprechende Verantwortungsgemeinschaft beruft[8]. Zuletzt enthält der Terminus der Solidarität noch einen appellativen Charakter, der, allgemein gesprochen, auf die Mobilisierung von Menschen abzielt[9]. Dieser Anspruch auf Kooperation und gegenseitige Verantwortung als Ausformungen dieses „Gestaltungsprinzips"[10] kann sich vielförmig ausdrücken, auch in rechtlich verankerten Solidarpflichten, auf die in dieser Untersuchung das Hauptaugenmerk gerichtet sein wird.

---

5 *Samson*, in: FS-Welzel, S. 594 (595).

6 *Samson*, in: FS-Welzel, S. 595. Zur Verrechtlichung von Solidarpflichten im Strafrecht (insbesondere im modernen Sozialstaat) umfassend *Morgenstern*, S. 116 ff.

7 *Metz*, in: Solidarität, S. 17, 31.

8 *Brockhaus*, Solidarität, S. 371, 372. Dort auch ausführlich zur Entwicklung des Begriffes von einem juristischen Fachterminus aus dem 18. Jahrhundert zu einem Schlüsselbegriff gesellschaftlichen Selbstverständnisses (vergleiche auch S. 374).

9 *Brockhaus*, Solidarität, S. 372.

10 *Morgenstern*, S. 53. Dort finden sich auch Ausführungen zur Institutionalisierung der Solidarität in Deutschland.

Diese Form der „organisierten Solidarität“[11] moderner Gesellschaften dient entsprechend der vorgenannten Wesenszüge einerseits einem individualisierten und funktionsdifferenzierten Handeln, andererseits der sozialen Erzeugung von Verbindlichkeiten. Diese Verbindlichkeiten, die sich aus der „organisierten Solidarität“ ergeben, können typischerweise in Form von Solidarpflichten ausgestaltet sein. Daß der Umfang solcher Pflichten auch vom jeweils herrschenden und ständigen Wandlungen unterworfenen Verständnis über das Verhältnis von Einzelnem und Gesellschaft bestimmt wird, liegt nahe[12].
Wenn man nun Solidarität entsprechend als der Herstellung bestimmter gesellschaftlicher Verhältnisse dienend definiert, dann stellen sich Pflichten, die der Herbeiführung dieser Ziele dienen, als Solidarpflichten dar. Rechtsgutserhaltende Gebote des Strafrechts können dann Solidarpflichten in diesem Sinne sein.

2. Garantenstellung und Solidarität

Täter eines unechten Unterlassungsdeliktes kann nur sein, wer eine Garantenstellung innehat, aufgrund derer ihm eine Garantenpflicht obliegt; eine solche Pflichtenstellung besteht dann, wenn jemand rechtlich dafür einzustehen hat, daß ein bestimmter tatbestandlicher Erfolg nicht eintritt. Diese Erfolgsabwendungspflicht gebietet ihm ein (bestimmtes) Tun. Die Tatsache aber, daß dem Adressaten die Abwendung eines Erfolges zu Lasten und nicht die Herbeiführung eines anderen Erfolges zugunsten des geschützten Rechtsgutes auferlegt wird, macht deutlich: Ein Garant, der die ihm obliegende Erfolgsabwendungspflicht verletzt, verwirklicht einen Straftatbestand, der gesetzlich als Begehungsdelikt konstruiert ist und dem damit *primär* eine Verbotsnorm zugrunde liegt[13]. Er verstößt damit nicht zuerst gegen ein Gebot im rechtlichen Sinne, sondern gegen eine gesetzliche Verbotsnorm. Der Garant wird beispielsweise nicht deshalb bestraft, weil er ein Gebot zur Erhaltung des Lebens verletzt hat, sondern weil der Erfolg des Todes eingetreten ist und er zu seiner Abwendung verpflichtet war. Doch trotz des Ursprungs auf dem Gebiet der Verbote läßt sich die Rechtsnatur der unechten Unterlassungsdelikte damit nicht wiedergeben, denn Gegenstand eines Verbotes ist stets eine Handlung, nicht eine Unterlassung. Das „Verbot“, eine Handlung zu unterlassen, stellt sich damit als ein Gebot, die betreffende Handlung vorzunehmen, dar. Um es mit den Worten *Armin Kaufmanns* zu sagen: Die Handlungsnatur des Gesollten hat Gebotscharakter, der Sollensinhalt zeigt sich als Verbot[14]. Wenn die unechten Unterlassungsde-

---

[11] Der Begriff geht zurück auf *Durkheim*, zitiert nach *Brockhaus*, Solidarität, S. 373.

[12] *Samson*, in: FS-Welzel, S. 595.

[13] *Wessels*, S. 210, Rn. 697.

[14] *Armin Kaufmann, S. 257.*

likte vom Garanten also ein bestimmtes Tun verlangen, stellen auch sie Gebote dar - schließlich verlangen sie eine bestimmte Handlung -, allerdings handelt es sich dabei Gebote, die unmittelbar von Verboten abgeleitet worden sind.

Kommt man nun auf die obigen Ausführungen zum Zusammenhang von Solidarität und Gebot zurück, ist folgendes festzuhalten: Auch wenn die Garantenstellungen als von Verboten abgeleitete Gebotspflichtenstellungen mit Sicherheit nicht allein aus dem Gedanken an die Garantie der Solidarität erklärt werden können, spielt das Element der Solidarität bei ihnen ungeachtet ihres Ursprungs aus dem Bereich der Verbote eine wichtige Rolle[15], da im Ergebnis trotz der Bestrafung wegen einer Verbotsverletzung ein Tun zugunsten eines anderen verlangt wird. Insoweit stellen die Garantenstellungen eine Ausnahme im System der strafrechtlichen Vorschriften dar[16]. Auch wenn die unechten Unterlassungsdelikte als Spiegelbild der Begehungstatbestände[17] des Strafgesetzbuches angesehen werden, unterscheiden sie sich, wie deutlich wurde, doch von ihnen. Dem „normalen" Begehungstatbestand ist als Verbot eine Verpflichtung zu solidarischem Tun fremd, dem damit korrespondierenden Unterlassungstatbestand jedoch nicht: Wenn dem Garanten das Nichtstun verboten und auf diesem Wege ein bestimmtes Tun geboten wird, dann dient die ihm obliegende Garantenpflicht auch der Garantie der - organisierten - Solidarität[18]. Begriffe wie „Gefahrverantwortlichkeit" und die Begründung entsprechender Pflichten durch institutionelle Zuständigkeit unterstreichen diesen Aspekt[19]. Aus diesen Gründen wird der Umfang dieser Pflicht zum Handeln wie bei den „echten" Geboten in Abhängigkeit mit der (jeweils gesellschaftlich verordneten) Solidarität stehen.

Wenn in diesem Zusammenhang von Solidarität gesprochen wird, ist stets daran zu denken, daß es sich dabei, wie oben schon kurz erwähnt, um eine „organisierte Solidarität", um staatlich oder gesellschaftlich verordnete Solidarität also, und damit um Solidarpflichten handelt. Diese Solidarpflichten werden von der Sozietät bestimmt und definiert und beinhalten deshalb quasi verobjektivierte

---

15 Zum Begriff „Garantie der Solidarität" in diesem Zusammenhang mit den unechten Unterlassungsdelikten vergleiche etwa *Seelmann*, in: Recht und Moral, S. 295 (296); *derselbe*, JuS 1995, 281 (282), *Jakobs*, Strafrecht AT 28. Abschn., Rn. 14, 15; *Samson*, FS-Welzel, S. 594, 595. Vergleiche auch *Seelmann*, GA 1989, 241 (252, 253).

16 Vergleiche dazu etwa *Seelmann*, JuS 1995, 281 (282). Dieser erkennt trotz einer sehr kritischen Haltung strafrechtlichen Solidaritätspflichten gegenüber diese traditionelle Ausnahme auf dem Gebiet der Garantenpflichten an, S. 282 l. Sp.

17 *Wessels* AT Rn. 697.

18 *Jakobs*, Strafrecht AT 28/15; *Samson*, in: FS-Welzel, S. 595.

19 Vergleiche *Seelmann*, in: GA 1989, 241 (244, 253). Vergleiche weiter dessen kritische Ausführungen in Recht und Moral, S. 295 (296).

Werte. Um dies zu veranschaulichen, soll kurz ein Beispiel gegeben werden. Bei den Selbstmordverhinderungspflichten, die im Verlauf der Arbeit noch ausführlich erörtert werden, wird der Garant durch das Strafrecht verpflichtet, unter Umständen gegen den Willen des Dritten zu handeln. Wer wirklich zum Suizid entschlossen ist, will nicht daran gehindert, „gerettet" werden, er will auch nicht durch das Tun eines rechtlich dazu verpflichteten Garanten von seinem Vorhaben abgebracht werden. Hier haben wir es gewissermaßen mit einer „doppelten Zwangssolidarität" zu tun: Einmal deshalb, weil - wie in den „normalen" Fällen auch - der Garant zu diesem Verhalten verpflichtet wird, also nicht unbedingt freiwillig solidarisch aktiv werden würde. Doppelt deshalb, weil der Dritte gezwungenermaßen und gegen seinen Willen Nutznießer dieser Handlung wird: Er bleibt am Leben, eine objektiv für ihn positive Situation, subjektiv von ihm zum Zeitpunkt der Ausführung wahrscheinlich kaum so empfunden.
Trotzdem ist auch in diesen Fällen eine tatsächliche Form solidarischen Handelns mit ein Grund für die Aufstellung derartiger Garantenpflichten. „Der Staat", „die Gesellschaft" ist für seine /ihre Bürger in die Pflicht (zur Fürsorge) genommen und setzt dabei seine Werte und Vorstellungen an die des „beschützten" Dritten. Er schützt in den Fällen der Suizidverhinderungspflichten das Leben, über das der einzelne, als Stichwort mag ein Hinweis auf den im Strafrecht bedeutenden Begriff des absoluten Lebensschutzes dienen, keine Verfügungsgewalt innehaben soll. Wenn hier also von Solidarität gesprochen wird, dann handelt es sich dabei stets um eine vom Staat dem einzelnen auferlegte Solidarität, meist zugunsten eines Dritten, auch wenn dieser in einzelnen Fällen diesen Schutz gar nicht begehrt.

Abschließend bleibt damit festzuhalten, daß der Gedanke der Verpflichtung zu solidarischem Tun auf dem Gebiet der unechten Unterlassungsdelikte durchaus eine bedeutende Rolle spielen kann, selbst wenn sie ihren Ursprung im Feld der „unsolidarischen Verbote" finden. Dabei soll im Folgenden, dies zur Klarstellung, nicht versucht werden, die Existenz von Garantenpositionen aus einem Verständnis als ausschließliche Solidarpflichten heraus zu erklären[20]. Nicht der Grund für das Bestehen von Garantenstellungen wird untersucht, vielmehr soll der Vermutung nachgegangen werden, daß der Umfang und die Zahl der Garantenstellungen in der Judikatur im Laufe der Zeit aufgrund des „solidarischen Elements" abhängig auch von der aktuellen Bedeutung der organisierten Solidarität war[21].

---

20 Dies wäre ohnehin nicht möglich, vergleiche etwa *Seelmann*, Recht und Moral, S. 295 (296); *Jakobs*, Strafrecht AT Abschn. 28, Rn. 14.

21 Zu der Vergrößerung des Pflichtenkreises im Rahmen der Garantenstellungen durch die Berufung auf „Solidarität" vergleiche auch *Morgenstern*, S. 37.

Auch wenn nicht alle Garantenpflichten zu ihrer Erklärung einen Rekurs auf den Bereich der Solidarpflichten erforderlich machen, soll in dieser Untersuchung der Schwerpunkt trotzdem vornehmlich auf diesen Aspekt gelegt werden, da womöglich auch die Entwicklung der Garantenpositionen, die nicht dem Kreis der „organisierten Solidarität“, der Garantie der Solidarität, nahestehen, durch ihre Entwicklung Aufschluß über die Bedeutung der gesellschaftlichen „solidaristischen“ Einflüsse geben.

II. Der gesellschaftliche Hintergrund im zu untersuchenden Zeitraum

Im Bereich der unechten Unterlassungsdelikte ist also die Frage relevant, „wie viel“ Solidarität dem im Einzelfall betroffenen Rechtsgut von seiten des Staates rechtlich zugesichert wird, wann der Bürger rechtlich verpflichtet ist, solidarisch, also rechtsguterhaltend, tätig zu werden. Danach wird sich auch die Anzahl möglicher Garantenstellungen und -pflichten sowie der Umfang der an sie gestellten Voraussetzungen richten.

Diese Untersuchung beginnt mit der Gründung des Reichsgerichtes im Jahr 1879. In die Zeitspanne vom damaligen Zeitpunkt bis in unsere Tage fallen so unterschiedliche Staatsformen wie die der Monarchie des Kaiserreiches, die Weimarer Republik, die nationalsozialistische Diktatur und die sozialstaatliche demokratische Bundesrepublik. Jedem dieser Systeme lagen oder liegen unterschiedliche Ideologien zugrunde, die auch den Stellenwert der Solidarität betreffen. Es stellt sich also die Frage, ob die unterschiedlichen Gesellschaftssysteme Einfluß genommen haben auf den Bereich des geforderten solidarischen Verhaltens und damit auf Zahl und Umfang von Garantenpositionen und daraus resultierenden Pflichten.

Natürlich lassen sich gesellschaftliche Ideologien nicht wie bestehende Staatsformen genau datieren und selbstverständlich verlaufen ihre Entwicklungen nicht genau parallel zu denen des herrschenden Systems. Als Beispiel sei hier die Spätzeit der Weimarer Republik genannt, in der der Liberalismus gewiß nicht mehr hoch im Kurs stand. Trotzdem soll im Folgenden versucht werden, die Gesellschaftsideen mit den existierenden Gesellschaftssystemen zu verknüpfen und darzustellen. Durch diese leichte Schematisierung der Darstellung auf dem Gebiet der gesellschaftlichen Entwicklung wird es einfacher, eine entsprechende Formel zu finden, zum anderen wird sie einer übersichtlichen Darstellungsweise förderlich sein. Im Rahmen der jeweiligen Entwicklungsstränge, die im Hauptteil der Arbeit untersucht werden, kann auf diese Problematik der unter Umständen nicht ganz kongruenten Verläufe von Ideologie und tatsächlicher Gesellschaft dann konkret eingegangen werden, falls es notwendig erscheint.

1. Kaiserreich und Weimarer Republik

Am Beginn der zu untersuchenden Zeitspanne steht das am 18. Januar 1871 proklamierte deutsche Kaiserreich und die Ausrufung des preußischen Königs Wilhelm I. zum deutschen Kaiser. Zu Zeiten des Kaiserreiches, im 19. und beginnenden 20. Jahrhundert also, war der Liberalismus die in politischer und gesellschaftlicher Hinsicht entscheidend prägende Denkrichtung. Er postulierte die Selbstbestimmungsfähigkeit der Individuen durch die Vernunft und folgerte daraus eine weitgehende Individualfreiheit gegenüber dem Staat. Herausbildung und Durchsetzung des Liberalismus lassen sich auf die Jahre von 1750 bis 1860 datieren, in Folge rationalistischer Aufklärung und fortschreitender Industrialisierung. Trotz der monarchischen Struktur und, damit einhergehend, der absolutistischen Herrschaft spielte die Freiheit des Einzelnen damit in dieser Zeit eine große Rolle[22].

Bedingt durch diese Freiheiten, zeigten sich rasch auch negative Aspekte dieser Gesellschaftsidee: Insbesondere die Freiheit der Wirtschaft zog für weite Teile der Bevölkerung erhebliche Nachteile nach sich. Denn wenn die Selbstregulierung der Ökonomie durch die Gesetzmäßigkeiten von Markt und Wettbewerb, ohne größere staatliche Eingriffe also, typisch für die damalige Zeit war, dann wird deutlich, daß eine soziale Sicherung der zahlenmäßig bedeutendsten Schicht der Arbeiter, der Masse der Bevölkerung, nicht existierte. Die Gewerkschaften waren noch jung[23], zudem wurden die der Arbeiterschaft nahestehenden Organisationen von 1878 bis 1890 durch die Sozialistengesetze unterdrückt; lange Zeit existierte daneben nicht einmal eine Beschränkung der Arbeitszeiten, die ihren Namen zu recht tragen durfte[24]. Es bestand lediglich eine Armenpflege, die allerdings auf einem derart niedrigen Niveau stattfand, daß sie das Elend der Armen nicht zu beseitigen vermochte[25]. Dies sollte sich langsam ändern durch Bismarcks in den Jahren ab 1883 initiierte Sozialgesetzgebung, „das erste System sozialer Sicherung in der Welt“[26]. Soziale Sicherheit, überdies nur in bescheidenen Grenzen[27], gab es also im Zeitalter des Liberalismus erst am Ende des 19. Jahrhunderts. Die Kehrseite des liberalen, indivi-

---

22 Ausführlicher dazu beispielsweise *Nürnberger*, in: Mann (Hrsg.), Weltgeschichte, S. 148 f.

23 Im Jahr 1868 wurde der Allgemeine Deutsche Arbeiterverband als erste Gewerkschaft gegründet, der noch stärker vom Gedanken der Selbsthilfe getragen war, als sich als Interessenvertretung der Arbeiter zu verstehen, vergleiche *Gurland*, in: Mann (Hrsg.), Weltgeschichte, S. 292.

24 Daten bei *Gurland*, a. a. O. und bei *Görtemaker*, S. 183 f.

25 Vergleiche *Görtemaker*, S. 296; *Hentschel*, in: Bracher/Funke/Jacobsen, S. 208.

26 *Wehler* S. 908, ausführlicher zu den Einzelheiten der Sozialgesetzgebung S. 913 sowie *Görtemaker*, S. 293 f.

27 *Wehler*, S. 914,

dualistischen Geistes war damit offenkundig die, daß der Bürger vom Staat keine oder zumindest nur minimale Unterstützung erwarten konnte.
Die Jahre Bismarckscher Sozialgesetzgebung markieren den Beginn von Krise und Niedergang des Liberalismus, welcher sich damit auf die Jahrzehnte von 1890 bis 1930 datieren läßt[28]. Der soziale Reform- und Demokratisierungsdruck - nicht zu vergessen auch die wirtschaftliche und soziale Situation der Bevölkerung nach dem Ersten Weltkrieg - trug mit dazu bei, daß mit dem Ende der Weimarer Republik auch das Zeitalter des Liberalismus zuende ging.

Wie zuvor festgestellt worden ist, stellen die unechten Unterlassungsdelikte einen Bereich dar, in dem sozusagen staatlich verordnete Solidarität eine bedeutende Rolle spielt. Der liberalistisch ausgerichtete Staat, so steht zu vermuten, wird auch den Bereich der Solidarverpflichtungen nicht unbeeinflußt gelassen haben. Wenn nun diese Gesellschaftsform seinen Bürgern als Kehrseite oder Bedingung der Individualfreiheit keine oder doch nur wenig Solidarität seinen Mitmenschen gegenüber abverlangte, wie der Staat auch selbst in diesem Feld weitgehend passiv blieb, dann liegt die Vermutung nahe, daß der Kreis möglicher Garantenstellungen und -pflichten eher klein war. Garantenpflichten, die Solidarpflichten beinhalten, werden im Zeitalter des (ausgehenden) Liberalismus noch eine eher untergeordnete Rolle gespielt haben.

2. Nationalsozialismus

Vom Geist des Liberalismus war nach der nationalsozialistischen Machtergreifung im Jahr 1933 nichts mehr zu spüren. Ganz im Gegenteil: Nach nationalsozialistischer Auffassung war der liberale Staat ein „autoritätsloser Freiheitsstaat“[29]. Zentraler Begriff der nunmehr bestimmenden Weltanschauung war der der „Volksgemeinschaft“, deren Zielen sich das Individuum unterzuordnen hatte[30]. An die Stelle des Liberalismus des Kaiserreiches und der liberalrechtsstaatlichen Grundsätze der Weimarer Republik war der kollektivistisch orientierte Führerstaat getreten. Die Grundlinien des Kollektivismus, die nachdrücklich den Vorrang des gesellschaftlichen Ganzen vor individuellen Eigenrechten betonen, lassen sich auch im Strafrecht der damaligen Zeit nachweisen: Das Strafrecht sollte nach nationalsozialistischer Auffassung die Erziehung der Bevölkerung hin zur nationalsozialistischen Weltanschauung fördern[31] und das „völkische“ Gemeinschaftsbewußtsein stärken[32]. Deutlich ablesen läßt sich die-

---

[28] *Schiller*, in: Nohlen, S. 394.
[29] Zitiert nach *Werber*, S. 71, dort finden sich noch weitere Nachweise.
[30] *Schem*, S. 87; *Lammers*, in: DJ 1934, 1296 (1300).
[31] *Huschens*, S. 22; *Freisler*, in: Gürtner/Freisler, S. 40.
[32] *Schäfer/Dohnany*, Strafgesetzgebung, S. 214.

se Intention an dem Vorspruch, der dem Entwurf des neuen Strafgesetzbuches vorangestellt war und als zentrale Aussage den Grundsatz „Gemeinnutz geht vor Eigennutz" enthielt[33].

Die antiliberale, den Gedanken der Gemeinschaft überhöhende Auffassung legt nahe zu vermuten, daß auch im zu untersuchenden Bereich der Garantenstellungen eine deutlich andere Linie eingeschlagen wurde als zuvor. Gemeinschaft erfordert Solidarität; die Überbetonung und -bewertung der sogenannten „Volksgemeinschaft" wird eine stärkere von staatlicher Seite geforderte Solidarität unter den Bürgern nach sich ziehen[34]. Die Einflüsse der kollektivistischen Ideologie könnten deshalb zu einem Zuwachs an Bedeutung von Solidarpflichten und damit einhergehend zu einem Anstieg der Zahl möglicher Garantenstellungen und dem Umfang der möglichen jeweiligen Pflichten sowie zu einem Nachlassen der jeweils geforderten Voraussetzungen geführt haben.

Bei der nachfolgenden Analyse der Rechtsprechungsentwicklung darf nicht vergessen werden, daß die zwölf Jahre währende NS-Diktatur ein in ihrer Radikalität in nahezu jeder Hinsicht einmaliges Extrem darstellt. Eine einheitliche, konstante Entwicklung der Rechtsprechung über die gesamte Zeitspanne hinweg war deshalb aus den bekannten geschichtlichen Gründen nicht möglich, zu stark war der Einfluß der herrschenden Ideologie auch auf den Bereich der Judikatur. Es ist deshalb zu erwarten, daß die Entwicklung in dieser Zeit Brüche aufweisen wird, die sich nicht ohne weiteres in den „normalen" Verlauf werden eingliedern lassen.

3. Bundesrepublik Deutschland

Dem Nationalsozialismus, der im Mai 1945 mit der Kapitulation des Deutschen Reiches und damit dem Ende des Zweiten Weltkrieges unterging, folgte in den Zonen der westlichen Besatzungsmächte die 1949 gegründete Bundesrepublik Deutschland, in der sowjetisch besetzten Zone die im gleichen Jahr gegründete Deutsche Demokratische Republik nach, die im Jahr 1990 der Bundesrepublik beigetreten ist. Auf eine Darstellung der gesellschaftlichen Struktur der DDR soll hier verzichtet werden, da die dortige Situation auch im Rahmen der Ausführungen zur Entwicklung der Rechtsprechung nicht erörtert wird. Die DDR-Rechtsprechung auf diesem Gebiet hat keinen Einfluß auf die heutige Judikatur, so daß sie vermutlich auch für die künftige Entwicklung ohne Belang ist.

---

33 *Freisler*, in: Gürtner/Freisler, S. 32.

34 Dabei soll keinesfalls vergessen werden, daß mit dieser „Volkssolidarität" radikale Ausgrenzungen gegenüber großen Teilen der Bevölkerung einhergingen.

Bereits in der Phase des Übergangs von 1945 bis 1949, noch vor Gründung der Bundesrepublik, versuchten die westlichen Besatzungsmächte, rechtsstaatliche Grundsätze zu garantieren. Sie taten dies unter anderem durch die Einrichtung des Obersten Gerichtshofes in der britisch besetzten Zone (OGH), dessen Rechtsprechung dadurch gewissermaßen das Bindeglied zwischen der Judikatur von Reichsgericht und BGH darstellt und aus diesem Grunde bei der Abbildung der Entwicklung der Rechtsprechung Berücksichtigung finden wird.

Die Bundesrepublik Deutschland ist laut Grundgesetz ein demokratischer und sozialer Bundesstaat, Artikel 20 Absatz 1 GG. Sie folgt der liberal-individualistischen Ordnungsvorstellung der Weimarer Republik und insbesondere des Kaiserreiches zeitlich ebenso nach wie der sozialistisch-kollektivistischen Ordnung der Nazizeit und hat beiden Extremen eine Absage erteilt. Allein die Tatsache, daß das Sozialstaatsprinzip ein Grundprinzip von Verfassungsrang darstellt[35], macht die Bedeutung des Sozialen und damit auch des darin enthaltenen Solidarischen in der Bundesrepublik deutlich. Der Staatsgewalt werden ihre Grenzen aufgezeigt und ihr Handeln auf das allgemeine Wohl ausgerichtet. Allerdings ist nicht nur der Staat ist zur Fürsorge gegenüber den Bürgern verpflichtet, auch die Bürger sind angehalten, der Allgemeinheit zu dienen. Der Staat sichert seinen Bürgern eine Grundfürsorge, beispielsweise in Form der Sozialhilfe, zu; auf der anderen Seite verpflichtet er die Bürger gleichfalls in vielfacher Form zu solidarischem Verhalten. Zur Verdeutlichung sei nur die Grundstruktur sozialer Sicherung angeführt: Arbeitnehmer sind grundsätzlich verpflichtet, Beiträge an die Arbeitslosen- und Rentenversicherungen abzuführen[36], unabhängig, davon, ob sie beispielsweise mit einer rein privaten Altersvorsorge eine finanziell bessere Situation erreichen könnten. Neben diesem „Generationenvertrag“ und der Absicherung Arbeitsloser ist noch der sogenannte „Solidaritätszuschlag“ zu nennen, eine Abgabe, die nach der Wiedervereinigung 1990 eingeführt worden ist mit dem Ziel, den Aufbau der neuen Bundesländer zu fördern und der von allen Arbeitnehmern zu entrichten ist.
Eine finanzielle Mindestunterstützung wird jedem Bürger staatlich garantiert[37], wodurch die sozialstaatliche Ausrichtung auf das Gemeinwohl veranschaulicht wird. Die Bürger wiederum sind gleichfalls dem Gemeinwohl verpflichtet und tragen darüber hinaus Eigenverantwortung für sich selbst. Die Gesellschaftsordnung stellt quasi den antiextremen Mittelweg zwischen den vorangegangenen Systemen dar und läßt sich, im Hinblick auf das Thema dieser Arbeit, am besten als am Solidarismus, einem Begriff aus der katholischen Soziallehre, ori-

---

[35] Zum konkreten Inhalt vergleiche etwa *Jarass*, in: Jarass/Pieroth Art. 20 Rn. 72 ff. m. w. N.

[36] An dieser Struktur der Pflichtversicherungen ändern auch die Besonderheiten bei Selbständigen und Beamten nichts.

[37] Grundlegend BVerfGE 40, 121 (133).

entiert charakterisieren. Das bedeutet, daß im Ausgleich zwischen der Gemeinschaft und dem einzelnen das Gemeinwohl gefördert werden soll[38]. Eine solidaristisch ausgerichtete Gesellschaft geht weder allein vom isolierten Individuum noch vom gesellschaftlichen Ganzen aus, sondern faßt beide Seiten gleichberechtigt zusammen[39]. Trotz Individualität und Eigenverantwortung werden die Bürger von staatlicher Seite gewissermaßen zur Solidarität verpflichtet.

Im Hinblick auf die Entwicklung der Rechtsprechung zu den Garantenstellungen lassen diese Gesichtspunkte einen Anstieg im Vergleich zu den Zeiten des Liberalismus erwarten. Wenn die Rechtsprechung früher der Rechtspflichttheorie folgend Garantenstellungen nur aus der klassischen Garantentrias hergeleitet hat, dann ist zu vermuten, daß sie nun, im Rahmen der behaupteten Ausweitung, sich von dieser entfernt und im Wege der Entformalisierung neue Pflichtquellen geschaffen hat, die in der veränderten Gesellschaft notwendig geworden sind, um den Gedanken des Solidarismus folgen zu können.

B. Hypothese

Faßt man die oben angestellten Betrachtungen zu einer Hypothese zusammen, wird diese etwa folgenden Wortlaut haben:

Im Laufe der gesellschaftlichen Entwicklung vom Liberalismus am Ende des neunzehnten Jahrhunderts hin zum Solidarismus des heutigen Sozialstaates[40] hat die Rechtsprechung den Bereich der Garantenstellungen ausgeweitet. Triebfeder dieser Ausweitung war eben jener wachsende Solidarismus, der sich auch in den sich wandelnden Gesellschaftsformen niedergeschlagen hat. Als Indiz für diese Entwicklung dient die von der Rechtsprechung vorgenommene Entformalisierung der Entstehungsvoraussetzungen, eine Entwicklung weg von

---

38 Vergleiche zum Solidarismus *von Hehl*, in: Bracher/Funke/Jacobsen, S. 242.

39 *Gundlach*, in: v. Beckerath, S. 297. Dabei soll der Begriff des Solidarismus in dieser Arbeit vornehmlich als Beschreibung des herrschenden Gesellschaftssystems dienen. Ob es sich dabei tatsächlich um Solidarismus im eigentlichen Sinne gesellschaftstheoretischer Auffassungen handelt, mag aufgrund der unterschiedlichen Ansätze dahingestellt bleiben. Der sog. „dritte Faktor", auf den sich der Solidarismus zum Zwecke des Ausgleichs und der Zusammenführung der beiden Seiten bezieht, wird im bundesrepublikanischen Gesellschaftsverständnis die Rechtsordnung sein, vergleiche *Gundlach* a. a. O. Begreift man in der Praxis Solidarismus als den Weg zwischen Individualismus und Kollektivismus, vergleiche *Gundlach*, S. 298, dann erscheint die Bezeichnung die heutige Zeit gut zu beschreiben.

40 Aufgrund des zu erwartenden Bruchs, den die Zeit des Nationalsozialismus auch in dieser Entwicklung darstellen wird, läßt sich diese Zeitspanne nicht wie die anderen Epochen in die Hypothese „einordnen". Sie wird sich quasi als „Lücke" in dem prognostizierten Verlauf erweisen.

lisierung der Entstehungsvoraussetzungen, eine Entwicklung weg von der engen Rechtspflichttheorie.

Sollte sich diese Hypothese bewahrheiten, dann wäre die schon angesprochene, dem BGH entgegengebrachte Kritik, der Kreis der Garantenstellungen würde quasi ohne einheitliche Linie ausgeweitet - dies steht hinter Begriffen wie „Wildwuchs“ und „Ölfleckentendenz“ -, in ihrem Ausmaße nicht berechtigt. Denn in diesem Fall läge zwar sehr wohl eine Ausweitungstendenz vor, dieser aber wiederum würde eine nachvollziehbare Richtung, abhängig von den durch die Gesellschaft vorgegebenen Wertvorstellungen, zugrunde liegen.

Überprüft werden soll die behauptete Entwicklung im folgenden durch eine Analyse der Rechtsprechung zu den einzelnen Gebieten der Garantenstellungen. Die Entwicklung dieser Judikatur wird Aufschluß darüber geben, wie sich die Rechtsprechung in der genannten Zeitspanne tatsächlich entwickelt hat und ob diese Entwicklung die oben aufgestellte Behauptung zu stützen vermag. Dieser recht umfangreichen Untersuchung der Rechtsprechung wird eine Darstellung der Legalentwicklung im Bereich der unechten Unterlassungsdelikte vorangestellt. Dabei soll nun, wie bereits angekündigt, untersucht werden, ob sich nicht schon in diesem Bereich Anhaltspunkte finden lassen, die die aufgestellte Hypothese stützen oder in Frage stellen können.

2. Kapitel:
Die Entwicklung bei den unechten Unterlassungsdelikten

A. Die Legalentwicklung im Bereich der unechten Unterlassungsdelikte

Eine Darstellung der Legalentwicklung im Bereich der unechten Unterlassungsdelikte muß zwangsläufig knapp ausfallen und erscheint auf den ersten Blick als müßig, da im Rahmen der tatsächlich Gesetz gewordenen Vorschriften allein § 13 StGB zu nennen ist, der zudem nach seinem Inkrafttreten keinerlei inhaltliche Veränderung mehr erfahren hat. Nichtsdestotrotz soll die auf diesem Gebiet erfolgte Entwicklung dargestellt werden, insbesondere auch deshalb, weil in der langen Zeitspanne vor Einführung des heute geltenden § 13 StGB im Jahr 1975 eine Zahl von Entwürfen und Alternativvorschlägen zur gesetzlichen Regelung der Strafbarkeit unechter Unterlassungsdelikte diskutiert worden ist, der Zweig der Legislative also auch in der Zeit vor dem Erlaß des § 13 StGB keineswegs untätig geblieben ist. Nach der Darstellung der Entwicklung soll dann die Geschichte der Entwurfsvorschläge mit der in der Hypothese behaupteten Entwicklung verglichen werden. Da es wahrscheinlich scheint, daß im weiten Feld der rechtlichen Betätigungen des Staates, namentlich der Rechtsprechung und der Gesetzgebung, zumindest ähnliche Auffassungen vorherrschten und miteinander korrespondierhände Entwicklungen stattgefunden haben - beide Bereiche stehen im gleichen gesellschaftlichen Kontext und werden also ähnlich beeinflußt -, läßt sich die Hypothese schon hier vorab auf ihren Gehalt überprüfen.

I. Die Vorgehensweise vor der Einführung geschriebenen Rechts

In der Zeit vor Einführung des § 13 StGB durch das 2. StRG vom 13. Juli 1973[41], mangelte es den Strafgesetzbüchern an einer vergleichbaren Norm. Im früheren Recht ist die Dogmatik der unechten Unterlassungsdelikte deshalb ausschließlich von Rechtsprechung und Lehre entwickelt worden, sie gründete mangels bestehender Regelungen im Gewohnheitsrecht. Unter Gewohnheitsrechts versteht man nach gängiger Definition ungeschriebenes Recht, welches durch eine lang andauernde und von allgemeiner Rechtsüberzeugung getragene Übung der an der rechtlichen Regelung interessierten Bevölkerungsteile entstanden ist[42]. Daß dies auf dem Feld der Unterlassungsstrafbarkeit nach Auffassung der Rechtsprechung der Fall war, zeigt allein der selbstverständliche Umgang des Reichsgerichtes damit von Anfang an[43]. Auf dem Gebiet des Straf-

---

[41] BGBl. 1973 I, 909, in Kraft getreten am 1. Januar 1975.

[42] BVerfGE 22, 114 (121).

[43] Vergleiche etwa RGSt 10, 100 (101) (Urt. v. 14. Februar 1884).

rechts fand das Gewohnheitsrecht schon immer seine Begrenzung in den Grundsätzen *nullum crimen sine lege* und *nulla poena sine lege*, die seit der Weimarer Reichsverfassung von 1919 in den Verfassungen festgelegt sind (Art. 116 WRV, Art. 103 Abs. 2 GG). Nach verbreiteter Ansicht sind dabei jedoch auch heute die gewohnheitsrechtliche Verfestigung der Auslegung strafrechtlicher Begriffe und die Entwicklung dogmatischer Lehren zum Allgemeinen Teil des StGB durch diese Grundsätze nicht ausgeschlossen[44]. Das Gewohnheitsrecht kann also auch im Strafrecht Geltung beanspruchen, wenn auch nur in den dargestellten Grenzen.

Die Rechtsprechung hat die Vereinbarkeit der unechten Unterlassungsdelikte mit dem Gesetzlichkeitsprinzip trotz Fehlens einer Regelung stets unterstellt und die Möglichkeit einer (unechten) Unterlassungsstrafbarkeit anerkannt[45]. Um in der Zeit vor Einführung des § 13 StGB zu einer solchen Strafbarkeit zu gelangen, mußten die Gerichte den Wortlaut der Begehungsdelikte bei der Ausdehnung auf Fälle pflichtwidrigen Unterlassens in dreifacher Weise an die veränderte Situation anpassen: Zunächst einmal mußte vorausgesetzt werden, daß die Begehungstatbestände des Strafgesetzbuches überhaupt durch Unterlassen erfüllt werden können; das bedeutete, daß die Nichthinderung des tatbestandlichen Erfolges qualitativ so eingestuft werden mußte wie die Herbeiführung durch aktives Tun. Zweitens mußte der Kreis möglicher Garanten, die als Täter strafrechtlich in Betracht kommen konnten, bestimmt werden. Schließlich konnte ja nicht jeder tatsächlich Handlungsfähige auch automatisch Täter eines unechten Unterlassungsdeliktes werden, bloß weil er untätig geblieben ist. Zuletzt bedurfte es noch der Annahme, daß für die objektive Zurechnung des tatbestandsmäßigen Erfolges ein hypothetisches Kausalurteil ausreichen solle, denn eine „echte" Kausalität kann es beim Unterlassen nicht geben[46]. Diese Anpassung der Tatbestände der Erfolgsdelikte, die nach dem Gesetzestext ein positives Tun voraussetzen, an die Besonderheiten der Unterlassungssituation wurde durch die Literatur und besonders durch die Rechtsprechung mangels gesetzlicher Vorschriften im Wege der richterlichen Umbildung und Ergänzung der Tatbestände vorgenommen[47].

Auf diesem Wege haben das Reichsgericht stets und der BGH bis 1975 eine Strafbarkeit wegen (unechten) Unterlassens trotz Fehlens einer entsprechenden Vorschrift anerkannt und die Gründe für diese Haftung im Gewohnheitsrecht angesiedelt.

---

44 *Lackner*, § 1 Rn. 3 m. w. N.

45 Vergleiche RGSt a. a. O., anders zum Teil die Literatur, vergleiche dazu die Nachweise in den Fußnoten 30 und 32 sowie *Jescheck*, S. 609 m. w. N.

46 *Jescheck*, in: LK-StGB § 13 Rn. 12.

47 *Jescheck*, S. 608; BGHSt -GS- 16, 155 (158) (Urt. v. 29. Mai 1961).

II. Frühe Entwürfe zur gesetzlichen Regelung der Problematik

Doch wenn auch erst seit 1975 eine gesetzliche Regelung auf dem Gebiet der unechten Unterlassungsdelikte besteht und es zuvor allein Lehre und Judikatur oblegen hatte, die Behandlung entsprechenden Verhaltens als strafbares Unterlassen zu definieren und einzustufen, so gab es schon seit Jahrzehnten im legislativen Bereich Überlegungen und Vorschläge, ob und wie dem Aspekt der Unterlassungsstrafbarkeit im Gesetz Rechnung zu tragen sei. Während der Vorentwurf zum Reichsstrafgesetzbuch aus dem Jahr 1909 noch keine diesbezügliche Regelung enthielt, erschien eine solche erstmals im Kommissionsentwurf aus dem Jahr 1913[48]. Diese hatte den Wortlaut:

„§ 24 Wegen Herbeiführung eines Erfolgs durch Unterlassung ist nur strafbar, wer rechtlich verpflichtet war, den Eintritt des Erfolgs durch Handeln zu verhindern. Diese Pflicht besteht auch für den, der durch seine Tätigkeit die Gefahr des Erfolgs herbeigeführt hat."

Ein weiterer, sehr ähnlicher Vorschlag zu einer gesetzlichen Regelung war einige Jahre darauf dem Amtlichen Entwurf des Strafgesetzbuches von 1925 zu entnehmen:

„§ 14 Wer es unterläßt, einen Erfolg abzuwenden, obwohl er hierzu rechtlich verpflichtet ist, wird ebenso bestraft wie jemand, der den Erfolg verursacht.
Wer die Gefahr, daß ein bestimmter Erfolg eintritt, durch seine Tätigkeit herbeiführt, ist verpflichtet, den Erfolg abzuwenden."

Der Reichstagsentwurf zum Strafgesetzbuch schließlich brachte im Jahr 1927 wieder eine nur leicht modifizierte Vorschrift ein. Sie lautete:

„§ 22 Wer es unterläßt, einen Erfolg abzuwenden, ist nur strafbar, wenn er rechtlich verpflichtet ist, den Eintritt des Erfolges zu verhindern.
Wer durch sein Tun die Gefahr herbeiführt, daß ein bestimmter Erfolg eintritt, ist verpflichtet, ihn abzuwenden."

All diese Vorschläge gingen den Weg, den Richtern nur eine Generalklausel an die Hand zu geben. Detaillierte Regeln, wann genau ein bloßes Nichtstun zum strafwürdigen Unterlassen werde, enthielten sie nicht. Neben der formelhaften Wendung, eine Pflicht zur Abwendung des Erfolges bestünde nur dann, wenn den Täter eine *rechtliche* Verpflichtung zur Abwendung des Erfolges träfe, wollten die Entwürfe zusätzlich festschreiben, daß eine solche Rechtspflicht auch im vorangegangenen Tun, der Ingerenz, begründet sein kann. Diese Vorgehensweise zeigt, daß der Begriff der Rechtspflicht zu der damaligen Zeit eng ausgelegt wurde: Die dargestellten Bestimmungen beruhten auf der Rechts-

---

[48] Soweit nicht anderweitig gekennzeichnet, zitiert nach *Mezger*, S. 149 f.

pflichttheorie mit der althergebrachten Trias der Rechtspflichtquellen Gesetz, Vertrag (bzw. tatsächliche Übernahme) und Ingerenz. Die Tatsache, daß ausschließlich das vorangegangene Tun separat aufgeführt wird, beweist diesen streng an das geschriebene Gesetz angelehnten Ansatz, die anderen in der Vorschrift angesprochenen rechtlichen Verpflichtungen sollten ausschließlich in Gesetz und Vertrag begründet sein und waren damit Rechtspflichten im engeren Sinne. Die einzige weitere Pflichtenquelle, die eine Garantenstellung auszulösen vermochte, obwohl ihr Entstehen weder gesetzlich noch vertraglich geregelt war, war eben das vorangegangene Tun.

Gesetz aber wurde keiner dieser Vorschläge. Im Reichstagsausschuß wurde der letztgenannte § 22 ersatzlos gestrichen, der nachfolgende Entwurf eines Strafgesetzbuches aus dem Jahr 1930 schließlich enthielt keine Bestimmung mehr, die die Behandlung der unechten Unterlassungsdelikte zum Regelungsinhalt hatte[49]. Dieser Zustand, dieses Fehlen jeglichen geschriebenen Rechts hinsichtlich der unechten Unterlassungsdelikte, wurde von seiten des Schrifttums teils begrüßt[50], teils kritisch gesehen, da mangels gesetzlicher Bestimmungen unklar sei, nach welchen Kriterien die Haftung für den Erfolg festgelegt werde[51] und die Haftungsvoraussetzungen so zu unbestimmt seien. Ein Grund dafür, daß keiner der genannten Vorschläge Eingang in das RStGB fand, liegt in der oben angesprochenen Problematik, die sich aus der starren und engen Linie der Rechtspflichttheorie ergeben hätte. Die zukünftige Rechtsprechung wäre an die Pflichtgründe der Garantentrias gebunden gewesen, eine Entwicklung und Anpassung der Rechtsprechung an sich wandelnde Situationen wäre nicht möglich gewesen, an ihre Stelle wäre eine bloße Schematisierung getreten[52].
In der Zeit des „Dritten Reichs“, die nicht die Phase darstellte, in der geschriebenes Recht hoch im Kurs stand, sondern die Verhaftung an positives Recht als überholt und den Gedanken des Nationalsozialismus fremd und zuwiderlaufend angesehen wurde[53], wurden keine Vorschläge zur Einführung einer Regelung gemacht, die in der Tradition der dargestellten Entwürfe stand, sondern es wurde ein neuer Weg eingeschlagen. So heißt es in den „Nationalsozialistischen Leitsätzen für ein neues deutsches Strafrecht. Teil 1“:

---

49 *Mezger*, S. 159, 150.

50 Vergleiche etwa *Mezger*, S. 150.

51 Vergleiche etwa *Frank*, 18. Aufl., S. 19 unten.

52 In diese Richtung auch *Mezger*, S. 150.

53 Vergleiche dazu etwa die Ausführungen bei der Legalentwicklung im Bereich der unterlassenen Hilfeleistung ab Seite 194 und *Nagler*, in: GS 111, 1 (36 f., 40 f.).

„Wegen Unterlassung ist strafbar, wer einer aus den besonderen Umständen des Falles erwachsenen Pflicht zur Abwehr eines Erfolges nicht genügt oder besonders schwer gegen seine sittlichen Treuepflichten verstößt."[54]

Dieser Entwurfsvorschlag paßt in eine Zeit, in der geschriebenes Recht mit festgelegten und genau definierten Tatbestandsmerkmalen und Rechtsfolgen schlecht angesehen war und als zu überwinden galt. Die abgelöste Weimarer Republik mit ihren rechtsstaatlichen Bindungen an das Gesetz wurde herabgesetzt zum positivistischen Gesetzgebungsstaat[55], das gesunde Volksempfinden trat als gleichwertige Erkenntnisquelle neben das geschriebene Gesetz[56]. Klar formuliert etwa *Schaffstein* die neue Linie, wenn er schreibt, der Kampf des Nationalsozialismus um eine „wahre Rechtserneuerung" sei gerade im Strafrecht ein Kampf gegen den Formalismus[57]. Die sogenannten „sittlichen Treuepflichten" machen die sozialethische Ausrichtung dieser Vorschrift deutlich; die gesamte Ausgestaltung und Wortwahl zeigt offenkundig eine starke Tendenz zur Entformalisierung bei den Entstehungsvoraussetzungen von Garantenstellungen. Der Begriff der Rechtspflicht, als zu eng und aus damaliger Sicht als nicht mehr zeitgemäß angesehen, wird aufgegeben und durch den Begriff der Treuepflichten, der dem Kreis der sittlichen Pflichten, nicht aber dem der rechtlichen Pflichten entstammt, ersetzt. Auch der Niedergang des „nullum crimen sine lege"-Prinzips[58] wird hier deutlich sichtbar, indem die Tatbestandsvoraussetzungen schwammiger und unklarer werden.

III. Jüngere Entwürfe zur gesetzlichen Regelung der Problematik

In der Zeit des „Dritten Reichs" sind keine weiteren Entwurfsvorschläge ausgearbeitet worden. Dieses Problem rückte erst in der Zeit der noch recht jungen Bundesrepublik wieder mehr in das Licht des Interesses. Das Bestreben, eine gesetzliche Grundlage zur Bestrafung unechter Unterlassungsstraftaten zu schaffen, erhielt zusätzlichen Auftrieb durch Art. 103 II GG, welcher den Grundsatz der Gesetzlichkeit für das Strafrecht mit Verfassungsrang festschrieb. Ein früher Entwurf der Großen Strafrechtskommission aus dem Jahr 1958, der dieser Forderung Rechnung tragen sollte, hatte folgenden Wortlaut:

„§ 13 (1) Wer es unterläßt, einen Erfolg abzuwenden, steht dem Täter oder Teilnehmer, der den Erfolg durch sein Tun herbeiführt, tatbestandsmäßig nur dann gleich, wenn er kraft Ge-

---

[54] Herausgegeben im Jahr 1935 vom Reichsleiter des Reichsrechtsamtes *Frank*, zitiert nach *Nagler*, in: GS 111, 1 (84).

[55] *Henkel*, S. 54.

[56] *Werber*, S. 73 mit zahlreichen Nachweisen zum damaligen Meinungsstand.

[57] In: DR 1934, 349 f.

[58] Dazu auch *Werber*, S. 69 m. w. N.

setzes verpflichtet ist, den Erfolg zu verhindern, und den Umständen nach dafür einzustehen hat, daß der Erfolg nicht eintreten werde.

(2) Die Pflicht zur Verhinderung des Erfolgs besteht auch für den, der durch sein Verhalten entweder die nahe Wahrscheinlichkeit des Erfolgseintritts herbeigeführt oder die Gewähr dafür übernommen hat, daß der drohende Erfolg nicht eintreten werde."[59]

Auch diesem Vorschlag lag, wie aus dem Wortlaut hervorgeht, erneut die Rechtspflichttheorie mit der klassischen Dreiteilung zugrunde. Dies erscheint verwunderlich, hatte die Rechtsprechung doch schon weitere Pflichtgründe neben der Garantentrias anerkannt[60]. Das Aufkommen weiterer Rechtspflichtquellen neben den drei „Klassikern" hatte gezeigt, daß die Rechtsprechung insbesondere des BGH für sich die Notwendigkeit erkannt hat, neue Pflichtquellen zu begründen und an die Seite der Garantentrias zu stellen. In den zeitlich nachfolgenden Entwurfsvorschlägen ist man deshalb einen anderen Weg gegangen.

In § 12 Alternativentwurf zum StGB (AE), einem Vorschlag einer Gruppe von Strafrechtslehrern aus dem Jahr 1962, wollten die Verfasser die unechten Unterlassungsdelikte im Allgemeinen Teil des Strafgesetzbuches in Form eines Kataloges behandelt wissen. Hiernach sollten die rechtspflichtbegründenden Garantenstellungen nach ihrem Ursprung gekennzeichnet und abschließend festgelegt werden[61]. Dieser Vorschlag ging insofern über die anderen Vorschläge, die sich auf eine Generalklausel beschränkten, deutlich hinaus. In den Beratungen des Bundestages fand diese Methode jedoch keine positive Aufnahme[62]. Zum einen sei es unmöglich oder zumindest äußerst schwierig, einen geeigneten Katalog aufzustellen, in dem die einzelnen Entstehungsgründe der Handlungspflichten in einer erschöpfenden und sachgemäßen Weise festgelegt werden könnten, zum anderen sei eben diese Problematik der einzelnen Entstehungsgründe in der Lehre noch Gegenstand heftigen Streits, so daß die Zeit für eine detaillierte Regelung schlicht noch nicht reif sei[63].

---

59 Zitiert nach *Gallas*, in: ZStW 80 (1968), S. 1, 17.

60 Nachweise dazu bei *Meyer-Bahlburg*, in: MschKrim 48 (1965), S. 247. Zur Kritik an diesem Vorschlag vergleiche *Meyer-Bahlburg, ebenda,* sowie ausführlich *Grünwald*, in: ZStW 70 (1958), 412f f. Letztgenannter gehört zu den Vertretern des Schrifttums, die eine Regelung im Besonderen Teil des StGB angestrebt hatten, dies sollte durch die Schaffung einzelner Unterlassungstatbestände erfolgen; vergleiche beispielsweise S. 431.

61 Vergleiche *Jescheck*, in: FS-Tröndle, S. 814.

62 Vergleiche BT-Drucksache I/4095, S. 9; Niederschriften Bd. 2 S. 267, 357; Bd. 12 S. 74, 242; Prot. V S. 1644, 1860.

63 BT-Drucksache a. a. O., *Gallas*, in: ZStW 80 (1968), S. 16 f.

Zur gleichen Zeit wurde ein weiterer Vorschlag zur Diskussion gestellt, der, anders als § 12 AE, in der Tradition der allgemein gehaltenen Generalklauseln stand. Dieser Entwurf aus dem Jahr 1962 hatte folgenden Wortlaut:

„§ 13 Wer es unterläßt, einen Erfolg abzuwenden, der zum Tatbestand eines Strafgesetzes gehört, ist als Täter oder Teilnehmer strafbar, wenn er rechtlich dafür einzustehen hat, daß der Erfolg nicht eintreten werde, und sein Verhalten den Umständen nach der Verwirklichung des gesetzlichen Tatbestandes durch ein Tun gleichwertig ist.“[64]

Diese Regelung weist eine noch knappere und allgemeiner gehaltene Formulierung auf als die vorangegangenen Vorschläge, die sich – mit Ausnahme des § 12 AE - gleichfalls auf eine Generalklausel beschränkt hatten. Weder die Ingerenz noch irgendwelche Pflichtenquellen überhaupt wurden festgesetzt, die Vorschrift sollte nur festhalten, daß, sofern eine Rechtspflicht zum Handeln bestehe, eine Strafbarkeit wegen Unterlassens möglich sei. Dadurch, daß die Norm nicht auf die Rechtspflichttheorie und die klassische Garantentrias abstellte, war eine Entwicklung im Bereich der Pflichtgründe möglich. Kehrseite der Medaille war indes, daß die Vorschrift der Praxis nichts an die Hand gab außer der Gewißheit, daß eine Unterlassungsstrafbarkeit auf dem Gebiet der Erfolgsdelikte existierte und daß Strafbarkeitsvoraussetzung das Bestehen einer Rechtspflicht ist.

Und noch eine Besonderheit ging mit diesem Vorschlag einher: Er enthielt, anders als seine Vorgänger, erstmals eine sogenannte „Entsprechens- oder Gleichwertigkeitsklausel“. Aufgabe dieser Klausel war, zu verhindern, daß allein die (hypothetische) Kausalität des Unterlassens für den Erfolg und der Erfolg selbst für die Frage nach der Strafbarkeit entscheidend wären; vielmehr sollten auch die besonderen Handlungsmerkmale des Begehungstatbestandes, die dessen Unrechtswert mitbeeinflussen, berücksichtigt werden. Hierdurch sollte nachgeprüft werden, ob die Unterlassung ihrem sozialethischen Unwert nach bei sinngemäßer Auslegung in den Unrechtsbereich der entsprechenden (Begehungs-) Strafnorm fällt. Andererseits sollte das etwaige Fehlen solcher unrechtsbeeinflussender Merkmale im passiven Verhalten bei dem wertenden Vergleich durch die größere Pflichtenbindung des Täters oder andere, den Grad des Unrechts erhöhende Umstände aufgewogen werden können[65].

Hauptaufgabe der Entsprechensklausel war damit, bei den erfolgsverbundenen Tätigkeitsdelikten die Möglichkeit der Begehung durch Unterlassen auf solche Fälle der Untätigkeit zu beschränken, die denselben sozialen Sinngehalt auf-

---

[64] Zitiert nach *Meyer-Bahlburg*, in: MschKrim 48 (1965), S. 247.

[65] *Busch*, in: FS-von Weber, S. 201.

weisen wie das im Tatbestand beschriebene positive Tun[66]. Durch diesen Zusatz wollte der Gesetzgeber der gerichtlichen Praxis also trotz der unverbindlich und damit sehr weit gehaltenen Generalklausel des Entwurfes eine Beschränkung an die Hand geben, um eine ausufernde Einstufung von einfachem Untätigbleiben als Unterlassen im strafrechtlichen Sinne zu verhindern.

Die letztendlich Gesetz gewordene Vorschrift, § 13 StGB, ging im Wesentlichen auf den oben dargestellten Vorschlag zurück. Durch das 2. StrRG[67] wurde er mit Wirkung vom 1. Januar 1975 in das Strafgesetzbuch eingefügt und weist heute folgenden Wortlaut auf:

„(1) Wer es unterläßt, einen Erfolg abzuwenden, der zum Tatbestand eines Strafgesetzes gehört, ist nach diesem Gesetz nur dann strafbar, wenn er rechtlich dafür einzustehen hat, daß der Erfolg nicht eintritt, und wenn das Unterlassen der Verwirklichung des gesetzlichen Tatbestandes durch ein Tun entspricht.

(2) Die Strafe kann nach § 49 Abs. 1 gemildert werden."

Diese Norm unterscheidet sich im wesentlichen in drei Punkten von ihrem Vorbild aus dem Jahr 1962. Zuerst findet eine Erwähnung der Worte „als Täter oder Teilnehmer" nicht mehr statt, diese Änderung wurde vorgenommen, um nicht von Seiten der Legislative dem dogmatischen Streit der damaligen Zeit vorzugreifen, ob bei den Unterlassungsdelikten eine Unterscheidung von Täterschaft und Teilnahme überhaupt möglich sei. Des weiteren hat sich der Gesetzgeber entschieden, der Vorschrift in Abs. 2 eine fakultative Strafmilderung beizufügen, da nach Ansicht des Strafrechtsausschusses die Herbeiführung des tatbestandlichen Erfolges durch ein Unterlassen regelmäßig weniger schwer wiege als die Verwirklichung durch ein positives Tun. Aufgrund dieser Milderungsmöglichkeit kam es zu der dritten Änderung im Vergleich mit dem Entwurfsvorschlag: Der Wortlaut der Gleichwertigkeitsklausel wurde dahingehend geändert, daß das Unterlassen dem Tun *entsprechen* müsse, diesem aber nicht, so die alte Formulierung, *gleichwertig sein* müsse. Hätte man an dem Erfordernis festgehalten, daß die Unterlassung dem Tun tatsächlich hätte gleich sein müsse, dann wäre kein Raum mehr für die oben angesprochene fakultative Strafmilderung in Abs. 2 gewesen[68].

---

66 *Lackner*, § 13 Rn. 16.

67 Gesetz vom 13. Juli 1973, BGBl 1973 I, 909.

68 BT-Drucks. V/4095 S. 8.

§ 13 StGB hat vor und nach seiner Einführung viel Kritik von seiten der Rechtslehre erfahren[69]. Die herrschende Meinung ist weitgehend der Ansicht, daß der Gesetzgeber durch diese Vorschrift zumindest dem Analogieverbot entsprochen habe, die Probleme, die diese Generalklausel hingegen im Zusammenhang mit dem Bestimmtheitsgebot aufwirft, seien nicht befriedigend gelöst[70]. Die Vorschrift schreibt fest, *daß* eine Unterlassungsstrafbarkeit auf dem Gebiet der Erfolgsdelikte möglich ist und existiert. Der Gesetzgeber ist so dem grundgesetzlichen Auftrag nachgekommen, hierin ist allerdings auch der einzige Verdienst von § 13 StGB zu sehen. Die Aufgabe insbesondere der Rechtsprechung hat sich im gesamten betrachteten Zeitraum nicht grundsätzlich gewandelt. Heute wie damals obliegt es den Gerichten festzulegen, wann eine Garantenstellung besteht, wann aus ihr eine Garantenpflicht zu folgern ist. Die Frage, wann eine Verpflichtung eine Rechtspflicht im Sinne der Unterlassungsdogmatik darstellt, wurde vom Gesetzgeber zu keiner Zeit beantwortet.

IV. Bewertung der Entwicklung

Die älteren Vorschläge zu einer gesetzlichen Regelung der unechten Unterlassungsdelikte, die aus der Zeit des Kaiserreiches und der Weimarer Republik stammen, bewegten sich noch ganz in den von der Rechtspflichttheorie vorgegebenen Bahnen. Mögliche Garantenstellungen blieben dadurch auf die klassische Trias beschränkt. Gesetz wurde keine der vorgeschlagenen Normen. In der Zeit des Dritten Reiches wurde, ganz im Sinne der Entpositivierung des Rechts als einem typischen Merkmal des nationalsozialistischen Rechtsverständnisses, eine völlige Entformalisierung vorgeschlagen, den Richtern sollten lediglich die äußerst unkonkreten „sittlichen Treuepflichten" zur Urteilsfindung an die Hand gegeben werden. Doch auch in dieser Zeit kam es nicht zu einer Normierung im Strafgesetzbuch. Bevor in der Bundesrepublik dann letztendlich der noch heute geltende § 13 StGB Rechtswirklichkeit werden sollte, stand neben dieser Vorschrift, die ja, wie deutlich gemacht wurde, ein Hinausgehen über die Rechtspflichttheorie ermöglichte, noch § 12 AE zur Diskussion. Dieser wollte den Katalog potentieller Garantenstellungen abschließend geklärt wissen, ging aber wie auch der § 13 StGB heute - im Gegensatz etwa zum Vorschlag von 1958 - über die Garantentrias hinaus.

---

69 Vergleiche dazu etwa *Lackner* § 13 Rn. 1; *Jescheck*, in: LK-StGB § 13 Rn. 11 ff., jeweils m. w. N.; zur Behandlung dieser Problematik im Ausland rechtsvergleichend *Jescheck*, in: FS-Tröndle, S. 795 ff. Dieser kommt zu dem Schluß, daß das deutsche Strafrecht sich mangels überlegener Lösungen auch im internationalen Vergleich mit der jetzigen Methode begnügen müsse (und könne), solange nichts Besseres in Sicht sei, S. 815.

70 Vergleiche nur *Jescheck*, in: LK-StGB § 13 Rn. 11 ff.

Die eingangs der Arbeit aufgestellte Hypothese von der Ausweitung der Garantenstellungen aus Gründen des Solidarismus im Wandel der Zeit vom Liberalismus bis hin zum solidarisch ausgerichteten Sozialstaat findet Stützung in dieser Entwicklung. Streng an das formelle Gesetz gehaftet die ersten Vorschläge aus der liberalistisch-absolutistischen Zeit, gänzlich losgelöst davon, ein radikaler Bruch in der Entwicklung, in der Zeit der nationalsozialistischen Diktatur, in der es vornehmlich um Treuepflichten und völkische Gemeinschaften ging. In der Mitte dieser Wege gewissermaßen ist die heutige Vorgehensweise zu finden, bei der ausschließlich Rechtspflichten gefordert werden und die so eine Abkehr von der Aufweichung der Methode bis 1945 darstellt. Diese Pflichten werden jedoch vom Gesetz in ihrer Ausgestaltung nicht abschließend festgeschrieben, wie es zu liberalistischen Zeiten noch der Fall war. Der von der Legislative im Bereich der Entwürfe beschrittene Weg weist damit eine Entwicklung auf, die der in der Hypothese behaupteten Tendenz zumindest zu gleichen scheint und sie deshalb stützt.
Darüber hinaus hat der Gesetzgeber, der den Gerichten bis heute nur eine allgemein gehaltene Generalklausel an die Hand gegeben hat, offenbar die Position eingenommen, daß eine abschließende Aufzählung von Garantenstellungen im Gesetz nicht möglich ist, da dieser Bereich nach wie vor Wandlungen unterworfen bleibt. Diese Tatsache stützt generell den Ausgangspunkt der Hypothese.

B. Die Entwicklung der Judikatur im Bereich der unechten Unterlassungsdelikte

Nachdem die Legalentwicklung durch ihren Verlauf die in der Hypothese behauptete Richtung bestätigen konnte, soll im nun Folgenden die Rechtsprechung einer entsprechenden Untersuchung unterzogen werden. In diesem Kapitel wird deshalb untersucht, wie sich die Rechtsprechung zu den Garantenstellungen in den so unterschiedlichen Epochen wie dem deutschen Kaiserreich, der Weimarer Republik, der nationalsozialistischen Diktatur und schließlich in der föderalen Bundesrepublik entwickelt haben und ob ein Zusammenhang zwischen der Entwicklung der Judikatur und der sich wandelnden Gesellschaftssysteme nachweisbar ist. Zu diesem Zweck wird zunächst jeweils den Entwicklungen der Garantenstellungen nachgegangen. Im Anschluß daran erfolgt eine Bewertung und Analyse derselben, innerhalb derer besonders die eingangs erarbeitete Hypothese anhand der festgestellten Entwicklungen auf ihren Gehalt überprüft werden soll.

Aufgrund der immens hohen Zahl von Entscheidungen zu diesem Thema beschränkt sich die Untersuchung der Rechtsprechung auf die höchstrichterliche Judikatur der jeweiligen Zeit, also auf die des Reichsgerichts, des Obersten Gerichtshofes in der Übergangszeit der Besatzung durch die Alliierten und letztlich des Bundesgerichtshofes, soweit eine Berücksichtigung unterinstanzlicher Urteile und Beschlüsse nicht zwingend erforderlich erscheint. Auch innerhalb der höchstrichterlichen Judikatur können selbstverständlich nicht alle Urteile Berücksichtigung finden, so daß nur die Bereiche dargestellt werden sollen, in denen tatsächlich eine bedeutende Entwicklung zu verzeichnen ist. Daneben sollen, soweit vorhanden und möglich, auch außerrechtliche Einflüsse dargestellt werden, die über die Hypothese hinausgehen. Der Gehalt der Hypothese wird sich auch daran messen lassen, ob andere als die allgemeinen gesellschaftlichen Entwicklungen gleichfalls von Einfluß auf den Fortgang in der Rechtsprechung waren.

Es war und ist, wie bereits festgestellt, Aufgabe der Gerichte, festzulegen, wann eine Garantenstellung besteht und wann dem Garanten eine Rechtspflicht zum Handeln obliegt. Im folgenden Kapitel sollen nun die Entwicklungen in den unterschiedlichen Bereichen potentieller Garantenpositionen nachvollzogen werden.
Früher hatte die höchstrichterliche Rechtsprechung als Entstehungsgründe strafrechtlich relevanter Garantenstellungen *Gesetz, Vertrag* und *vorangegangenes gefährdendes Tun* anerkannt, später kamen noch die sogenannten *engen Lebensbeziehungen* hinzu. Die Rechtslehre hat mit der sogenannten Funktionenlehre eine Einteilung in *Beschützer-* und *Überwachungsgaranten* vorgenommen. Da die dogmatische Einteilung der Garantenpositionen im Rahmen dieser Untersuchung allerdings nicht von besonderer Bedeutung ist, wird sie in dieser Arbeit auch keine maßgebliche Rolle spielen. Die Untersuchung richtet sich vornehmlich an tatsächlichen Fallgruppen in der Rechtsprechung aus.

Zuerst werden dabei die Garantenstellungen innerhalb der Familie dargestellt, wobei eine Beschränkung auf den Fortgang innerhalb der Bereiche vorgenommen werden soll, die eine signifikante Entwicklung aufzuweisen haben. Es sind dies die Unzuchtsverhinderungspflichten gegenüber Kindern und zwischen Eheleuten, sowie Straftat- und Suizidverhinderungspflichten. Auch der Aspekt der nichtehelichen Lebensgemeinschaft wird hier Berücksichtigung erfahren. Nach einer kurzen Darstellung hinsichtlich der Gemeinschaften als Pflichtenquelle sollen der Aspekt der Verfügungsgewalt über Räume und mögliche Garantenstellungen aus Vertrag, bzw. aus tatsächlicher Übernahme sowie den vertraglichen Nebenpflichten wie dem zivilrechtlichen Grundsatz von Treu und Glauben untersucht werden. Den möglichen Rechtspflichten kraft hoheitlicher Stellung folgt in einer kurzen Darstellung die Sachherrenhaftung über Gefahrenquellen. Im Anschluß daran wird weite Feld des vorangegangenen gefährdenden Tuns, der Ingerenz eine große Rolle spielen. Dieser auch quantitativ bedeutende Bereich der Unterlassungsjudikatur wird exemplarisch anhand der

Meineidsbeihilfe durch Unterlassen, der Ermöglichung von Selbstgefährdungen (Gastwirtshaftung und Überlassen illegaler Rauschmittel), der Produkthaftung und der Verantwortlichkeit des Autofahrers gegenüber dem Unfallopfer erörtert. Am Ende des Kapitels schließlich werden in einer Zusammenfassung die Erkenntnisse der Untersuchung bezüglich des behaupteten Verlaufes der Entwicklung dargestellt.

I. Garantenstellungen innerhalb von Familie und familienähnlicher Gemeinschaft

1. Garantenstellungen innerhalb der Familie

Die Familie stellt in unserem Kulturkreis schon allein aufgrund ihrer Verbreitung in unserer Gesellschaft seit jeher ein Kernstück zwischenmenschlicher Näheverhältnisse dar. Sie ist aufgrund ihrer in gegenseitigen Vertrauensverhältnissen begründeten Struktur der typische Fall einer Solidargemeinschaft, unabhängig vom gesellschaftlichen System, in dem sie existiert. Diese durch die emotionalen Bindungen begründete weitgehende Unabhängigkeit von der Gesellschaft in Fragen des innerfamiliären Zusammenhaltes sorgt dafür, daß grundlegende Erwartungen und Verpflichtungen wie etwa die Rettung oder Erhaltung von Gesundheit und Leben unbeeindruckt von allen gesellschaftlichen Veränderungen immer Bestand hatten und haben. Emotionale Beziehung wie auch die kirchliche und juristische Normierung der Verhältnisse innerhalb der Familie begründen die Besonderheit dieser Gemeinschaft. Seit Beginn der Rechtsprechung zu Unterlassungen, seit Aufkommen der Garantendogmatik spielt deshalb auch die Familie eine bedeutende Rolle in diesem Bereich. Aber so, wie sich die Familie sowohl strukturell als auch in der rechtlichen Behandlung im Laufe der Jahrhunderte gewandelt hat, mußte sich auch die Rechtsprechung zu diesen Garantenpositionen wandeln. Die Entwicklung der Gesellschaft in den letzten Jahrzehnten führte zu einem Wandel in den Wertvorstellungen, der die Aufgaben von Familie und Verwandtschaft beeinflußt hat. Die Rechtspositionen etwa der Eheleute untereinander oder der unehelichen Kinder ist eine andere geworden, Größe, Zusammensetzung und vielleicht auch Zusammenhalt innerhalb der Familie haben sich geändert. Dies konnte die Rechtsprechung zur Garantenproblematik nicht unberührt lassen.
Zu unterscheiden sind die Pflichten innerhalb der unterschiedlichen Verwandtschaftsbeziehungen, zwischen den Eltern und deren Kindern zum Beispiel oder zwischen Ehegatten.

a) Garantenstellungen der Eltern gegenüber ihren Kindern

Daß Eltern ihren Kindern gegenüber zur Fürsorge verpflichtet sind, ist sowohl von der Rechtsprechung als auch von der Lehre stets bejaht worden[71]. Garantenstellungen der Eltern, kraft derer sie zur Rettung des Lebens ihrer Kinder oder zur Verhinderung von Körperverletzungen verpflichtet sind, hat die Rechtsprechung immer anerkannt[72]. Pflichten von so grundlegender Natur, die allein aufgrund der Abhängigkeit der Kinder von ihren Eltern als selbstverständlich erscheinen, haben auch in einer sich wandelnden Gesellschaft keine Veränderung erfahren. Doch nicht alle Garantenstellungen der Eltern beziehen sich auf Aufgaben von solch grundsätzlicher Art. Auch im Verhältnis der Eltern zu ihren Kindern existieren Pflichten, die abhängig sind von den Wertvorstellungen in der Gesellschaft.

aa) Unzuchtsverhinderungspflichten der Eltern gegenüber ihren nichtverheirateten Kindern

Besondere Betrachtung verdienen in diesem Bereich die sogenannten Unzuchtsverhinderungspflichten der Eltern[73] gegenüber ihren Kindern. Hier betreffen die Rechtspflichten der Eltern nicht so fundamentale Dinge wie die Sicherung des Lebens ihrer Kinder, sondern befinden sich in dem sich wandelnden Gebiet der Moralvorstellungen der Gesellschaft.

Auch wenn diese Fälle, in denen es vornehmlich um eine Strafbarkeit wegen Kuppelei durch Unterlassen der Hinderung von „unsittlichem Verhalten“ der Kinder gemäß §§ 180, 181 StGB a. F.[74] geht, heute kaum mehr eine Rolle in der

---

71 Vergleiche die Nachweise bei *Brammsen*, S. 150 f.

72 Vergleiche nur RGSt 39, 397 (398) (Urt. v. 1. Dezember 1906); BGHSt 7, 268 (272) (Urt. 17. Dezember 1954); BGH MDR 1982, 155 (Urt. v. 3. November 1981). Eine Verpflichtung der Kinder, das Leben ihrer Eltern im Rahmen ihrer Möglichkeiten zu retten, postulierte BGHSt 19, 167 (Urt. v. 29. November 1963).

73 Dabei waren nach Meinung des Reichsgerichts auch die Stiefeltern mitumfaßt, wie es in seiner Entscheidung RGSt 62, 114 (115) (Urt. v. 29. März 1928) zum Ausdruck gebracht hat. Maßgeblich für die Begründung von Garantenstellungen sei danach allein die Eheschließung zwischen leiblichem Elternteil und Adoptivelternteil. Auf ein tatsächliches, etwa von Pietät oder Autorität geprägtes Verhältnis zwischen Eltern und Kindern käme es über diese rechtliche Verbindung hinaus nicht an.
Diese Ansicht wurde später vom BGH vollständig übernommen, vergleiche dazu BGHSt 17, 230 (235) (Urt. v. 9. März 1962).

74 Der damalige Wortlaut der Vorschriften lautete:

„§ 180 Wer gewohnheitsmäßig oder aus Eigennutz durch seine Vermittlung oder durch Gewährung oder Verschaffung von Gelegenheit der Unzucht Vorschub leistet, wird wegen

Rechtsprechung spielen, nahm dieser Bereich doch gerade in der Judikatur des Reichsgerichtes eine nicht unbedeutende Stellung ein, wie überhaupt die Judikatur zu den Kuppeleidelikten eine herausragende Stellung eingenommen hat[75].

(1) Ausgangspunkt der Rechtsprechung

Die Auffassung, daß die elterliche Duldung des Geschlechtsverkehres zwischen Nichtverheirateten regelmäßig den Tatbestand der Kuppelei erfülle, vertraten die Richter erstmals in einer Entscheidung aus dem Jahr 1882; sie taten dies allein mit der Begründung, es seien weder in der Fassung noch in der Entstehungsgeschichte der §§ 180, 181 StGB a. F. Anhaltspunkte dafür aufzufinden, daß das Gesetz den Geschlechtsverkehr zwischen Verlobten von dem Begriff der Unzucht habe ausnehmen wollen[76]. Wenn bereits bei Verlobten der Geschlechtsverkehr dem Tatbestand der Kuppelei unterfallen soll, hat dies natürlich erst recht für Nichtverheiratete, die sich noch nicht miteinander verlobt haben, zu gelten.

Daß der Tatbestand der §§ 180, 181 StGB nicht nur durch aktives Tun, sondern auch durch Unterlassen ausgefüllt werden kann, stellte das Reichsgericht zum

---

Kuppelei mit Gefängnis nicht unter einem Monat bestraft; auch kann zugleich auf Geldstrafe, auf Verlust der bürgerlichen Ehrenrechte sowie auf Zulässigkeit von Polizeiaufsicht erkannt werden. Sind mildernde Umstände vorhanden, so kann die Gefängnisstrafe bis auf einen Tag ermäßigt werden.

Als Kuppelei gilt insbesondere die Unterhaltung eines Bordells oder eines bordellartigen Betriebs.

Wer einer Person, die das achtzehnte (einundzwanzigste) Lebensjahr vollendet hat, Wohnung gewährt, wird aufgrund des Abs. 1 nur dann bestraft, wenn damit ein Ausbeuten der Person, der die Wohnung gewährt ist, oder ein Anwerben oder ein Anhalten dieser Person zur Unzucht verbunden ist."

„§ 181 Die Kuppelei ist, selbst wenn sie weder gewohnheitsmäßig noch aus Eigennutz betrieben wird, mit Zuchthaus bis zu fünf Jahren zu bestrafen, wenn

1. um der Unzucht Vorschub zu leisten, hinterlistige Kunstgriffe angewendet werden, oder
2. der Schuldige zu der verkuppelten Person in dem Verhältnisse des Ehemannes zur Ehefrau, von Eltern zu Kindern, von Vormündern zu Pflegebefohlenen von Geistlichen, Lehrern oder Erziehern zu den von ihnen zu unterrichtenden oder zu erziehenden Person steht.

Neben der Zuchthausstrafe ist der Verlust der bürgerlichen Ehrenrechte auszusprechen; auch kann zugleich auf Geldstrafe sowie auf Zulässigkeit von Polizeiaufsicht erkannt werden.

Sind im Falle des Absatz 1 Nr. 2 mildernde Umstände vorhanden, so tritt Gefängnisstrafe ein, neben welcher auf Geldstrafe erkannt werden kann."

[75] Vergleiche nur die zahlreichen Nachweise bei *Schünemann*, S. 337, Fußnote 61.

[76] RGSt 8, 172 (Urt. v. 2. November 1882).

ersten Mal in seiner Entscheidung vom 18. Oktober 1882[77] fest. Die Formulierung der Alternative des Vorschubleistens „durch Gewähren von Gelegenheit" schließe auch ein rein passives Verhalten ein, wenn der nichthindernden Person eine Rechtspflicht zur Verhinderung obliege und ihr dies auch möglich sei.

Als Grundlage für eine entsprechende Rechtspflicht zogen die Richter in der überwiegenden Zahl der Fälle das elterliche Erziehungsrecht heran, nach dem Inkrafttreten des BGB namentlich die §§ 1627, 1631 BGB[78]. Dies wurde auch von seiten der Literatur bis weit in das zwanzigste Jahrhundert kommentarlos hingenommen[79]. Diese Tatsache erscheint ebenso wie die Vorgehensweise in der Judikatur überraschend: Der 13. Abschnitt des Strafgesetzbuches, überschrieben mit „Verbrechen und Vergehen wider die Sittlichkeit", diente dem Schutz der Sittlichkeit, nicht etwa dem von Ehe und Familie[80]. Wenn also die Grundsätze der sittlichen Entwicklung innerhalb des Volkes beziehungsweise der Gesellschaft Schutzgut der §§ 180, 181 StGB waren[81], entsprechende Garantenstellungen der Eltern im Verhältnis zu ihren Kindern sich allerdings aus den §§ 1627, 1631 BGB ergeben sollten, dann stellt sich die Frage, ob von der Rechtsprechung nicht der Schutzgutzusammenhang mißachtet worden ist: § 1631 BGB räumt den Eltern ein Personensorgerecht ein, dessen Hauptinhalt die Erziehung der Kinder ist, dieses Recht und auch die Pflicht dazu soll vornehmlich den Eltern zustehen. Unter Erziehung wird die Sorge für die sittliche, geistige und seelische Entwicklung des Kindes verstanden[82], sie dient also - anders als die §§ 180, 181 StGB a. F. - unmittelbar dem Kindeswohl. Gleiches muß deshalb für Garantenstellungen gelten, die ihren Grund in den entsprechenden Vorschriften des BGB finden, da die Normen keine weitergehende Verpflichtung enthalten. Wenn die Rechtsprechung nun aber Garantenpflichten annimmt, die ihre Wurzel im Erziehungsrecht haben, die die Eltern aber zu Garanten im Hinblick auf die §§ 180, 180 StGB a. F. machen - Vorschriften also, die die öf-

---

[77] RGSt 7, 118 (121); Bestätigung erfuhr diese Position kurz darauf in RG Rspr. 7, 33 (34) (Urt. v. 16. Januar 1885).

[78] Vergleiche RGSt 16, 49 (Urt. v. 6. September 1887) für die Zeit vor Einführung des BGB, RGSt 40, 165 (Urt. v. 11. Mai 1907) für die Zeit nach der Einführung. Zahlreiche weitere Entscheidungen, die zur Begründung einer Garantenstellung, kraft derer den Eltern eine Unzuchtsverhinderungspflicht auferlegt wurde, auf die §§ 1627, 1631 BGB zurückgriffen, finden sich in der anschließenden Darstellung der Entwicklung.

[79] Vergleiche etwa *Schwarz*, StGB (2. Aufl. 1934 und 11. Auflage 1942) § 180 Anm. 2; *Schönke* (1. Aufl. 1942) § 180 Anm. 3, unkritisch auch noch in der 8. Auflage aus dem Jahr 1957 (Schönke-Schröder, § 180 Anm. 3).

[80] Diese Rechtsgüter sollten von den §§ 171, 172 StGB a. F. geschützt werden und nicht von den §§ 173 bis 184 b StGB a. F. des 13. Abschnitts, vergleiche *Kohlrausch* (29. Auflage), Vor § 171 S. 185.

[81] *Olshausen*, Vor § 171 Anm. 1; *Schönke*, Vor § 173 Anm. I.

[82] *Diederichsen*, in: Palandt, § 1631 Rn. 3.

fentliche Sittlichkeit zum Schutzgut haben - dann hat dies entweder zur Folge, daß die Vorschriften des Strafgesetzbuches durch die Rechtsprechung zu Schutzbestimmungen zugunsten Kinder und Jugendlicher „umgedeutet“ werden oder aber, daß der Schutzgutzusammenhang aufgegeben wird, da ein materieller Zusammenhang zwischen den §§ 180, 181 StGB a. F. und den §§ 1627, 1631 BGB nicht besteht: Die sich aus den Erziehungsrechten und -pflichten ergebenden Garantenpositionen dienen nicht der Erhaltung fremder Rechtsgüter[83]. Auch die in § 1631 BGB normierte Aufsichtspflicht der Eltern zieht in diesem Zusammenhang keine Garantenpflichten etwa für gesellschaftliche Sittlichkeitsvorstellungen nach sich[84].
Dieser Aspekt des wenigstens fraglichen Schutzgutzusammenhangs bei den elterlichen Unzuchtsverhinderungspflichten soll in der folgenden Darstellung der Entwicklung der Jurisdiktion neben der Überprüfung der Hypothese besondere Aufmerksamkeit erfahren[85].

(2) Die Entwicklung in der Rechtsprechung des Reichsgerichtes

Am 6. September 1887 hatten die Richter des Reichsgerichtes über einen Fall zu befinden, in dem sich ein volljähriger Sohn im Hause seiner Mutter „unzüchtig verhielt“, indem er nämlich als Unverheirateter den außerehelichen Geschlechtsverkehr vollzog[86]. In grundsätzlichen Ausführungen stellte das Gericht zunächst fest, daß den Eltern das Recht zustünde, umfassend das Leben ihrer Kinder zu regeln, und diese ihren elterlichen Autoritäten in Ehrfurcht und Gehorsam zu begegnen hätten. Element oder auch Bedingung dieser elterlichen Rechte sei allerdings auch die rechtliche Pflicht, das sittliche Wohl ihrer Kinder – offensichtlich unabhängig von deren Alter, der Sohn war in diesem Fall bereits 24 Jahre alt - zu fördern und nicht zu untergraben[87]. Konkret bezüglich einer Unzuchtsverhinderungspflicht der Mutter wird diese kraft ihres elterlichen

---

[83] Kritisch zu diesem - fehlenden - Zusammenhang am Beispiel der § 1353 BGB im Verhältnis der Ehegatten auch *Stree*, in: Schönke-Schröder § 13 Rn. 53. Ausführlich dazu unten ab Seite 56.

[84] Vergleiche *Diederichsen*, in: Palandt, § 1631 Rn. 5.

[85] Angemerkt sei in diesem Zusammenhang, daß die oben aufgeworfene Problemstellung auch Auswirkungen auf die dogmatische Einordnung dieser Garantenstellung hat. Wird entgegen der Intention der Vorschriften durch die Judikatur die Entwicklung des Kindes geschützt, handelte es sich um Beschützergarantenstellungen, dienen die Entscheidungen hingegen dem Schutz der öffentlichen Moral, dann stellten sie Sicherungsgarantenpositionen dar. Da die Arbeit jedoch vornehmlich der Frage nachgehen will, wie sich das Element der Solidaritätsgarantie auf die Entwicklung der Garantenstellungen ausgewirkt hat, soll dieser Fragestellung im Folgenden nicht ausdrücklich nachgegangen werden.

[86] RGSt 16, 49. Hinsichtlich des Textes der alten Fassung von § 181 StGB vergleiche Fußnote 74.

[87] RGSt 16, 49 (50).

Ansehens bejaht; da sie nicht pflichtgemäß die Unzucht unterbunden habe, habe sie den Tatbestand der Kuppelei erfüllt[88]. Eine Altersgrenze, ab der die rechtliche Verantwortlichkeit der Mutter ihrem Sohn gegenüber ende, lehnten die Richter ausdrücklich ab, eine solche sei im (Straf-) Gesetz nicht vorgesehen. Wörtlich heißt es im Urteil:

„Es findet sich denn auch im Strafgesetze keine Andeutung, daß Eltern und Kinder unter gewissen Voraussetzungen als Fremde behandelt werden sollen, wenn § 181 Nr. 2 in Frage steht. Weder eine Altersgrenze, wie etwa im § 173 Abs. 4 StGB oder im Großjährigengesetz vom 17. Februar 1875, ist gegeben, noch ein sonstiges Unterscheidungsmerkmal.
Es ist nicht unterschieden zwischen Söhnen und Töchtern, bei diesen nicht zwischen Knaben und Erwachsenen oder Selbständigen. Eine solche oder eine anderweitig festzustellende Entscheidung ist auch dadurch nicht angezeigt, daß § 181 Nr. 2 StGB von solchen Personen spricht, 'mit welchen die Unzucht getrieben ist'."[89]

Die Argumentation der Richter erweckt in dieser Entscheidung bisweilen den Eindruck, als hätten sie die §§ 180 f. StGB a. F. als Bestimmungen behandelt, deren Zweck im Schutz der individuellen sittlichen Entwicklung ist. Dies zeigt sich insbesondere dann, wenn sie ausführen, daß die Mutter, welche ihre Tochter unter Verschaffung geeigneter Gelegenheit veranlasse, einen Mann zur Beischlafsvollziehung zu bewegen, nicht minder strafbar erscheine als die Mutter, welche ihre Tochter mißbrauchen läßt[90]. Das geschützte Rechtsgut scheint also in der Person des Kindes begründet zu sein. Gegen die Vermutung einer solchen Umdeutung sprechen allerdings gleichfalls gewichtige Gründe. Der Sohn, der sich im zugrundeliegenden Sachverhalt unzüchtig verhalten hatte, war bereits vierundzwanzig Jahre alt und hatte die Grenze des Erwachsenenalters damit deutlich überschritten. Bereits diese Tatsache legt die Vermutung nahe, daß es den Richtern nicht vornehmlich um die individuelle sittliche Erziehung ging. Dieser Eindruck wird dadurch bestätigt, wenn die Richter ausführen, es werde bei der Frage nach der Unzuchtsverhinderungspflicht nicht „unterschieden zwischen Knaben und Erwachsenen oder Selbständigen"[91]. Wenn sogar Selbständige miteinbezogen werden sollen, dann wird die hinter der Entscheidung stehende Motivation kaum in der Gewährleistung der Erziehung liegen. Das Gericht hat demnach im vorliegenden Fall keine „Umdeutung" der §§ 180, 181 StGB a. F. vorgenommen, sondern (lediglich) bei der Begründung der Garantenposition einen fehlerhaften Zusammenhang der Schutzsubjekte zugrundegelegt.

---

88 RGSt 16, 49 (54).

89 RGSt 16, 49 (50, 51). Zum Wortlaut der alten Bestimmungen vergleiche Fußnote 74.

90 RGSt 16, 49 (52).

91 RGSt 16, 49 (50).

Die Straftaten auf dem Gebiet der Sittlichkeitsvergehen und -verbrechen erschienen den Richtern offenbar als besonders verwerflich, jede Möglichkeit, etwa durch die Heranziehung vergleichbarer Regelungen in anderen Gesetzen den Kreis der möglichen Täter einzugrenzen, sollte ausgeschlossen werden. Die Mutter eines Vierundzwanzigjährigen ist hiernach im vorliegenden Fall als Kupplerin durch Unterlassen strafbar, da sie diesen an seinem Tun nicht hinderte. In letzter Konsequenz hieße das, daß auch die Eltern eines Vierzig- oder Fünfzigjährigen für dessen sexuellen Verfehlungen strafrechtlich einzustehen hätten, denn die Altersgrenze soll ja unbeachtlich sein. Dies würde zumindest dann gelten, wenn dieser noch in der elterlichen Wohnung lebt. Ob es sich dann allerdings tatsächlich noch um eine in der Verwandtschaft begründete Garantenpflicht handelt oder nicht doch eher um eine aus der Herrschaft über Räume abgeleitete Pflicht, erscheint zumindest fraglich. Die Richter stellten aber ausdrücklich auf das Verhältnis Eltern - Kind ab, mögliche andere Pflichtquellen blieben unberücksichtigt.

Erwähnenswert erscheint in diesem Zusammenhang eine weitere, in ihrer Richtung allerdings vereinzelt gebliebene Entscheidung, die, wie auch RGSt 16, 49, eine sehr weitgehende Verantwortlichkeit der Eltern postulierte. Dabei handelt es sich um das Urteil RGSt 30, 125 (Urteil vom 29. Mai 1897). In Fällen möglicher Unterlassungsstrafbarkeit forderte das Gericht zuvor stets eine *Rechts*pflicht, um eine Garantenposition und damit eine mögliche Unterlassungshaftung zu begründen, in diesem Falle wollten sich die Richter aber ausnahmsweise mit einer sittlichen, also rein moralischen Pflicht begnügen. Explizit heißt es in der Begründung:

> Die „Unterlassung ist aber nur strafbar, wenn eine rechtliche oder sittliche Pflicht zum Verhindern bestanden hätte, verbunden mit der thatsächlichen Möglichkeit, diese Pflicht zu erfüllen. Zweifellos ist, daß (sie) die sittliche Pflicht hatte, dem unsittlichen Verkehre ihrer Tochter mit deren Verlobten entgegenzutreten, und daß sie dies nicht gethan hat.“[92]

Um eine Strafbarkeit zu begründen, zogen die Richter eine rein moralische Pflicht heran, das Erfordernis der Rechtspflicht wurde in dieser Entscheidung ohne Begründung aufgegeben. Womöglich gingen die Richter davon aus, daß auf dem Gebiet der Sittlichkeitsvergehen eine rein sittliche Pflicht zur Begründung genüge. Diese Entscheidung - und damit die Aufgabe der Voraussetzung des Bestehens einer rechtlichen Verpflichtung - ist jedoch wie gesagt vereinzelt geblieben, in den nachfolgenden Entscheidungen sollte wieder eine Rechtspflicht Voraussetzung einer Garantenstellung sein.

---

92 RGSt 30, 125 (127).

Dadurch, daß die Richter im erstgenannten Urteil auf eine Heranziehung außerstrafrechtlicher Normen zur Festlegung einer Altersgrenze verzichtet hatten, bürdeten sie den Eltern eine sehr weitgehende Verpflichtung auch ihren volljährigen Kindern gegenüber auf. Diese nahezu uferlose Ausdehnung der Rechtspflicht sollte schon bald durch das Reichsgericht eine Korrektur erfahren. In einem weiteren Urteil, dem ein ähnlicher Sachverhalt zugrunde lag, bejahten die Richter im Ergebnis erneut eine in der ihnen obliegenden Erziehungspflicht verankerte Rechtspflicht der Eltern, gegen das unzüchtige Treiben ihrer Kinder einzuschreiten. Normierte Grundlage dieser Pflicht seien die §§ 1627, 1631 BGB, so daß die Rechtspflicht ausschließlich minderjährigen Kindern gegenüber Bestand haben könne.

Auch hier leiteten die Richter die elterliche Rechtspflicht, ein Tun der Kinder zu verhindern, aus der Erziehungsgewalt der Eltern her, die auch die Pflicht beinhalte, das sittliche Wohl der Kinder zu fördern[93]. Die Quelle der Rechtspflicht, die eine Garantenstellung zur Wahrung der öffentlichen Sittlichkeit nach sich zieht, findet sich erneut im Familienrecht, so daß auch diese Garantenposition denselben fehlerhaften Schutzgutzusammenhang aufweist, wie sie es in der oben dargestellten Entscheidung RGSt 16, 49 tut. Neben dieser Übereinstimmung enthält das Urteil noch eine Einschränkung zum vorgenannten Richterspruch. Hinsichtlich der Frage, wie lange Eltern Unzuchtsverhinderungspflichten ihren Kindern gegenüber auferlegt seien, heißt es: Die Pflicht, auch nach dem Eintritt der Großjährigkeit das elterliche Ansehen zur Verhütung eines lasterhaften Treibens der Kinder zu gebrauchen, sei keine Rechtspflicht, sondern lediglich eine rein moralische[94].

Zur Abgrenzung von dem vorhergehenden Urteil, in dem die Richter sehr wohl eine Rechtspflicht der Eltern ihren volljährigen Kindern gegenüber anerkannt hatten, wurden nun die zum vorherigen Zeitpunkt noch unbekannten und nunmehr, seit dem 1. Januar 1900, geltenden Vorschriften des Bürgerlichen Gesetzbuches herangezogen[95], die eben eine Verantwortlichkeit der Eltern nur bis zum Eintritt der Volljährigkeit festschreiben. Zur Begrenzung der tatbestandlichen Voraussetzungen der §§ 180, 181 StGB a. F. griffen die Richter nunmehr auf Normen des Zivilrechts zurück, anders, als dies noch bei RGSt 16, 49 der Fall war. Eine rein strafrechtliche Bewertung des Verhältnisses von Eltern und Kindern, isoliert von anderen Rechtsgebieten, erschien nicht sinnvoll. Da mit der Volljährigkeit der Kinder die Erziehungsrechte der Eltern endeten,

---

93 RGSt 40, 165 (166) (Urt. v. 11. Mai 1907).

94 RGSt 40, 165 (166).

95 Diese Vorgehensweise des Reichsgerichts vermag indes nicht zu überzeugen. In RGSt 16, 49 haben die Richter eine Strafbarkeit bejaht, weil *im Strafgesetz selbst* keine Altersgrenze enthalten sei. Die Heranziehung anderer Vorschriften, so wie in RGSt 40, 165 mit den §§ 1627, 1631 BGB geschehen, hatten die Richter ausdrücklich abgelehnt, vergleiche oben.

hätten sie kaum noch effektiv auf die Lebensführung ihrer Kinder einwirken können.
Die Vorschriften des BGB existierten im Zeitpunkt des ersten Urteils zwar noch nicht, die Richter hatten aber damals grundsätzlich die Zuziehung außerstrafrechtlicher Normen abgelehnt. Die später vorgenommene Einschränkung läßt sich so nicht allein durch das Inkrafttreten des Bürgerlichen Gesetzbuches erklären, sondern auch mit einer veränderten Betrachtungsweise des Gerichts.

Doch auch nach dieser Entscheidung wurde die Frage, ob außerstrafrechtliche Normen zur Interpretation von Tatbeständen wie denen der §§ 180, 181 StGB a. F. herangezogen werden sollen, nicht einheitlich beantwortet. Nachdem sich die Richter einmal bei der Bestimmung der Altersgrenze der Kinder an die bürgerlich-rechtlichen Vorschriften angelehnt hatten, um eine zu weit ausufernde Strafbarkeit der Eltern zu verhindern, lehnten sie in einer folgenden Entscheidung einen erneuten Rückgriff auf das BGB und andere Normen des Zivilrechts ab.
Als sie zu beurteilen hatten, wer überhaupt die Verantwortung gegenüber den Kindern hatte, wer als „Eltern" im Sinne des Strafrechts anzusehen sei und sich so der Kuppelei durch Unterlassen strafbar machen könne, blieben sie bei ihren Überlegungen allein im Bereich des Strafrechts[96,97]. Unter Verweis auf die ständige Rechtsprechung des erkennenden Gerichtes[98], in deren Verlauf es stets entschieden hatte, es begründe keinen Unterschied, ob das Verwandtschafts- beziehungsweise Schwägerschaftsverhältnis auf ehelicher oder unehelicher Abstammung beruhe, wollten die Richter den Begriff der *Verwandtschaft* - im vorliegenden Falle genauer den der *Eltern* - aus dem Strafgesetz selbst gewinnen, ohne Rückgriff auf andere Rechtsgebiete. Sie gelangten im Ergebnis dazu, die *leiblichen* Eltern in jedem Fall mit zu umfassen, selbst wenn diese Ehe ex tunc für nichtig erklärt worden sei[99]. Damit wurden auch uneheliche Kinder einbezogen; auch dem nichtehelichen Vater oblag eine Garantenstellung, aus der heraus er zur Unzuchtsverhinderung verpflichtet war.
Begründet haben die Richter dieses Resultat damit, daß es nicht Voraussetzung der Strafvorschrift der Kuppelei sei, daß eine Rechtspflicht verletzt werde, die

---

96 RG GA 61, 509 (510) (Urt. v. 27. November 1913).

97 In dieser Vorgehensweise, keine familienrechtlich begründete Garantenstellung zu konstruieren, ist allerdings keine Reaktion auf den aufgeworfenen mangelnden Schutzzweckzusammenhang zu sehen. Wie im folgenden zu erkennen ist, ging es hier lediglich um eine (erneute) Ausweitung über den Kreis der „rechtlichen" Eltern hinaus zu den tatsächlichen Eltern. Die Wurzel der Unzuchtsverhinderungspflicht fand weiterhin durch eine „familiäre Begründung" statt.

98 Vergleiche etwa RGSt 2, 237 (239) (Urt. v. 20. September 1880); 12, 275 (Urt. v. 19. Februar 1885); 16, 49 (Urt. v. 6. Mai 1887); 20, 239 (Urt. v. 31. Januar 1890).

99 RG GA 61, 509 (510).

durch ein tatsächlich bestehendes elterliches Verhältnis bis zur Volljährigkeit des Kindes begründet werde. Es genüge bereits der Umstand, daß überhaupt ein Elternverhältnis (wenn auch nur im Sinne der Abstammung) vorliege, ohne daß eine Feststellung besonderer Pflichten im Einzelfall erforderlich sei[100]. Die Richter stellten mithin nicht auf die rechtlichen Bande zwischen Eltern und Kind ab, sondern folgen der naturgegebenen Verbundenheit, dem „Blutsbande". Diese Vorgehensweise stellt quasi eine „Besserstellung" des nichtehelichen Kindes im Vergleich zu den Vorschriften des bürgerlichen Rechts dar: Hatte das uneheliche Kind dort im Verhältnis zum ehelich geborenen Kind eine deutlich schlechtere Stellung - mit dem Vater galt es zur damaligen Zeit nicht einmal als verwandt -, so wurden hier, sollten die rechtlichen und die leiblichen Eltern unterschiedliche Personen sein, mehr Personen durch das Strafrecht Garantenpflichten im Zusammenhang mit der Erziehung des Kindes auferlegt als dies bei ehelichen Kindern der Fall war.

Die in den Ausführungen aufgeworfene Frage, ob außerstrafrechtliche Normen zur Ausfüllung strafrechtlicher Vorschriften herangezogen werden sollten, ist vom Reichsgericht nicht einheitlich beantwortet worden. Nachdem das Gericht zuerst einen Rückgriff auf außerstrafrechtliche Normen abgelehnt hatte, um eine (Alters-) Grenze zu ziehen, später dann, in Abkehr von der alten Auffassung, einen solchen Rückgriff als notwendig erachtete, will es nun, bei der Festlegung einer anderen „Strafbarkeitsgrenze", nämlich bei der Frage, wann eine Elternschaft vorliegt, auf die Vorschriften anderer Rechtsgebiete keine Rücksicht nehmen und erneut nur auf die Paragraphen des Strafgesetzbuches blicken. Dieser doch recht wechselhafte Kurs erscheint durchaus imstande, Zweifel an einer einheitlichen Linie in der Rechtsprechung des Reichsgerichtes zu den §§ 180, 181 StGB zu wecken.
Begründet wurde die letztgenannte Wendung des Gerichts dadurch, daß in der in Art. 33 EGBGB a. F. vorgenommenen Auflistung der Gesetze, auf welche die Vorschriften des BGB bezüglich der Termini Verwandtschaft und Schwägerschaft Anwendung finden sollen, das Strafgesetzbuch eben nicht auftauche. Deshalb sei aus dem Strafgesetz selbst der Begriff zu klären[101]. Während im bürgerlichen Recht die leiblichen Eltern nicht unbedingt zur Fürsorge im Bereich Erziehung und materieller Versorgung verpflichtet sind, falls sie etwa - wie der nichteheliche Vater - keine Eltern im Sinne des Gesetzes sind, so sollten ihnen doch zumindest Pflichten obliegen, die grundlegende Dinge wie Rechtschaffenheit und Moral zum Inhalt hatten. Denn die Verwandtschaft werde in erster Linie durch die Abstammung begründet[102]. Auf diesem Wege konnte das

100 RG GA a. a. O.
101 RG GA a. a. O.
102 RG GA 61, 509 (511).

Gericht einem größeren Kreis von Personen Garantenstellungen auferlegen, als wenn es bei der Bestimmung des Adressatenkreises den Vorschriften des Zivilrechts gefolgt wäre.

Der Ansicht, daß der sexuelle Verkehr zwischen Nichtverheirateten wie zum Beispiel zwischen Verlobten ein strafwürdiges Verhalten darstelle, und im Anschluß daran der Feststellung, daß die Eltern sich durch ein Nichteinschreiten dagegen der Kuppelei durch Unterlassen strafbar machen würden, maßen die Richter gewissermaßen eine Gültigkeit für alle kommenden Zeiten bei[103]. So heißt es in einem Urteil des Reichsgerichtes, in dem es sich mit der ständigen Rechtsprechung des Gerichts auf diesem Gebiet befaßt, nahezu prophetisch, es sei nicht zu erwarten, daß der Gesetzgeber den Beischlaf zwischen Verlobten *jemals* aus dem Unzuchtsbegriffe ausscheiden werde, dies werde ihm im Gegenteil immer als strafbar erscheinen. Als besonders verwerflich und damit strafwürdig erschien den Richtern eben das Fördern oder das Nichthindern unzüchtigen Tuns durch die Eltern[104].

(3) Die Entwicklung der Rechtsprechung des BGH

Dieser „Ewigkeitsgarantie" der Werte folgte der BGH nach Ende des Dritten Reiches zunächst in weitem Umfange nach. Hier ist vor allem die grundlegende Entscheidung des Großen Senats für Strafsachen vom 17. Februar 1954 zu nennen[105]. Dort führten die Richter aus, der Geschlechtsverkehr gehöre allein aufgrund der Bedeutung der Ehe ausschließlich in ihren Rahmen, daneben soll deren außerordentliche Bedeutung durch diese Exklusivität unterstrichen werden. In der Entscheidung heißt es hierzu, die sittliche Ordnung verlange, daß sich der Verkehr der Geschlechter grundsätzlich in der Einehe vollziehe, weil der Sinn und die Folge des Verkehrs das Kind sei. Um seinetwillen und um der personenhaften Würde und der Verantwortung der Geschlechtspartner willen sei dem Menschen die Einehe als Lebensform gesetzt. Nur in der Ordnung der Ehe und in der Gemeinschaft der Familie könne das Kind gedeihen und sich seiner menschlichen Bestimmung gemäß entfalten. Nur in dieser Ordnung nähmen sich die Geschlechtspartner so ernst, wie sie es sich schuldeten[106]. Aus diesem Grunde sei der Geschlechtsverkehr zwischen Unverheirateten, auch zwischen Verlobten, unsittlich und strafbar, Eltern oder Erziehungsberechtigte seien rechtlich verpflichtet, gegen solches Tun einzuschreiten und es zu unterbinden.

---

103 Vergleiche die Ausführungen in RGSt 71, 13 (Urt. v. 21. Januar 1937).

104 RGSt a. a. O.

105 BGHSt GS 6, 46 (Urt. v. 17. Februar 1954).

106 BGHSt GS 6, 46 (53).

Auch wenn in dieser Entscheidung der Grundsatz fortgeschrieben wird, daß die Duldung des Geschlechtsverkehrs Unverheirateter trotz einer Rechtspflicht zur Gegenwirkung den Tatbestand der Kuppelei erfülle, sind einige Unterschiede zur Rechtsprechung des Reichsgerichts zu bemerken.
Zunächst bleibt eine verstärkte Zumutbarkeitsprüfung festzuhalten. Im Unterschied zum Reichsgericht, das eine Strafbarkeit bejahte, ohne größere Überlegungen über die jeweiligen subjektiven Aspekte anzustellen, schränkten die Richter des Großen Senats die Strafandrohung im Ergebnis über die Zumutbarkeit ein. Wenn der Tatbestand der Kuppelei durch Unterlassen vorläge, so könne in Einzelfällen das Rechtsgefühl gegen eine Bestrafung sprechen:

„Das Rechtsgefühl wendet sich vor allem in solchen Fällen gegen die Strafwürdigkeit, in denen Eltern oder Vormünder, Geistliche, Lehrer und Erzieher den Geschlechtsverkehr verlobter Kinder oder Pflegebefohlener entgegen ihrer Rechtspflicht zum Einschreiten dulden. Die Verworrenheit der Lebensverhältnisse, aber auch die Verworrenheit und Ungleichmäßigkeit der sittlichen Vorstellungen bringen diese Personen, wenn die Lage zum Einschreiten an sie herantritt, nicht selten in Lagen von äußerster Zwiespältigkeit, in denen mannigfache und widerstreitende Antriebe und Rücksichten auf sie eindringen und in denen eine Lösung im Sinne der strengen sittlichen Forderung besonders schwierig wird. Solche Lagen kann das Recht nicht außer acht lassen.
Gerade in diesen Fällen gestatten aber die zum Unterlassungsdelikt entwickelten Rechtsgrundsätze eine den Umständen des Einzelfalles angepaßte, gerechte Entscheidung. Ein bloßes Unterlassen oder Dulden ist nur dann als ein Fördern der Unzucht anzusehen, wenn für den Täter neben der Rechtspflicht zum Einschreiten auch die tatsächliche Möglichkeit gegeben ist, durch geeignete Maßnahmen dem gegen die geschlechtliche Zucht verstoßenden Tun Einhalt zu gebieten, und wenn ihm die hierfür geeigneten Maßnahmen nach Lage der Dinge auch rechtlich zuzumuten sind.“[107]

So folgte der BGH zwar grundsätzlich der Auffassung des Reichsgerichtes, daß Eltern, Vormünder und sonstige Erziehungsberechtigte die Rechtspflicht innehätten, ihre Schutzbefohlenen am außerehelichen Geschlechtsverkehr zu hindern, falls sie nicht der Strafandrohung wegen Kuppelei durch Unterlassen ausgesetzt sein wollten. Eine Prüfung im Bereich der Schuld, namentlich eine Prüfung der Zumutbarkeit, sollte allerdings im Einzelfall dem Rechtsgefühl widersprechende Urteile verhindern.

Neben dieser Änderung ist auch auf dem Gebiet des bereits des öfteren angesprochenen problematischen Schutzgutzusammenhanges eine Veränderung eingetreten. Während das Reichsgericht in seinen Urteilsbegründungen keine klare Aussage hinsichtlich des durch die §§ 180 f. StGB a. F. geschützten Rechtsguts getroffen hatte, hat der BGH deutlich ausgesprochen, daß das Schutzgut dieser

---

107 BGHSt GS 6, 46 (57).

Vorschriften die Normen des Sittengesetzes, die sittliche Ordnung seien[108]. Konsequenzen in Bezug auf die Pflichtquelle der Garantenpositionen - es sei erneut auf den Schutzsubjektzusammenhang hingewiesen - zog das Gericht indes nicht. Hinsichtlich der Grundlage äußerte es sich nicht ausdrücklich, lediglich in einem Nebensatz wird auf das Autoritätsverhältnis zwischen Eltern und Kindern abgestellt[109]. Zwar kann der Begriff des Autoritätsverhältnisses unter Umständen weiter verstanden werden als die Pflicht zur Erziehung, die ja unmittelbar dem Kind zugute kommen soll. Eine Festlegung durch den BGH auf eine Pflichtenquelle erfolgte dagegen nicht, so daß nunmehr zwar Eindeutigkeit im Hinblick auf das „richtige" Schutzgut bestand, die Rechtsgrundlage der Garantenpflicht verblieb hingegen allgemein im Bereich der Familie und die Frage nach ihrem Ursprung damit letztlich unbeantwortet.

Zu Beginn der sechziger Jahre sollte der BGH noch einmal über einen Fall zu entscheiden haben, der sich mit unzüchtigem Verhalten von Verlobten und den Pflichten der (Stief-) Eltern befaßte. Im Anschluß an das Urteil des Großen Senats für Strafsachen schrieben die Richter den Grundsatz fort, daß der Geschlechtsverkehr Verlobter unzüchtig sei und daß den Stiefeltern Pflichten zur Verhinderung desselben oblägen[110]. Sie gingen sogar noch über die damaligen Ausführungen hinaus: Selbst dann, wenn die Verlobten den Willen zur baldigen Eheschließung hätten, dieser Eheschließung jedoch ein Ehehindernis entgegen gestanden hätte, sei ihr Tun unzüchtig. Dies gelte auch dann, wenn das Hindernis schon zum Zeitpunkt des vollzogenen Geschlechtsaktes behebbar gewesen und die Ehe deshalb bei Behebung des Umstandes bereits zu dieser Zeit hätte geschlossen werden können. Allein die Ehe rechtfertige rechtlich und sittlich den Geschlechtsakt, die sittliche Ordnung verlange, daß sich der Verkehr der Geschlechter ausschließlich in der Einehe vollziehe[111]. Die Garantenstellung haben die Richter erneut mit dem „Elternverhältnis"[112] begründet.

Über achtzig Jahre nach Gründung des Reichsgerichts verpflichtete die höchstrichterliche deutsche Rechtsprechung die Eltern noch immer dazu, Hüter des Sexualverhaltens ihrer Kinder zu sein. Allerdings haben die Richter die den Eltern obliegende Garantenstellung im Verhältnis zu den Anforderungen des Reichsgerichtes beschnitten, die Volljährigkeit stellt, anders als zu Beginn des untersuchten Zeitraumes, eine Grenze der Verantwortlichkeit der Eltern dar, die Zumutbarkeit des Einschreitens wurde verstärkt geprüft. An dem Grundsatz, die

---

108 BGHSt GS 6, 46 (53).
109 BGHSt GS 6, 46 (57).
110 BGHSt 17, 230 (Urt. v. 9. März 1962).
111 BGHSt 17, 230 (Leitsatz 1 und S. 232 f.).
112 BGHSt 17, 230 (235).

Eltern seien aufgrund ihrer Stellung rechtlich verpflichtet, eventuelles unsittliches Verhalten ihrer Kinder zu verhindern, hat der BGH jedoch bis in die sechziger Jahre unvermindert festgehalten.
Doch weder die in den Urteilen von Reichsgericht und BGH ausgedrückte Überzeugung von einer „immerwährenden Gültigkeit“ der zugrundeliegenden sittlich-moralischen Werte noch die entsprechenden Normen, im vorliegenden Falle die §§ 180, 181 StGB a. F., sollten vor der Zeit Bestand haben. Der grundlegende Einstellungswandel in weiten Teilen der Bevölkerung ab Ende der sechziger, spätestens ab Beginn der siebziger Jahre hat die Vorschriften und damit die Rechtsprechung zu diesem Bereich obsolet gemacht und zu ihrer Abschaffung geführt. Hier zeigt sich deutlich, wie der moralische Wandel in der Gesellschaft das Gebiet des Strafrechts beeinflußt und bestimmt hat. Einer der Gründe für die dargestellte Rechtsprechung war der Schutz des Kindes vor der Unehelichkeit[113] (oder, je nach Lesart, auch der Schutz der Gesellschaft vor dem unehelichen Kinde). Ein solches Kind hatte in vergangenen Zeiten wesentlich weniger Rechte als ein ehelich geborenes Kind, es galt zudem als „Schande“.

Zu Anfang der sechziger Jahre - fast zeitgleich mit dem Verschwinden der aufgezeigten Rechtsprechung - kam die Antibabypille auf den Markt und gewann rasch an Popularität. Nicht erst heute ist sie das meistbenutzte Mittel zur Geburtenkontrolle und zu einem Synonym für Verhütung geworden, zudem ist sie von nahezu hundertprozentiger Effektivität[114]. Der Gefahr, ungewollt schwanger zu werden, konnte nun auch von seiten der Frau wirkungsvoll begegnet, die Möglichkeit, ein uneheliches Kind zu bekommen, praktisch ausgeschlossen werden. Welche Folgen dies auf dem Gebiet der Sexualmoral nach sich zog, verbunden mit dem „neuen Denken“ der 68er Generation, ist bekannt. Die früher als selbstverständlich angesehene Rechtspflicht, sogar miteinander verlobte Schutzbefohlene vor dem Geschlechtsverkehr zu „bewahren“, gibt es seit 1973 nicht mehr: Das 4. StrRG vom 23. November 1973[115] setzte die §§ 180, 181 StGB n. F. an Stelle der überkommenen Vorschriften, Rechtsgut war etwa im Falle des § 180 StGB nunmehr die ungestörte sexuelle Entwicklung von Jugendlichen. Hierdurch wurde die Vorschrift in eine Schutzbestimmung zugunsten Minderjähriger umgestaltet[116].

Die Garantenstellung der Eltern, aus der sie rechtlich verpflichtet waren, ihre unverheirateten, minderjährigen Kinder an unzüchtigem Treiben zu hindern,

---

113 Vergleiche dazu BGHSt GS 6, 46 (53).
114 *Küttler*, S. 84 f.
115 BGBl. 1973 I S. 1725.
116 *Lenckner*, in: Schönke-Schröder § 180 Rn. 1.

existiert nicht mehr. Diese elterliche Pflicht ist letztlich durch den Wandel von gesellschaftlichen Wertvorstellungen hinfällig geworden, ein Beispiel für die Beeinflussung der Judikatur durch die Entwicklung innerhalb der Sozietät. Stellt man sich auf den Standpunkt, in weiten Teilen der Bevölkerung hätte, zumindest nicht so schnell, auf dem Gebiet der Wertvorstellungen kein Einstellungswandel stattgefunden, dann erscheint das Ende der Rechtsprechung auf diesem Sektor als Folge des rein Faktischen: Die Sorge, durch ungewollte Schwangerschaften uneheliche Kinder zu gebären, fiel infolge der Antibabypille zum größten Teil weg. Eine Änderung des Denkens und Handelns auf diesem Gebiet wurde dadurch ermöglicht, eine Rechtsprechung, die darauf ausgerichtet war, den Geschlechtsverkehr ausschließlich der Ehe vorzubehalten und uneheliche Kinder zu verhindern[117], war nicht mehr erforderlich.

bb) Bewertung des Verlaufes

Die eingangs der Arbeit in der Hypothese behauptete Ausweitung der Garantenstellungen findet in diesem Bereich offenbar keine Stütze. Der Verlauf der Entwicklung scheint ihr vielmehr entgegenzustehen: Ihren Höhepunkt hatte die Kuppeleijudikatur in den Zeiten des Kaiserreiches, der Liberalismus kannte also offenbar deutlich rigidere Vorschriften auf diesem Gebiet als es heute der Fall ist. Nach zunächst sehr weit gefaßten Haftungsvoraussetzungen zu Beginn des untersuchten Zeitraumes - nicht einmal die Volljährigkeit der Kinder sollte begrenzende Wirkung auf die Verpflichtung der Eltern haben - läßt sich im Laufe der Zeit eine Einschränkung feststellen, die insbesondere der BGH über eine verstärkte Prüfung und Betonung der Zumutbarkeit vorgenommen hat. Nach erfolgter Verbreitung der Pille schließlich, der damit einhergehenden grundsätzlichen Änderung der Sexualmoral in weiten Teilen der Gesellschaft und letztendlich dem Wegfall der §§ 180, 181 StGB a. F. ging dieses Kapitel der Judikatur zuende. Von einer Haftungsausweitung kann man demzufolge nicht sprechen.

Bezüglich der Hypothese ist aber die Motivation entscheidend, die hinter dieser Garantenposition stand. Zu Beginn der Arbeit war festgehalten worden, daß das Element der Solidarpflichten wesenstypisch für einen großen Teil der Garantenstellungen ist. Das geschützte Rechtsgut der §§ 180, 181 StGB a. F. dagegen war die sittliche Ordnung, quasi die öffentliche Moral[118] und nicht unmittelbar die Entwicklung des jeweiligen Kindes. Das Element der Solidarität, so wie es in dieser Untersuchung verstanden wird, spielt, soviel läßt sich bereits vorab festhalten, in diesem Zusammenhang deshalb keine große Rolle.

---

117 Vergleiche dazu BGHSt GS 6, 46 (53).

118 Vergleiche dazu oben Seite 53.

Trotz des genannten Schutzguts der §§ 180 StGB a. F. hatte das Reichsgericht nachdrücklich das seit dem Inkrafttreten des BGB in den §§ 1627, 1631 BGB geregelte Personensorgerecht und dort konkret das Recht - und die Pflicht - zur Erziehung als Rechtsgrundlage der Unzuchtsverhinderungspflichten ausgemacht. Wie bereits eingangs des Kapitels erwähnt, können Garantenpositionen, die aus der Erziehungspflicht abgeleitet werden, keine Pflichten begründen, die nicht dem Kindeswohl, sondern unmittelbar dem Schutz von Rechtsgütern Dritter dienen. Aus diesem Grund hatte sich die Frage gestellt, ob die Rechtsprechung insbesondere des Reichsgerichts hier die einschlägigen strafrechtlichen Normen gewissermaßen zu Schutzvorschriften für Kinder und Jugendliche umgedeutet hatte oder ob den Unzuchtsverhinderungspflichten nicht ein fehlerhafter Schutzgutzusammenhang zugrundegelegt worden war. Eine ausdrückliche Festlegung von seiten des Reichsgerichts hinsichtlich des zu schützenden Rechtsguts ist den Urteilen nicht zu entnehmen. Betrachtet man jedoch die Entscheidung RGSt 16, 49, die erste, in der zu dieser Frage Stellung bezogen worden war[119], dann führt eine genauere Untersuchung zu dem Ergebnis, daß geschütztes Rechtsgut nicht die Entwicklung des Kindes, sondern die Sittenordnung war. Sowohl die Tatsache, daß der Sohn, dessen Verhalten zu verhindern gewesen wäre, bereits volljährig war, als auch die ausdrückliche Einbeziehung Selbständiger in den Kreis der nach heutigem Verständnis zu Bevormundenden veranschaulicht die hinter den Entscheidungen stehende Motivation. Das Reichsgericht hat die §§ 180, 181 StGB a. F. nicht im Sinne individuellschützender Vorschriften „umgedeutet", sondern hat sich bei der Begründung der Garantenstellungen über den Zusammenhang der Schutzsubjekte hinweggesetzt. Der BGH, der explizit die Sittenordung schützen wollte, hat sich davon nicht ausdrücklich gelöst, sondern nur allgemein von einem „Elternverhältnis" gesprochen.

Wenn das geschützte Rechtsgut also die Sittlichkeit und die gesellschaftliche Moral waren, dann bedeutet das unter Berücksichtigung der Hypothese: Hinter diesen Rechtspflichten stand kein staatlich verordnetes Solidarverhalten, sondern die damals herrschenden Moralvorstellungen der Gesellschaft auf dem Gebiet des Sexualverhaltens. Die Kuppeleijudikatur im Bereich der unechten Unterlassungsdelikte stellt somit dahingehend einen Sonderfall dar, daß das Element der solidaristischen oder überhaupt solidarischen Motivation bei ihr keine Rolle spielte. Dies wird weiter daran erkennbar, daß in diesen Fällen ausschließlich die Verhinderung geschlechtlicher Handlungen zwischen Unverheirateten geboten war. Ein Schaden, der über eine Verletzung der öffentlichen

119 Darüber hinaus hat sich das Reichsgericht in diesem Urteil in einem weit größeren Umfang zu diesem Gesichtspunkt geäußert, als es dies in den nachfolgenden Entscheidungen getan hat.

Moral oder der gesellschaftlichen Sittengesetze hinausgeht, läßt sich nicht feststellen. Wie dünn das Argument der öffentlichen Moral allerdings war, läßt sich daran ablesen, daß, kaum waren die technischen Möglichkeiten sicherer Empfängnisverhütung gegeben, der gesamte Bereich rasch in die Bedeutungslosigkeit verschwand.
Aufgrund des bei dieser Gattung von Garantenstellungen fehlenden Elements der Solidaritätsgarantie steht die festgestellte Entwicklung nicht in Widerspruch zu der These, da nur eine rein ethisch-moralisch begründete Garantenpflicht in einer zunehmend aufgeklärteren Gesellschaft an Bedeutung verloren hat. Sollte sich der Eindruck, daß rein moralisch begründeten Garantenpflichten in der jüngeren Zeit von seiten der Gerichte keine große Bedeutung mehr beigemessen wird, im weiteren Verlauf der Untersuchung bestätigen, könnte sich dies sogar als ein Argument für die These erweisen. Denn wenn „solidaritätsfreie“ moralisch begründete Rechtspflichten im Rückgang begriffen sind und solidarisch motivierte dagegen eine Ausweitung erfahren haben, dann spricht dies dafür, daß das Element der staatlich verordneten Solidarität tatsächlich an Einfluß gewonnen und andere Beweggründe an Einfluß verloren hätten. Das aber läßt sich erst in der Gesamtschau nach Untersuchung weiterer Garantenstellungen feststellen. Festzuhalten bleibt hier, daß die rückläufige Entwicklung im Bereich der Unzuchtsverhinderungspflichten der Eltern ihren Kindern gegenüber die behauptete Entwicklung zwar nicht stützt, aufgrund der besonderen Hintergründe aber auch nicht grundsätzlich in Frage stellt.

b) Garantenstellungen zwischen Eheleuten

Innerhalb der Familie bestehen nicht nur Garantenstellungen im Verhältnis von Eltern und Kindern, sondern auch zwischen den Ehepartnern selbst. Ihre gesetzliche Grundlage finden diese heute in § 1353 BGB, die Arten und der Umfang der daraus hergeleiteten Pflichten haben sich im Laufe der Zeit geändert. Während bei Eltern und Kind die Fürsorge- und Erhaltungspflichten schon aus dem Wesen des bestehenden Abhängigkeitsverhältnisses zu erklären sind, herrscht eine solche Abhängigkeit zwischen erwachsenen Ehepartnern regelmäßig nicht. Trotzdem ist im Grundsatz die Pflicht zum Schutz von Leben, Leib und Freiheit des Ehepartners weitgehend unbestritten[120]. Doch auch hier existieren oder existierten Garantenstellungen, die vom Wandel in der Gesellschaft nicht unbeeinflußt blieben. In diesem Kontext sind die zahlenmäßig bedeutenden Straftatverhinderungspflichten zu nennen. Zu unterscheiden sind hier allgemeine Straftatverhinderungspflichten und erneut die Unzuchtsverhinderungs-

---

120 Vergleiche dazu die Nachweise zur Rechtsprechung bei *Brammsen*, S. 161, Fußnote 74. Zu den Pflichten, den Partner am Selbstmord oder an der Begehung von Straftaten zu hindern, vergleiche die Ausführungen ab Seite 62.

pflichten, d. h. die Pflichten, die die Ehegatten anhielten, einander an der Begehung der Unzucht zu hindern.

Zuerst soll erneut die Kuppeleijudikatur Beachtung erfahren. Hierdurch läßt sich ermitteln, ob die Entwicklung bei den Pflichten innerhalb so unterschiedlicher Verwandtschaftsverhältnisse wie die von Eltern und Kindern und zwischen erwachsenen Eheleuten parallel verlaufen oder ob Unterschiede, auch im Hinblick auf die Hypothese, festzustellen sind. Im Anschluß daran soll der Verlauf bei den Straftatverhinderungspflichten untersucht werden.

aa) Unzuchtsverhinderungspflichten zwischen Eheleuten

Es oblag also nicht nur den Eltern oder allgemein gesprochen den Erziehungsberechtigten, dafür zu sorgen, daß ihre Nachkommen im Rahmen von Recht und Anstand blieben. Auch in der Ehe selbst fand die Rechtsprechung lange Zeit eine gegenseitige Unzuchtsverhinderungspflicht begründet, der in der Praxis zumeist der Ehemann nachzukommen verpflichtet war. Kam er, in seltenen Fällen auch die Ehefrau, dieser Pflicht nicht nach, so kam auch hier die Möglichkeit in Betracht, sich der Kuppelei durch Unterlassen nach §§ 180, 181 StGB strafbar zu machen. Die Frau konnte sich freilich nur gemäß § 180 StGB strafbar machen, wie der oben[121] angegebene Wortlaut der Vorschriften zeigt.

Im Rahmen der Entwicklung dieser Garantenstellung gilt im Hinblick auf die einschlägigen §§ 180, 181 StGB a. F. hinsichtlich der Problematik des Schutzgutzusammenhanges das im vorherigen Kapitel gesagte. Das von den Vorschriften geschützte Rechtsgut war die Sittenordnung innerhalb der Gesellschaft. Der im Verhältnis Eltern - Kind von der Rechtsprechung außer Acht gelassene Schutzgutzusammenhang spielt aus diesem Grund auch hier wieder eine Rolle, denn die Richter haben die Unzuchtsverhinderungspflichten hier aus den mit den obigen Pflichten verwandten ehelichen (Beistands-) Pflichten begründet.

(1) Die Entwicklung der Rechtsprechung des Reichsgerichtes

In einem frühen Plenarbeschluß hielten die Richter zunächst fest, daß es sich bei der Pflicht des Ehemannes, seine Frau an der Ausübung außerehelichen Geschlechtsverkehrs zu hindern, nicht nur um eine moralische, sondern auch um eine rechtliche Pflicht handele. Ihren Grund fände diese Rechtspflicht im Wesen der Ehe, wie es im Recht, insbesondere im preußischen Allgemeinen Landrecht, Anerkennung gefunden habe, und aus der darin dem Ehemanne zugewiesenen Rechtsstellung.

---

[121] Fußnote 74.

Aus diesem Wesen der Ehe als einer Verbindung zu ungeteilter Lebensgemeinschaft ergäbe sich für beide Eheleute die Rechtspflicht insbesondere auch zu ehelicher Treue und Vermeidung von Verdacht einer Verletzung derselben[122,123].

Aus der Stellung des Ehemannes als Haupt der Familie folge nicht nur sein Recht, sondern auch seine rechtliche Verpflichtung, seine Ehefrau davon zurückzuhalten, die eheliche Treue zu verletzen oder gar darüber hinaus aus dieser Pflichtverletzung ein Gewerbe zu machen[124]. An dieser Auffassung änderte auch die Einführung des BGB nichts, welches das preußische ALR ablöste. Die Stellung des Ehemannes blieb dieselbe, kraft dieser Stellung hatte er die Rechtspflicht, sowohl der Unzucht als auch der gewerbsmäßigen Kuppelei seiner Gattin entgegenzutreten[125].
Mit dieser in § 1354 BGB a. F. normierten Pflicht korrespondierte § 1356 BGB a. F., der der Ehefrau gleichfalls eine Unzuchtsverhinderungspflicht ihrem Mann gegenüber auferlegte. Zwar sei sie nicht Haupt der Familie, aber als Leiterin des gemeinsamen Hauswesens rechtlich verpflichtet, in dem ihr unterstehenden Hauswesen unsittliches Tun zu unterbinden[126]. Mit dem „ihr unterstehenden Hauswesen“ war nicht bloß eine Verpflichtung als Inhaberin des Hauses oder Besitzerin einer Wohnung zu verstehen, sondern umfassender ihre Stellung als Hüterin des ehelichen Heimes im materiellen wie immateriellen Sinne.

Diese den Eheleuten auferlegten Pflichten galten in umfangreichem Maße. Der Ehemann etwa war verpflichtet, seine Frau *mit allen Mitteln* von der gewerbsmäßigen Unzucht abzuhalten[127]. Einschränkungen diesbezüglich nahmen die Richter in leichtem Umfang zu Beginn der zwanziger Jahre vor, indem sie

---

122 RGSt 22, 332 (333) (Urt. v. 9. Februar 1892).

123 Hier stellt sich das angesprochene Problem des Schutzzweckes. Die §§ 180 f. StGB a. F. dienten dem Schutz der Sittlichkeit, nicht etwa dem von Ehe und Familie. Diese sollten von den § 171 f. StGB a. F. geschützt werden.

124 RGSt 22, 332 (334); vergleiche auch RG GA 39, 425 (436) (Urt. v. 16. Februar 1892); RG GA 41, 274 (275) (Urt. v. 18. September 1893).

125 RG GA 50, 394 (Urt. v. 29. Juni 1903).

126 RG GA 53, 164 (Urt. v. 10. Januar 1906); daß allerdings § 181 Nummer 2 aufgrund seines Wortlautes nur eine Strafbarkeit des Mannes, nicht aber der Frau begründete, hielten die Richter des BGH noch 1965 mit dem Gleichheitsgebot des Art. 3 Absatz 2 GG ohne weiteres für vereinbar, da Mann und Frau „unterschiedlich veranlagt“ seien, vergleiche BGH MDR 1966, 23 (23, 24) (Urt. v. 28. September 1965) unter Bezugnahme auf BGHSt 6, 167 (169, 170) (Urt. v. 29. April 1954), in welchem erstmals diese Frage behandelt wurde.

127 RGSt 48, 196 (Urt. v. 6. März 1914).

verstärkt die Frage der Zumutbarkeit der Verhinderung betonten[128]. So sollte es keine Verhinderungspflicht schlechthin geben, sondern durch die bloße Duldung einer unzüchtigen Handlungsweise der Ehefrau machte sich der in die Pflicht genommene Gatte nur dann strafbar, wenn ihm nach der gesamten Sachlage gemäß § 1354 BGB zugemutet werden durfte einzuschreiten. Nur dann stünde das Nichteinschreiten einem Vorschubleisten gleich[129].
Obwohl diese Betonung der Zumutbarkeit den Eindruck eines Versuches erweckt, die Kuppeleijudikatur einzuschränken, änderte sich an der Linie des Gerichts nicht übermäßig viel: Zwar sei es einem Mann nicht zuzumuten, unter Zuhilfenahme der Polizei gegen das Treiben der Frau vorzugehen; von der Drohung der Frau aber, ihn im Falle seines Einschreitens wegen einer von ihm begangenen schweren Straftat anzuzeigen, dürfe sich der Mann ebensowenig abhalten lassen wie von der Anzeige - und der daraus resultierenden strafrechtlichen Verfolgung - selbst[130]. Man sieht, daß der Mann sich eine ganze Menge zumuten lassen mußte, um einer Strafe als Kuppler zu entgehen. Hierin zeigt sich erneut die Bedeutung, die die Richter der damaligen Zeit der Sittlichkeit, insbesondere der Einehe mit der darin enthaltenen Exklusivität des Geschlechtsverkehrs beimaßen.

(2) Die Entwicklung in der Rechtsprechung des BGH

Der BGH sollte zunächst, wie schon zuvor bei den Unzuchtsverhinderungspflichten den Kindern gegenüber, an der Linie des Reichsgerichtes festhalten. Bereits 1951 hatte er über einen Fall der ehelichen Unzuchtsverhinderungspflichten zu entscheiden, unter Bezugnahme auf die Entscheidungen des Reichsgerichts RGSt 58, 97 und 58, 226 sprachen sie sich grundsätzlich für das Bestehen einer solchen Garantenpflicht aus. Sie taten dies unter besonderem Hinweis darauf, daß die rechtlich gebotene Verhinderung dem Ehemann auch tatsächlich möglich sein müsse, und verneinten dies im Ergebnis des Einzelfalles aufgrund der Dominanz der jungen Frau gegenüber ihrem alten und gebrechlichen Mann[131]. Trotz des Festhaltens an dem grundsätzlichen Bestehen einer Pflicht schränkten die Richter die Strafbarkeit über die Zumutbarkeit ein. Mußte sich der Ehemann zu Zeiten des Reichsgerichtes sogar noch der Gefahr strafrechtlicher Verfolgung aussetzen, um den an ihn gerichteten Forderungen gerecht zu werden, so genügte nunmehr bereits die körperliche Überlegenheit

---

128 Vergleiche dazu *Schünemann*, S. 375.

129 RGSt 58, 97 (98) (Urt. v. 29. Februar 1924), vergleiche auch RGSt 58, 226 (227) (Urt. v. 5. Juni 1924).

130 RGSt 72, 19 (Urt. v. 19. Oktober 1937).

131 BGH MDR 1951, 537 (Urt. v. 5. Juli 1951).

der Frau, um die Zumutbarkeit eines Einschreitens gegen unzüchtiges Verhalten der Frau zu verneinen.

Ein weiteres Urteil zu diesem Thema ist 1955 ergangen. Ihm liegt jedoch ein anders gearteter Sachverhalt zugrunde. Zum Inhalt hatte dieser die Frage, ob eine Ehefrau und Mutter verpflichtet sei, gegen den unzüchtigen Verkehr ihres Mannes mit ihrer fünfzehnjährigen Tochter aus erster Ehe einzuschreiten. Die Richter bejahten dies, einmal aufgrund der in §§ 1627, 1631 BGB verankerten Verpflichtung gegenüber ihrer Tochter, zum anderen wegen § 1353 BGB ihrem Ehemann gegenüber. Auch hinsichtlich der Zumutbarkeit stellten die Richter hohe Anforderungen an die Frau, so sollte sie etwa eine Gefährdung der Ehe in Kauf nehmen müssen[132]. Aufgrund dieser besonderen Sachverhaltskonstellation erscheint der Fall nicht unbedingt geeignet, die Entwicklung der Rechtsprechung zu verdeutlichen; zu sehr steht hier der Schutz des jugendlichen Mädchens im Vordergrund, um die Reinhaltung der Ehe als Motivation der Urteilsfindung anzuführen. Auch wenn heute eine gegenseitige Unzuchtsverhinderungspflicht aus § 1353 BGB in der Rechtsprechung nicht mehr von Bedeutung ist, so wäre auch heute das Verhalten der Frau durchaus noch strafwürdig (§§ 174, 27, 13 StGB), sie hätte eine Garantenstellung hinsichtlich ihrer Tochter inne.

Eine letzte Entscheidung des BGH, in der eine Garantenpflicht nun wieder eines Ehemannes festgeschrieben wurde, dem unsittlichen Treiben seiner Frau entgegenzuwirken, ist Mitte der sechziger Jahre ergangen. Der Ehemann, selbst nicht mehr in der Lage, seiner Frau sexuelle Befriedigung zu verschaffen, hatte geduldet, daß seine Frau ihre dahingehenden Bedürfnisse außerehelich befriedigte. In diesem Dulden sahen die Richter einen Widerspruch zum Wesen der Ehe und der darauf gegründeten Sittenordnung, so daß die Zwangslage, in der der Mann sich befunden hatte, nicht die Annahme der Unzumutbarkeit rechtfertigte[133]. Die Voraussetzungen der Unzumutbarkeit so weit herabzusetzen, daß die eigene körperliche Unfähigkeit zum Geschlechtsakt das Geschehenlassen der Unzucht entschuldige, ging den Richtern zu weit und hätte die Strafbarkeitsvoraussetzungen zu weit abgeschwächt.
Der BGH ließ in dieser Entscheidung das Merkmal der ehelichen Wohnung als Ort des Geschehens als Pflichtenquelle zu der zuvor allein in § 1353 BGB begründeten Rechtspflicht hinzutreten; hierdurch wird zusätzlich zur bereits angesprochenen verstärkten Erörterung der Zumutbarkeit deutlich, daß die eheliche Unzuchtsverhinderungspflicht eine Garantenpflicht darstellte, die den Höhepunkt ihrer Bedeutung hinter sich gelassen hatte.

---

132 BGH FamRZ 1956, 81 (Urt. v. 20. September 1955).

133 BGH MDR 1966, 23 (Urt. 28. September 1965).

Daneben ist diesem Vorgehen des Gerichts durchaus eine Reaktion auf das des öfteren angesprochene Problem des Schutzsubjektzusammenhanges zu sehen. Geschützt war, das hatten die Richter deutlich gemacht, die Sittenordnung. Eine in der ehelichen Lebensgemeinschaft angelegte Pflicht kann nur dem Schutz des anderen Ehegatten und nicht der Erhaltung fremder Rechtsgüter dienen[134]. Die Tatsache, daß die Rechtsprechung der in diesem Zusammenhang untauglichen ehelichen Beistandspflicht einen weiteren, zusätzlichen Rechtsgrund zur Seite stellten, der nicht den vorgenannten Schutzgutzusammenhang aufweist, zeigt, daß die Rechtsprechung der jüngeren Zeit bestrebt war, diese Garantenpositionen auf eine breitere Basis zu stellen. An dem bemängelten Prinzip hingegen haben sie durch diese bloße Kumulation der Pflichtgründe nichts geändert.

Weitere entsprechende Entscheidungen sollten nicht mehr folgen; heute besteht, hier herrscht Übereinstimmung in Rechtsprechung und Lehre, keinerlei rechtliche Verpflichtung unter Eheleuten, unzüchtiges Verhalten des anderen zu verhindern.

(3) Bewertung des Verlaufes

Ob es sich nun um das mehr oder weniger gleichberechtigte Verhältnis zwischen erwachsenen Ehegatten handelt oder um die Beziehung von Eltern und Kindern: Die Gründe für das Verschwinden dieser überwiegend in Moralvorstellungen begründeten Garantenpflicht sind zum großen Teil identisch mit den oben dargestellten Gründen bei der Unzuchtsverhinderungspflicht der Eltern gegenüber ihren Kindern, wie insbesondere die Parallelität der Entwicklungen zeigt. Die Motivation für die Judikatur, in solchen Fällen eine Garantenstellung anzunehmen, und die Ursache für ihr Ende waren in beiden Fallgruppen vergleichbar[135]. Einer Solidaritätsgarantie diente, wie schon die Unzuchtsverhinderungspflicht der Eltern, auch diese Verpflichtung nicht. Zwar wurde - fälschlich - die eheliche *Beistands*verpflichtung aus § 1353 BGB oder früher die verwandten §§ 1354, 1356 BGB a. F. als Pflichtgrund angeführt[136], Grundlagen also, denen das Element der Solidarität durchaus nicht fremd ist, tatsächlich war die Motivation der Gerichte erneut anders gelagert: Die Jurisdiktion wollte die herrschenden Sexualvorstellungen durchsetzen, eine Verpflichtung zu solidarischen Handeln zugunsten Dritter war nicht ihr Beweggrund.

---

[134] *Stree*, in: Schönke-Schröder § 13 Rn. 53.

[135] Vergleiche dazu oben ab Seite 54.

[136] Vergleiche etwa RGSt 48, 196 (Urt. v. 6. März 1914); 58, 97 (Urt. v. 29. Februar 1924); 58, 226 (Urt. v. 5. Juni 1924).

Bei den Unzuchtsverhinderungspflichten zwischen Eheleuten wird die Nichtbeachtung des Schutzsubjektbezugs noch deutlicher als im Verhältnis der Eltern zu ihren Kindern. Selbst eine „Umdeutung“ in Schutzbestimmungen mit dem Erziehungsgedanken, wie es in den Entscheidungen des Reichsgerichts im vorangegangenen Abschnitt zuweilen den Eindruck erwecken konnte, ist hier schon allein aufgrund der andersartigen Struktur des Verhältnisses zwischen den erwachsenen Eheleuten nicht möglich. Angesichts der fast identischen Entwicklungen auf diesen beiden, in der Struktur ihres Pflichtgrundes eng miteinander verwandten Gebieten erscheint auch die dort gezogene Folgerung gestärkt, im Verhältnis Eltern - Kind sei durch das Reichsgericht keine Umdeutung gewollt gewesen, sondern schlicht der Schutzgutzusammenhang mißachtet worden.

Abschließend läßt sich für den gesamten Bereich der Unzuchtsverhinderungspflichten damit festhalten: Nicht nur im Bereich von Eltern und Kindern, auch unter Eheleuten gab es eine rein moralisch-ethisch motivierte Rechtspflicht. Hinsichtlich der Auswirkungen auf die Hypothese dieser Untersuchung sei auf die oben gemachten Ausführungen verwiesen: Die Hypothese erfährt auf diesem Gebiet zwar keine direkte Bestätigung, sie wird allerdings auch nicht widerlegt.

bb) Straftatverhinderungspflichten unter Eheleuten

Nach Ansicht der Rechtsprechung oblag den Eheleuten nicht nur im Bereich der Sittlichkeit eine Garantenstellung im Verhältnis zum anderen, sie sollten dazu auch zur Verhinderung von Straftaten verpflichtet sein. Innerhalb dieser Rechtsprechung nehmen die Meineidsverhinderungspflichten einen großen Raum ein. Da diese ihren Grund aber überwiegend in der Ingerenz finden, soll deren Entwicklung dort an entsprechender Stelle Berücksichtigung finden[137]. Um Wiederholungen zu vermeiden, wird hier auf eine Erörterung verzichtet, soweit die Entscheidungen nicht von besonderer Bedeutung auch für diesen Verlauf sind.

Eine gegenseitige Straftatverhinderungspflicht unter Ehegatten war häufig und von Beginn der Rechtsprechung zur Unterlassungshaftung an Gegenstand der Judikatur. Den Rechtsgrund fanden die Gerichte auch hier wieder in der gegenseitigen Beistandsverpflichtung der Eheleute, die seit Inkrafttreten des BGB in den §§ 1354, 1356 BGB a. F. und in der jüngeren Zeit in § 1353 Abs. 1 S. 2 BGB festgeschrieben ist[138].

---

137 Ausführungen hierzu ab Seite 136.

138 Beachte auch §§ 1354, 1356 BGB a. F.

Diese Pflichten, die sich nicht mit der gegenseitigen geschlechtlichen Treue, dem „Kern der Ehe“, auseinandersetzen, müssen nicht unbedingt das in den vorhergehenden Kapiteln dargestellte Problem eines fehlerhaften Schutzsubjektzusammenhanges in gleicher Intensität aufweisen. War bei den Unzuchtsverhinderungspflichten das gesellschaftliche Sittlichkeitsgesetz, die öffentliche Moral das geschützte Rechtsgut und damit offensichtlich nicht in Einklang mit dem Ursprung der Garantenstellung zu bringen und war die Motivation der Rechtsprechung erkennbar dahin gerichtet, die damaligen Moralvorstellungen durchzusetzen, so kann eine in der Beistandsverpflichtung angelegte Rechtspflicht durchaus solidarische Elemente aufweisen. Für die Überprüfung der Hypothese bedeutet das: Wenn die allgemeinen Straftatverhinderungspflichten auch das Element der Solidarpflicht beinhalten sollten, wenn sie also nicht lediglich rein moralisch motiviert sein sollten wie die dargestellten Unzuchtverhinderungspflichten, dann steht zu vermuten, daß ihre Entwicklung Aufschluß geben kann über den Gehalt der Hypothese von der Ausweitung der Garantenstellungen. Die Grundlage der Haftung, die Verpflichtung, einander beizustehen, legt diese Vermutung bereits aufgrund ihrer Bezeichnung nahe.
Im Folgenden soll in Anbetracht der Fülle der ergangenen Entscheidungen[139] und da ein beträchtlicher Teil von ihnen bereits in den genannten Abschnitten Berücksichtigung gefunden hat, anhand ausgewählter Urteile die Entwicklung exemplarisch nachgezeichnet werden. Der Aspekt des Schutzgutzusammenhanges soll auch hier nicht unbeachtet bleiben, wenn es auch hauptsächlich darum gehen soll, die tatsächliche Entwicklung abzubilden und anhand des vermuteten Verlaufes zu untersuchen.

(1) Die Position des Reichsgerichtes

Das Reichsgericht hat Verhinderungspflichten zwischen Eheleuten grundsätzlich anerkannt, wie das Kapitel über die Unzuchtsverhinderungspflicht gezeigt hat. Weitergehende Rechtspflichten, die auch allgemein die Verhinderung von Straftaten einbezogen, traten erst in der Zeit des Dritten Reiches hinzu. In einem Fall, in dem die Richter sich mit der Meineidsbeihilfe durch Unterlassen auseinanderzusetzen hatten, stellten sie heraus, daß neben der einschlägigen Rechtspflicht aus Ingerenz noch eine weitere zu beachten sei. Da der Angeklagte gerade seine Ehefrau als Zeugin zur Beeidigung unwahrer Behauptungen aufgeboten habe, sei er kraft der sich aus der Ehe ergebenden Beistandspflicht (§ 1353 BGB) rechtlich verpflichtet, diese vor der Begehung einer strafbaren Handlung zu bewahren[140]. Eine Rechtspflicht zur Verhinderung der Straftat des anderen Ehegatten ergebe sich also auch aus der ehelichen Beistandspflicht, und

[139] Vergleiche die Nachweise bei *Schünemann,* S. 332.
[140] RGSt 74, 283 (285) (Urt. v. 16. September 1940).

zwar von eigenständiger Bedeutung und nicht bloß kumulativ zur Pflichtenquelle des vorangegangenen gefährlichen Tuns. Diese Position hat das Reichsgericht in allen folgenden einschlägigen Entscheidungen beibehalten; so haben die Richter zum Beispiel bei den Fällen der Meineidsbeihilfe regelmäßig die Pflicht aus der Ehe neben der aus Ingerenz bejaht[141].

(2) Die Entwicklung der Rechtsprechung des BGH

In der ersten Zeit nach seiner Gründung sollte der BGH dem Reichsgericht diesbezüglich grundsätzlich folgen. In einem ihm zur Entscheidung vorliegenden Fall war fraglich, ob der Ehemann rechtlich verpflichtet sei, seine Frau an der Vornahme von Abtreibungshandlungen zu hindern, und ob er im Falle des Nichteinschreitens wegen Unterlassung nach § 218 StGB strafbar sei. Der BGH bejahte eine solche Strafbarkeit und darin enthalten eine Garantenpflicht des Mannes, seine Frau an ihrem Tun zu hindern; auch nach Auffassung des BGH folgte so aus der ehelichen Lebensgemeinschaft die Pflicht eines jeden Ehegatten, den anderen von der Begehung von Straftaten abzuhalten[142]. Allerdings läßt schon diese frühe Entscheidung des BGH eine leichte Begrenzung der reichsgerichtlichen Rechtsprechung erkennen. Denn, so wurde weiter ausgeführt, die Verletzung einer solchen Rechtspflicht durch einen Ehegatten stünde zumindest dann dem positiven Mitwirken bei der strafbaren Handlung des anderen Teiles gleich, wenn diese Handlung in dem besonderen Herrschaftsbereich eines jeden Ehegatten, nämlich der ehelichen Wohnung, stattfände[143]. Um der geforderten Entsprechung des Unwertes von Unterlassung zum aktivem Tun zu genügen, ließen die Richter sicherheitshalber noch die eheliche Wohnung als Tatort zur Verstärkung neben die reine Rechtspflicht aus der Ehe treten. Die Richter waren offenbar nicht sicher, ob oder zumindest in welchem Umfang der vorhergehenden Rechtsprechung zu folgen war.

Diese Unentschiedenheit zeigte sich deutlich in einer weiteren Entscheidung des BGH, ergangen fast zwei Jahre später. Hier führten die Richter aus, *unter Umständen* könne die eheliche Beistandspflicht eine Rechtspflicht zur Verhinderung strafbarer Handlungen begründen. Das eheliche Verhältnis statuiere aber *jedenfalls dann* keine entsprechende gegenseitige Rechtspflicht, wenn die Eheleute getrennt und in Scheidung lebten[144]. Diese äußerst vorsichtigen und zu-

---

141 Vergleiche Fußnote 463. Zur Problematik des Schutzgutzusammenhangs in der Judikatur des Reichsgerichts vergleiche die ausführlichen Erörterungen im vorangegangenen Kapitel der Unzuchtverhinderungspflichten und unten im Rahmen der Meineidsverhinderungspflichten.

142 BGH NJW 1953, 591 (Urt. v. 22. Januar 1953).

143 BGH a. a. O.

144 BGHSt 6, 322 (324 und Leitsatz) (Urt. v. 15. Oktober 1954).

rückhaltenden Äußerungen machen deutlich, daß die Rechtsprechung des BGH nicht in einfacher Nachfolge der Judikatur des Reichsgerichts stand, daß also eine allein in § 1353 BGB zu suchende Pflicht nicht mehr ohne weiteres den Zuspruch der Richter finden durfte.
Die zuvor vorgenommene Beschränkung entsprechender Pflichten auf den ehelichen Herrschaftsbereich, namentlich auf die eheliche Wohnung, wurde in dieser Entscheidung aufgegriffen und so für getrenntlebende Eheleute die Garantenpflicht zur Verhinderung eines Meineids verneint. Allerdings erscheint diese Bezugnahme auf BGH NJW 1953, 591 nicht ganz treffend. Denn bei sozusagen räumlicher Begrenzung der Pflicht hätte auf die tatsächliche Trennung nicht mehr abgestellt werden müssen, weil sich auch bei einem harmonischen Eheleben der in Frage stehende Meineid nicht in den Räumen der ehelichen Wohnung abspielen konnte[145]. Wenn schon die eheliche Beistandspflicht vom BGH in diese Richtung ausgeweitet, wenn an der Linie des Reichsgerichtes festgehalten werden sollte, dann verwundert es, warum diese Verpflichtung am Gartentor ihre Grenze finden soll. Diese Einschränkung verstärkt den Eindruck, als ob der BGH selbst nicht vollends überzeugt gewesen sei, wie eine allein im Wesen der Ehe begründete Straftatverhinderungspflicht behandelt werden oder, darüber hinaus, ob eine solche überhaupt Anerkennung finden solle[146]. Daneben zeigt die einschränkende Vorgehensweise des Gerichts, daß die Frage des Schutzgutzusammenhanges nunmehr durchaus Berücksichtigung fand. Geschütztes Rechtsgut etwa der §§ 153 f. StGB ist die Rechtspflege, die eheliche Beistandsverpflichtung bezieht sich dagegen auf die Eheleute untereinander und damit auf Rechtsgüter des anderen Ehegatten selbst[147].

Abschließende Klarheit bezüglich der Anerkennung einer solchen Garantenpflicht brachte dann auch eine weitere Entscheidung nicht, in der der BGH zwar im Ergebnis eine Straftatverhinderungspflicht einer Ehefrau ablehnte, allerdings nichts zur grundsätzlichen Klärung der Frage beitrug[148].
Eine Garantenpflicht der Ehefrau, ihren Mann vor der Ausführung von Straftaten zu bewahren, wurde abgelehnt, und zwar aus konkreten Gründen des Einzelfalles. Die Frau habe aufgrund der unterlegenen Stellung in ihrer Partnerschaft keinerlei Einflußmöglichkeiten gehabt, mittels derer sie auf ihren Mann habe einwirken können. Unter diesen Umständen könne von einer Klärung der angesprochenen Frage abgesehen werden. Eine Stellungnahme in eine der beiden möglichen Richtungen, ob denn nun eine Straftatverhinde-

---

[145] *Maurach*, in: AT S. 475.
[146] *Geilen*, in: FamRZ 1961, 147 (157).
[147] Vergleiche dazu oben ab Seite 62.
[148] BGHSt 19, 295 (Urt. v. 5. Mai 1964).

rungspflicht allein aus der ehelichen Gemeinschaft besteht oder nicht, ist der Entscheidung nicht zu entnehmen[149].

(3) Die aktuelle Situation

Einen Wendepunkt in dieser zögerlichen Haltung stellt die Entscheidung des OLG Stuttgart dar[150]. Es äußerte sich als erstes Gericht explizit ablehnend gegenüber der Existenz einer solchen Rechtspflicht. Der Entscheidung lag zusammengefaßt folgender Sachverhalt zugrunde: Ein verheirateter Mann hatte für das mit der späteren Angeklagten gemeinsame Kind Kindergeld beantragt und erhalten. Nachdem das Kind verstorben war, hatte der Mann trotz des Wissens um seine Verpflichtung dazu davon abgesehen, den Wegfall seines Berechtigungsgrundes der Behörde mitzuteilen. Die Ehefrau hatte Kenntnis davon, wies ihren Mann allerdings nicht darauf hin, daß er zu einer Änderungsanzeige verpflichtet sei. Der Mann hatte so insgesamt über 10.000 DM an Kindergeld zu Unrecht erhalten.

Das Oberlandesgericht setzte sich mit drei möglichen Pflichtenquellen (Ingerenz, Übernahme einer Schutzpflicht zugunsten der Behörde und, hier von Interesse, der Garantenstellung mit dem Inhalt, den Ehepartner von der Begehung strafbarer Handlungen abzuhalten) auseinander und lehnte in Übereinstimmung mit der Vorinstanz eine rechtliche Verpflichtung der Ehefrau zur Mitteilung ab. Eine Distanzierung von der Linie des BGH fand aber trotz des Ergebnisses nach Meinung der Richter nicht statt, im Gegenteil, sie sahen sich durchaus in dessen Tradition. Bisher habe sich der BGH nämlich nur zu solchen Fällen geäußert, in denen es um vom Ehepartner in der ehelichen Wohnung ausgeübte kriminelle Handlungen ging. Bereits in der frühen Entscheidung BGHSt 6, 322 hätten die Richter darauf hingewiesen, eine Rechtspflicht bestünde wenigstens dann, wenn die Tat in der ehelichen Wohnung begangen werden sollte. Eine Auseinandersetzung mit Fällen, die außerhalb der gemeinsamen Wohnung stattfanden, habe noch nicht stattgefunden; die Frage, ob eine Garantenpflicht allein aus § 1353 BGB herzuleiten sei, habe der BGH zuletzt ausdrücklich offengelassen. Die Richter des OLG fanden erstmals klare Worte im Hinblick auf den in den bisherigen Ausführungen regelmäßig bemängelten Schutzgutzusammenhang: Eine Ausweitung der Rechtspflichten in diesen Bereich hinein sei zum einen mit dem Zwecke der Strafvorschriften nicht mehr zu vereinbaren[151] und stünde zum anderen auch dem Bestreben des BGH entgegen, derartige Pflichtenstellungen in

[149] BGHSt 19, 295 (296, 297).

[150] OLG Stuttgart NJW 1986, 1767 (Urt. v. 25. Juli 1985).

[151] Unter Verweis auf *Geilen*, in: FamRZ 1961, 157 f.

Grenzen zu halten[152]. Aus der ehelichen Lebensgemeinschaft allein erwachse deshalb noch keine Garantenstellung, dafür zu sorgen, daß der andere Ehegatte keine Straftaten begehe[153]; um den notwendigen Bezug zur Rechtspflichtquelle „Ehe“ aufzuweisen, sei also ein Zusammenhang mit der häuslichen Sphäre, zum gemeinsamen Lebensbereich der Eheleute erforderlich, die Lebensgemeinschaft allein genüge den Anforderungen nicht.

Eine allein in § 1353 BGB begründete allgemeine Straftatverhinderungspflicht unter Eheleuten existiert nach Ansicht des OLG Stuttgart mithin nicht (mehr), diese Entscheidung steht wohl tatsächlich in Einklang mit der Richtung des BGH, wie die unentschlossene Haltung zuvor gezeigt hat. Es bleibt so zu mutmaßen, daß auch der BGH mangels gegenteiliger Ausführungen die Meinung des OLG teilen wird.

(4) Bewertung des Verlaufes

Auch bei den allgemeinen Straftatverhinderungspflichten hat die Frage nach dem Schutzgutzusammenhang eine Rolle gespielt. Seit der Entscheidung des OLG Stuttgart gehört diese Problematik allerdings der Vergangenheit an. Läßt man diesen Aspekt bei der Bewertung des Verlaufes einmal außen vor und untersucht den Verlauf unter dem hier interessanten Aspekt der Solidarpflichten, dann läßt sich folgendes festhalten: Wenn die Straftatverhinderungspflicht zwischen Eheleuten ihre Wurzel in § 1353 Abs. 1 S. 2 BGB, der ehelichen Beistandsverpflichtung, findet, dann handelt es sich nach Intention der Richter um eine Pflicht, die zumindest auch darauf angelegt ist, den Ehepartner vor der Begehung von Straftaten zu bewahren[154]. Ein Beweggrund der Gerichte war demnach, die Ehegatten zu solidarischem Handeln untereinander zu verpflichten. Die hinter ihr stehende Motivation ist damit eine andere als bei den speziellen Verhinderungspflichten auf dem Gebiet der Sittlichkeitsvergehen, bei denen deutlich wurde, daß trotz der als Pflichtgrund herangezogenen Vorschrift des § 1353 BGB die Durchsetzung öffentlicher Moralvorstellungen eigentlicher Antrieb der Rechtsprechung war.

Das Aufkommen der Straftatverhinderungspflichten in Fällen, in denen es über die bereits besprochenen Unzuchtsverhinderungspflichten hinaus um allgemeinere Verhinderungspflichten unter Ehegatten geht, fällt in die Rechtsprechung

---

[152] OLG Stuttgart NJW 1986, 1767 (1768).

[153] OLG Stuttgart NJW 1986, 1767 (Leitsatz 1).

[154] *Diederichsen*, in: Palandt § 1353 Rn. 10.

in der Zeit nach 1933[155]. Dies verwundert nicht, wenn man sich die zu Beginn der Arbeit skizzierten Ausprägungen der Ideologien von Liberalismus und Kollektivismus noch einmal vor Augen führt, eine paternalistische Rechtsprechung korrespondierte mit einer entmündigenden Gesellschaftsform. In der Zeit vor dem Niedergang liberalistischer Ideen beschränkte sich die Judikatur auf die Verhinderung unzüchtigen Tuns, der Grund dafür ist bereits in den beiden vorangestellten Kapiteln hinreichend deutlich geworden. Zur Hochzeit des Nationalsozialismus traten andere Bereiche hinzu[156], die dem Einzelnen eine Verantwortung für das Tun anderer auferlegten; dies ist in Anbetracht der vollkommen veränderten gesellschaftlichen Situation keine Überraschung.
Der Verlauf der Entwicklung ist heute stark rückläufig: Das Reichsgericht stand - vor allem in seiner späten Phase - einer solchen Rechtspflicht uneingeschränkt positiv gegenüber, der BGH zeigte sich zurückhaltender, indem er verstärkend Elemente wie das des Zusammenlebens und der ehelichen Wohnung beizog, um zu einer entsprechenden Pflicht zu gelangen. Seit der Entscheidung des OLG Stuttgart aus dem Jahr 1985, in der das Gericht eine derartige Pflicht abgelehnt hat, liegen keine einschlägigen Urteile mehr vor, so daß insgesamt davon ausgegangen werden kann, daß Straftatverhinderungspflichten, die ihre Begründung in der ehelichen Beistandsverpflichtung finden, der Vergangenheit angehören.

Warum die jüngere Rechtsprechung derart restriktiv mit einer doch im Bereich der Solidarpflichten verankerten Rechtspflicht umgegangen ist, hängt nicht ausschließlich mit dem monierten Schutzgutzusammenhang zusammen, sondern läßt sich auch nachvollziehen, wenn man die Form der geforderten Solidarität genauer betrachtet. Ein Blick etwa auf die Rolle des Mannes, der nach § 1354 BGB a. F. als „Haupt der Familie" verpflichtet war, ungesetzliches Tun seiner Frau zu verhindern, zeigt, daß es sich um eine Form paternalistischer Fürsorge handelte. Die Rolle des Mannes als „pater familias" aber ist seit langem überholt. Freiheit zu eigenverantwortlicher Entscheidung beider gleichberechtigter Ehegatten und „Selbstverwirklichung" im weiteren Sinne stehen seit längerem der Annahme einer Pflicht zur Überwachung und Bevormundung des Ehe*partners* entgegen[157], so daß für eine derartige Garantenpflicht in der heutigen Zeit

---

[155] Gleiches gilt für die Fälle der Meineidsbeihilfe durch Unterlassen, in denen neben der Ingerenz häufig die eheliche Beistandspflicht herangezogen wurde, vergleiche dazu weiter unten ab Seite 136.

[156] Dabei handelte es sich, vergleiche oben, um Meineidsverhinderungspflichten. Die Tatsache, daß auch der BGH Rechtspflichten zur Verhinderung von Meineiden kennt, steht einer Ausweitung der Garantenpflichten durch das späte Reichsgericht nicht entgegen: Pflichtquelle in der jüngeren Rechtsprechung ist, anders als beim Reichsgericht, allein die Ingerenz, vergleiche dazu das diesbezügliche Kapitel ab Seite 136.

[157] Vergleiche *Ranft*, in: JZ 1987, 859ff, 909ff (910).

kein Raum mehr ist. Der Bedeutungsverlust läßt sich damit durch die Rückführung des unzeitgemäßen Paternalismus erklären.

Trotz der Rückführung der Haftung durch den BGH und die grundlegende Entscheidung des OLG Stuttgart stützt diese Entwicklung in weiten Teilen die Hypothese: Läßt man einmal die Kuppeleijudikatur außer Acht, die, wie bereits ausgeführt wurde, anderen Ursprungs als die weitergehenden allgemeinen Straftatverhinderungspflichten ist, dann hat eine Ausweitung in der Zeit des Kollektivismus des Dritten Reiches stattgefunden, die von der bundesrepublikanischen Justiz zunächst nur zögerlich beschnitten wurde. Bis weit in die sechziger Jahre war eine Straftatverhinderungspflicht zumindest in modifizierter Form noch anerkannt. Insoweit gleicht der tatsächliche Verlauf dem behaupteten. Die Tatsache, daß die heutige Situation eine andere ist, läßt sich, wie bereits angesprochen, auch mit der Beschneidung eines Paternalismus erklären, der nach den gesellschaftlichen Änderungen der letzten 35 Jahre nicht mehr in die Zeit paßt. Eine Gesellschaft, die neben der Gleichberechtigung der Frau auch der Individualität und damit verbunden der Selbstbestimmung des Einzelnen einen bedeutenden Rang zuweist[158], läßt sich mit diesem bevormundenden Charakter nur schwer in Einklang bringen. Der in der Hypothese beschriebene Verlauf entspricht dem tatsächlichen damit bis deutlich in die Mitte dieses Jahrhunderts hinein, der regressive Verlauf seit dieser Zeit, der eine mögliche Strafbarkeit allerdings immer noch nicht ausdrücklich ausschließt, läßt sich mit den obigen Ausführungen begründen.
Eine Ausweitung von der Zeit des Liberalismus bis in die sechziger Jahre des zwanzigsten Jahrhunderts hat entsprechend der Hypothese stattgefunden, mit den genannten Einschränkungen eben seit dem Ende der sechziger Jahre. Die Zeitspanne der nationalsozialistischen Diktatur, in der ein starker Anstieg zu verzeichnen war, bildet den Höhepunkt entsprechender Rechtspflichten und stellt den erwarteten „Bruch“ in der Entwicklung der Judikatur dar.

Der Pflicht, den Ehegatten quasi zu bevormunden und der diesbezüglich zögerlichen Haltung des BGH stand das Schrifttum schon seit längerem deutlich ablehnend gegenüber. Denn nach dieser Auffassung laufe die Vorgehensweise der Rechtsprechung auf eine Art Sippenhaftung hinaus[159]: Bei einer weitgefaßten Straftatverhinderungspflicht macht sich im Falle der Nichthinderung regelmäßig auch der Gatte strafbar, der mit dem „auslösenden Delikt“ selbst nichts zu tun hat. Diese sehr weitgehende Strafbarkeitsbegründung zumindest erscheint bei

158 Erinnert sei zur Verdeutlichung etwa an das Betreuungsrecht im Zivilrecht, welches das Vormundschaftsrecht am 1. Januar 1992 abgelöst und die Rechte der zu Betreuenden zum Beispiel durch die Abschaffung der Entmündigung gestärkt hat.

159 So etwa *Geilen*, in: FamRZ 1961, 147 (148), *Stree*, in: Schönke-Schröder § 13 Rn. 53 m. w. N.

Betrachtung der aktuellen Situation der Straftatverhinderungspflichten im allgemeinen wie auch im sittlichen Bereich als überholt. Ohne das Hinzutreten weiterer pflichtbegründender Aspekte - man denke an die eheliche Wohnung, damit verbunden die Verfügungsgewalt über Räumlichkeiten - erscheint die Begründung einer Garantenpflicht wenigstens als unwahrscheinlich.

c) Weitere Garantenstellungen innerhalb der Familie

Die bislang dargestellten Entwicklungen betrafen die intensivsten Näheverhältnisse innerhalb der Familie, nämlich die zwischen Ehegatten und die von Eltern gegenüber ihren Kindern. Doch auch zwischen entfernteren Verwandten hat die Rechtsprechung häufig das Bestehen derartiger Positionen und Pflichten bejaht, zumeist allerdings nicht allein aus Gründen der Verwandtschaft, sondern unter Hinzuziehung einer bestehenden Hausgemeinschaft[160]. Die effektive Hausgemeinschaft sollte das ersetzen, was aufgrund der nicht so intensiven Verwandtschaftsverhältnisse an notwendiger gegenseitiger Vertrauensbasis fehlte[161].

Im Bereich elementarster Rechtsgüter wie dem Leben haben die Richter jedoch auch ohne das Heranziehen kumulativer Faktoren wie etwa der angesprochenen Hausgemeinschaft versucht, eine Garantenstellung zu begründen. Insbesondere im Bereich der Suizidverhinderung ist eine entsprechende, zahlenmäßig beachtliche Rechtsprechung festzustellen. Eine Voraussetzung, um überhaupt zu einer Strafbarkeit auf diesem Gebiet zu gelangen, ist aus Gründen der Straflosigkeit des Selbstmordes eine Garantenstellung: Zwar ist die Beihilfe zum Suizid mangels tatbestandsmäßiger Haupttat nicht möglich, im Falle einer Garantenpflicht zur Hinderung des Selbstmordes aber kann sich der Inhaber einer entsprechenden Garantenstellung wegen vorsätzlichen oder fahrlässigen Totschlags strafbar machen können.

aa) Selbstmordverhinderungspflichten unter Verwandten

Die Frage, wann jemand rechtlich verpflichtet sei, einen anderen Menschen von dessen Suizidversuch abzuhalten, hat die Rechtsprechung von Reichsgericht und BGH recht häufig beschäftigt. In dieser Arbeit wird das Problem zweimal den Gegenstand der Erörterung bilden: Zunächst hier, im Bereich der unechten Unterlassungsdelikte dahingehend, wann eine Garantenstellung besteht, die den Inhaber derselben verpflichtet, in das Geschehen einzugreifen und den Erfolg des Selbstmordes zu verhindern; später dann im Bereich der echten Unterlas-

---

160 Vergleiche die Nachweise bei *Stree*, in: Schönke-Schröder § 13 Rn. 17 f. Näher zu den Garantenpositionen und -pflichten aus der Gemeinschaft ab Seite 84.

161 *Jescheck*, in: LK-StGB § 13 Rn. 23 m. w. N.

sungsdelikte, namentlich des 323 c StGB, in dem es darum geht, ob ein Suizid(versuch) als ein die Hilfeleistungspflicht auslösender Unglücksfall anzusehen ist.

(1) Die Entwicklung der Rechtsprechung

Bei den zuvor dargestellten Entwicklungen der Judikatur zur Unterlassungshaftung ging es hauptsächlich um die Geschichte einer speziellen Rechtspflicht, um deren Beginn, Werden und zuweilen auch Ende. *Wer*, welche Personengruppe, handeln mußte, war unproblematisch und unterlag auch keinem Wandel, fraglich war, *wann was* zu tun war. Der Schwerpunkt innerhalb des Wandels bei den Suizidverhinderungspflichten im Laufe der Zeit war ein anderer. Hier ist eine Entwicklung beim Adressatenkreis, den potentiellen Garanten also, festzustellen.

Das Reichsgericht kannte keine entsprechende Garantenstellung. Anders der BGH: In der frühen Rechtsprechung war es zunächst eine Ehefrau, die nach Auffassung der Richter rechtlich verpflichtet war, ihren Gatten am Selbstmord zu hindern. Dieser Entscheidung lag folgender Sachverhalt zugrunde: Ein Mann hatte sich aufgrund häuslicher und ehelicher Zerwürfnisse entschlossen, aus dem Leben zu scheiden; als er diese Entscheidung in die Tat umsetzte, traf ihn seine Frau im Zustand der Bewußtlosigkeit, aber zu einem Zeitpunkt an, in dem er noch zu retten gewesen wäre. Sie unternahm nichts zu seiner Rettung. Nach Ansicht der Richter schied zwar eine mögliche Strafbarkeit der Frau nach § 330 c StGB a. F. aus, da ein Selbstmord, dem eine freie und verantwortlich getroffene Entscheidung des Selbstmörders zugrunde liege, keinen Unglücksfall darstellen könne[162]. In Betracht komme jedoch eine Strafbarkeit nach den Grundsätzen der unechten Unterlassungsdelikte, sofern die Frau eine Rechtspflicht innehabe, das Leben ihres Mannes zu retten.
Unter Bezugnahme auf die ständige Rechtsprechung schon des Reichsgerichtes bezüglich einer aus der Familie (respektive der Ehe) resultierenden Rechtspflicht statuierten die Richter eine Verpflichtung der Ehefrau, ihren Mann zu retten. Diese Handlungspflicht zur Suizidverhinderung aber hatte noch in keinem Urteil zuvor Behandlung oder gar Bestätigung gefunden, sondern stellt einen Neuanfang dar. Daß es sich hierbei um eine bedeutende Erweiterung des Kreises der strafbaren Handlungen - oder besser Unterlassungen - handelte, war sicherlich auch ein Grund dafür, daß die Richter der Herleitung und Begründung dieser Pflicht großen Raum in ihrer Entscheidung gaben[163]. Begründet

---

[162] BGHSt 2, 150 (150, 151) (Urt. v. 12. Februar 1952); dazu genauer unten im Rahmen der echten Unterlassungsdelikte, namentlich des § 323 c StGB ab Seite 203.
[163] BGHSt 2, 150 (152-157), sie umfaßt damit immerhin fünf Seiten.

wurde diese Rechtspflicht der Ehefrau mit § 1353 BGB, der die Eheleute zum gegenseitigen Beistand verpflichte. Die Rettung des Lebens des Ehegatten sei aufgrund ihrer existentiellen Bedeutung Teil der ehelichen Beistandspflicht, so daß diese grundlegende zivilrechtliche Beistandsverpflichtung auch auf dem Gebiet der strafrechtlichen Pflichten Geltung beanspruche.

In einem nachfolgenden Fall hatte der Ehemann seine Familie verlassen, woraufhin die Gattin sich und ihr gemeinsames Kind tötete[164]. Im Ergebnis dieser Entscheidung ging der Angeklagte zwar straffrei aus, für diese Untersuchung interessant ist hingegen die Tatsache, daß das Gericht zunächst eine rechtliche Verpflichtung des Ehemannes und Vaters bejahte, die Eltern der Frau oder die Polizei auf den psychischen Zustand seiner Gattin hinzuweisen, sie vor möglichen Folgen zu warnen und um Schutz für Frau und Kind zu ersuchen. Begründet wurde diese Verpflichtung damit, daß er um ihre psychische Labilität wußte. Zuvor hatte das Gericht die strafrechtliche Kausalität der häuslichen Trennung für die Selbsttötung und die des Kindes bejaht[165].
Hierdurch befand sich das Gericht offensichtlich in einem Dilemma: Entweder hätten es de facto eine strafrechtliche Sanktion für ehewidriges Verhalten[166] aufstellen müssen oder aber es hätte die vorangegangenen Entscheidungen zu den ehelichen Garantenpflichten mißbilligen müssen. In dieser Situation fand der BGH den Ausweg, das Verlassen der Familie für „nicht rechtswidrig" zu erklären, ohne auf die angesprochene Problematik näher einzugehen[167]. Zwar geböten Sitte und Religion unter Umständen ein Festhalten an der zerrütteten Ehe, eine strafrechtliche Durchsetzung hingegen stelle einen unzumutbaren Eingriff in die Freiheit und Würde der Persönlichkeit dar. Der Ehemann habe deshalb nicht rechtswidrig gehandelt[168].

Diesen ersten Urteilen, in denen eine Selbstmordverhinderungspflicht statuiert wurde, sollten recht bald weitere Entscheidungen mit ähnlichen Sachverhalten folgen. Der maßgebliche Unterschied war allerdings, daß es sich in den folgenden Urteilen nicht um Eheleute, also emotional und rechtlich sehr stark miteinander verbundene Personen handelte, sondern um Verwandtschaftsverhältnisse oder Beziehungen von teils schwächerem Grad. Während im Fall der Verheirateten § 1353 BGB sich recht unproblematisch als Pflichtgrund angeboten hat, konnte in Fällen, in denen in einem ähnlichen Sachverhalt Nichtverheiratete betroffen waren, nicht auf diese Stütze im Gesetz zurückgegriffen

---

164 BGHSt 7, 268 (Urt. v. 17. Dezember 1954).

165 BGHSt 7, 268 (270).

166 Vergleiche dazu *Schünemann*, S. 336, der diesbezüglich von einem Versuch der „Aufrechterhaltung der Ehe mittels Drohung mit strafrechtlichen Folgen" spricht.

167 BGHSt 7, 268 (271).

168 BGHSt 7, 268 (271, 272).

werden. Die Richter waren also gezwungen, eine andere tragfähige Rechtsquelle zu finden oder zu konstruieren.

So betrifft ein Urteil vom 2. September 1954[169] die Pflichten von Verlobten im Falle des Selbstmords eines der Partner. Unter Hinweis auf die ständige höchstrichterliche Rechtsprechung, die den Beteiligten in bestimmten Lebensverhältnissen rechtlich verpflichtend auferlegte, füreinander einzustehen und Gefahren voneinander abzuwenden, stellte das Gericht fest, daß das Verlöbnis zu diesen zu zählen sei. Zwar begründe das Verlöbnis anders als die Eheschließung noch keine vollständige Lebensgemeinschaft (vergleiche dazu etwa die Ausführungen zu der Kuppeleijudikatur), unter Berücksichtigung von Faktoren wie Dauer des Verlöbnisses, Alter und Reife der Verlobten und Enge und Festigkeit der Beziehung sei aber im Einzelfalle anzunehmen, daß eine rechtliche Verpflichtung zur Hinderung des Suizids bestünde[170]. Bedenkt man nun, wie schwach die rechtliche Fundierung des Verlöbnisses im Gesetz ist, so daß es kaum als Quelle einer strafrechtlich relevanten Rechtspflicht eingestuft werden kann, dann hat der BGH hier de facto durch die Hinzuziehung eines Indizienbündels die nichteheliche Lebensgemeinschaft als pflichtenbegründend eingestuft[171].

Eine weitere Entscheidung des Gerichtes ging in dieselbe Richtung: Erneut wurde der Verlobten eine Garantenstellung zur Rettung des Partners auferlegt, die ihren Grund (auch) im Verlöbnis, in der engen Lebensgemeinschaft fand[172]. Die Garantenstellung aus einem Verlöbnis sollte also nur fallweise, unter besonderen Umständen zustande kommen. Diese Umstände, die kumulativ zum Verlöbnis hinzutreten müßten, sollten den Rechtsgrund „verstärken", die Richter vermengten deshalb Aspekte der Lebensgemeinschaft mit der stärker am Gesetz angelehnten Verlobung.

Wie bereits festgestellt, hatten diese Urteile keine Vorbilder in der Rechtsprechung des Reichsgerichtes. In der Entscheidung RGSt 70, 313 zum Beispiel lag ein ähnlicher Sachverhalt vor. Ein Liebespaar - ein verheirateter Mann und seine ledige Geliebte - hatte sich aufgrund der Entdeckung ihres Verhältnisses und der daraus resultierenden Schande zum gemeinsamen Selbstmord entschlossen. Ihn verließ im letzten Moment der Mut, er befreite sich von dem Strick, kam ihr allerdings nicht zu Hilfe.

169 BGH JR 1955, 104.
170 BGH JR 1955, 104 (105).
171 Dazu ausführlicher im folgenden Kapitel ab Seite 77.
172 BGH NJW 1960, 1821 (Urt. v. 5. Juli 1960).

Weder wurde § 330 c StGB a. F. von den Richtern erörtert, noch fand eine Diskussion um eine mögliche Garantenstellung des Mannes überhaupt statt. Statt dessen hieß es, der Mann könne kein Täter sein, da sich die Frau selbst zu der Tat entschlossen habe, und mangels strafbarer Haupttat käme auch eine Strafbarkeit als Gehilfe nicht in Betracht[173].

Zum Verhältnis zwischen Verlobten hatte das Reichsgericht ebenfalls schon einmal Stellung bezogen[174]. Hierbei handelte es sich zwar um keine Entscheidung, die einen Selbstmordversuch zum Thema hatte, sie zeigt aber deutlich die unterschiedliche Einstufung des Verlöbnisses als potentielle Pflichtenquelle von Reichsgericht und BGH. Die gegenseitige Verantwortlichkeit wurde von den Richtern dort nicht als von rechtlicher, sondern klar von allein moralischer Natur eingestuft[175]. Auch wenn nach unserem heutigen Verständnis in diesen Fällen durchaus eine „tatsächliche Lebensgemeinschaft" bestand, da die Verlobten eine enge und intensive Bindung pflegten, lehnte das Gericht eine solche zur Pflichtenbegründung ab. Bei den Erwägungen des Gerichts blieben tatsächliche Umstände außer Betracht, es stellte allein darauf ab, daß zwischen Verlobten nur moralische Pflichten bestünden. Durch diese Vorgehensweise, die faktischen Umstände nicht zu berücksichtigen, wurden im Ergebnis strengere Voraussetzungen an die Entstehung einer Rechtspflicht gestellt, als es der BGH später tat.

Es bleibt demnach festzuhalten, daß der BGH mit seinen Urteilen, wie auch bei den oben genannten Selbstmordverhinderungspflichten unter Verheirateten, trotz der Verweise auf eine ständige Rechtsprechung und damit auf eine vermeintlich gesicherte Rechtsauffassung juristisches Neuland betreten hat. Auch die jeweilige Begründung der Garantenposition vermochte zuweilen oder gerade deshalb nicht immer zu überzeugen. So wurde eine Rechtspflicht zur Verhütung eines Selbstmordes in einem Falle wie folgt begründet:

„Die Pflicht des Angeklagten zum Handeln ergab sich aber aus folgendem. Lieselotte D. (die Selbstmörderin) hatte das Gift in seinem Behandlungszimmer aus dem unverschlossenen Arzneienschrank genommen. Sie hatte es getrunken, weil er sich von ihr nach einem längeren Liebesverhältnis in sehr schroffer Weise zugunsten einer anderen losgesagt hatte. Diese Tatsachen waren ihm bekannt."[176]

Es fällt gelinde gesagt nicht gerade einfach, hierin eine (ausreichende) Begründung für eine Garantenstellung zu finden. Es ist dem Sachverhalt nicht

---

[173] RGSt 70, 313 (315) (Urt. v. 14. September 1936).
[174] RGSt 56, 168 (Urt. v. 6. Oktober 1921).
[175] RGSt 56, 168 (169).
[176] BGH JR 1956, 347 (347, 348) (Urt. v. 8. Mai 1956).

zweifelsfrei zu entnehmen, ob es sich dabei um Verlobte oder aber nur um ein Liebespaar handelte, diese Frage scheint dem Gericht schon nicht mehr von Bedeutung zu sein. In dieser Entscheidung wird die Ausweitungstendenz der Judikatur deutlich. Das Gericht stellt in seiner Begründung mehr auf die faktischen Gegebenheiten ab, als ein rechtliches Band zwischen den Personen zu verlangen. Als schließlich wenige Jahre später nach der Inpflichtnahme der Verlobten auch noch dem Schwiegersohn die rechtliche Verpflichtung aufgebürdet wurde, den Selbstmord seiner nicht mit ihm in einer Hausgemeinschaft lebenden Schwiegermutter zu verhindern, beließen es die Richter beim Statuieren der Pflicht, eine Begründung dafür nahmen sie gar nicht mehr vor. Zwar kam es im konkreten Fall nicht zu einer Verurteilung des Schwiegersohnes, da diesem der Täterwille fehlte[177], an der Rechtspflicht mangelte es nach Ansicht der Richter jedoch nicht[178]. Offenbar hielten es die Richter bereits sieben Jahre, nachdem sie erstmals eine Selbstmordverhinderungspflicht festgeschrieben hatten, nicht mehr für nötig, diese oder zumindest ihren Umfang, ihren Adressatenkreis zu begründen.
Allerdings gaben sie in der oben genannten Entscheidung ihren Bedenken Ausdruck, die Entscheidung vom 12. Februar 1952[179], in der von einer solchen Pflicht erstmals die Rede war, berge möglicherweise die Gefahr, daß auf dem Wege der ausdehnenden Anwendung des Täterbegriffes die dem Strafrecht fehlende Strafandrohung für die Teilnahme an fremder Selbsttötung umgangen werden könne. Im Ergebnis wäre dann nämlich die Förderung eines Selbstmordes durch aktives Tun als Beihilfe zu einer nicht mit Strafe bedrohten Haupttat regelmäßig straflos, während die Förderung durch ein Unterlassen unter Umständen eine Strafbarkeit wegen Täterschaft zum Ergebnis habe. Zu einer grundlegenden Klärung dieses bedeutenden Problems kam es aber nicht, da sich eine Vorlage an den Großen Senat für Strafsachen nach Ansicht des Gerichts aufgrund eines hier anders gestalteten Sachverhaltes erübrige[180].
Abgesehen von diesen Bedenken blieb es aber beim BGH bei der Rechtspflicht, die, wie oben bereits gesagt, ohne Begründung unterstellt wurde.

Eben diese Entwicklung im Bereich des Begründungsaufwandes hinsichtlich der Entstehung einer rechtlichen Verpflichtung zur Verhinderung des Suizids nahestehender Personen mutet nahezu paradox an: Im ersten Fall, in dem eine solche Verpflichtung angenommen wurde, handelte es sich um ein Ehepaar, die Begründung der Pflicht in § 1353 BGB erscheint im Vergleich zu den nachfolgenden Fällen denkbar einfach. Nichtsdestotrotz nimmt hier die Begründung

177 BGHSt 13, 162 (166, 167) (Urt. v. 15. Mai 1959).
178 Vergleiche dazu auch *Gallas*, S. 68.
179 BGHSt 2, 150 f.
180 BGHSt 13, 162 (167).

großen Raum ein, während sie in den weiteren Entscheidungen knapp oder gar nicht mehr erfolgte. Gerade im letztgenannten „Schwiegersohn-Fall“ aber hätte diese Ausweitung der Garantenhaftung einer Erklärung bedurft, da offensichtlich die anerkannten Entstehungsgründe wie Verwandtschaft, tatsächliche Lebensgemeinschaft oder Ingerenz nicht vorlagen. Hier drängt sich der Gedanke an die von *Welzel* als „Ölfleckentendenz“[181] bezeichnete Pönalisierung von Unterlassungen geradezu auf.

Wie der BGH in der heutigen Zeit entscheiden würde, läßt sich nur mutmaßen. Die Tatsache jedoch, daß bislang keine anderslautenden Urteile ergangen sind, spricht für eine Beibehaltung des Kurses. An einer Rechtspflicht zur Verhinderung des Selbstmordes zumindest zwischen Ehegatten haben die Richter bis in die neuere Zeit grundsätzlich festgehalten[182]. Auch wenn sich in den jüngeren Entscheidungen eine Stärkung des Selbstbestimmungsrechts anzudeuten scheint[183], die unter bestimmten Umständen den freiverantwortlich gefaßten Entschluß eines zum Selbstmord Entschlossenen bei der Frage nach einer Strafbarkeit mit heranzieht, ist die Rechtsprechung bei dem Grundsatz geblieben, daß in diesen Konstellationen eine Garantenstellung besteht.

(2) Bewertung des Verlaufes

Ihren Ausgangspunkt nahmen die vom BGH konstatierten Suizidverhinderungspflichten im Bereich der Ehe, sie fußten dementsprechend auf der positivrechtlich geregelten ehelichen Beistandsverpflichtung des § 1353 BGB. Dieser Garantenstellung sollten bald weitere folgen; Verlobte, in nichtehelicher Gemeinschaft Lebende, ja sogar der Schwiegersohn sollten nach der Rechtsprechung verpflichtet sein. Hier fehlte eine gesetzliche Pflichtenquelle, an ihre Stelle traten mehr oder weniger ausführliche Begründungen, die stets auf den Einzelfall bezogen waren. Die Vorgehensweise der Richter war geprägt von einer Entformalisierung der Pflichtgründe; das Reichsgericht dagegen kannte noch keine Rechtspflichten, die vornehmlich durch eine am Einzelfall ausgerichtete Argumentation begründet wurden.

Die Rettung des Lebens auch in Fällen freiverantwortlicher Suizide war dem BGH offensichtlich wichtiger als eine einheitliche Entwicklung möglicher Rechtspflichtquellen und ein in sich geschlossener Gang in der Begründung von Garantenstellungen. Der Fall des Verhältnisses zwischen Arzt und Geliebter

---

[181] *Welzel*, in: JZ 1960, 179.

[182] Vergleiche etwa BGH NStZ 1984, 73 (Urt. v. 20. September 1983).

[183] Vergleiche BGH NStZ 1987, 406 (406, 407) (Urt. v. 22. April 1987). Zum Bedeutungszuwachs eines freiverantwortlich gefaßten Selbsttötungsentschlusses auch BGH NJW 1988, 1532 (Urt. v. 8. Juli 1987).

sowie der letztgenannte „Schwiegersohn-Fall“ sind deutliche Belege dafür, da neben der äußerst weitläufigen Verwandtschaft, so sie denn überhaupt vorlag, nicht einmal das Merkmal der tatsächlichen Hausgemeinschaft - wie sonst häufig in vergleichbaren Fällen - einschlägig ist. Die am Einzelfall ausgerichtete, dem Rechtsgefühl folgende Methodik gibt dem BGH die Richtung vor.

Ohne weiteres läßt sich hier eine Ausweitung des Kreises möglicher Garanten feststellen. Um diese Ausdehnung zu ermöglichen, hat sich der BGH von der Rechtsprechung des Reichsgerichts entfernt, er hat dabei die Voraussetzungen zur Begründung einer Garantenposition vom Gesetz losgelöst, hat die Erfordernisse damit entformalisiert. Der Verlauf dieser Entwicklung deckt sich dementsprechend mit dem behaupteten. Bei den Selbstmordverhinderungspflichten handelt es sich daneben auch um solidarisch motivierte Gebote: Ziel dieser Rechtsprechung ist, dem möglichen Selbstmörder das Leben zu erhalten, ihm damit etwas - zumindest objektiv - Positives zukommen zu lassen. Dem Garanten wird damit abverlangt, etwas für einen Dritten zu tun, ihm wird eine Solidarpflicht auferlegt. Die Rechtsprechung auf dem Gebiet der Suizidverhinderung ist, so bleibt im Ergebnis festzuhalten, den eingangs vermuteten Gang gegangen, der Kreis der Adressaten wurde ausgedehnt, erfolgt ist diese Ausdehnung im Wege einer Entformalisierung der Voraussetzungen. Wie die Rechtsprechung sich weiter entwickeln wird, erscheint trotz der sich in jüngerer Zeit andeutenden Stärkung des Selbstbestimmungsrechts offen.

bb) Nichteheliche Lebensgemeinschaft

Betrachtet man die Ausweitung auf dem Gebiet verwandtschaftlicher/gemeinschaftlicher Solidarpflichten speziell aus dem Blickwinkel der eingangs aufgestellten Hypothese, dann fällt neben dem zuvor im Rahmen der Suizidverhinderungspflichten dargestellten Rechtsgrund des Verlöbnisses, der ja als solcher für eine Garantenstellung nur eine äußerst schwache Absicherung im Gesetz hat, besonders die eheähnliche oder nichteheliche Lebensgemeinschaft ins Auge. Diese ist aufgrund ihrer Struktur verwandt mit den Garantenstellungen, die zwischen Eheleuten oder Verwandten existieren, ist im Gegensatz zu diesen allerdings nirgends rechtlich geregelt. Eine Bejahung von gegenseitigen Garantenpflichten, die ihren Ursprung in der Stellung nichtehelicher Partner zueinander finden, würde deshalb eine Entformalisierung der Pflichtquellen bedeuten und die These der Ausweitung weiter stützen.

(1) Die Rechtsprechung des Reichsgerichtes

Um die Position des Reichsgerichtes zu verdeutlichen, sollen nochmals die oben angeführten Urteile berücksichtigt werden. Da das Reichsgericht im Zusammenhang mit Garantenstellungen nie ausdrücklich von einer eheähnlichen Gemeinschaft[184] oder einem Konkubinat als auch nur potentieller Pflichtenquelle ausgegangen ist, sind die Entscheidungen hinzuzuziehen, die die rechtlichen Folgen von Verlöbnissen zum Inhalt hatten. Das Verlöbnis als jederzeit formlos auflösbare Verbindung zweier Menschen konnte (damals) keinen alleinigen Rechtsgrund einer Garantenposition darstellen. Sollten die Richter trotzdem zu einer Garantenstellung zwischen Verlobten oder - allgemeiner - Nichtverheirateten gelangen, ohne das weitere Pflichtgründe wie Ingerenz oder Übernahme hinzugetreten wären, dann wäre dies ein erstes Indiz für eine Garantenstellung aus enger persönlicher Verbundenheit, aus einer engen nichtehelichen Gemeinschaft also und damit für eine Entformalisierung der Voraussetzungen.

Zunächst jedoch machen zwei Entscheidungen eine Entwicklung deutlich, die bereits zu Zeiten des Reichsgerichts eingesetzt hatte. Diese betraf keine „partnerschaftliche Garantenstellung“, ist hier aber dennoch von Bedeutung. In den zugrundeliegenden Sachverhalten ging es jeweils um die Vornahme von Abtreibungs- oder Tötungshandlungen gegenüber einem unehelich gezeugten Kind durch eine unverheiratete Frau, während der uneheliche Vater dieses Tun trotz der Möglichkeit dazu nicht verhinderte. Interessant sind diese Fälle in diesem Zusammenhang allerdings trotzdem, da sie zu einem gewissen Grad eine vergleichbare Grundstruktur mit den in der nichtehelichen Lebensgemeinschaft begründeten Konstellationen aufweisen: In beiden Fällen ist ein aus tatsächlichen, nicht aber aus rechtlichen Gründen nahestehender Mensch die Person, für die dem Garanten Verantwortung auferlegt wird. Die Garantenstellung - so denn eine solche angenommen wird - wird aber trotz des fehlenden rechtlichen Bandes durch diese Nähebeziehung und nicht durch potentielle andere Pflichtquellen begründet. Dies setzt eine Entformalisierung auf dem Gebiet der Begründung der Garantenstellungen voraus, wie sie auch bei den nichtehelichen Lebensgemeinschaften sehr ähnlich vonnöten ist; aus diesem Grunde sollen diese Urteile, die möglicherweise eine „Vorreiterrolle“ gespielt haben, in diesem Zusammenhang dargestellt werden. Die Entwicklung des Ganzen, die fortschreitende Entformalisierung wird hierdurch sichtbar.

Im ersten Fall aus dem Jahre 1921 führten die Richter aus, eine Verhinderungspflicht des unehelichen Erzeugers gegenüber dem Kind bestünde nicht, da das Verlöbnis keinen der Eheschließung vergleichbaren Rechts- und Pflichten-

[184] Die Begriffe der eheähnlichen oder nichtehelichen Lebensgemeinschaft entstammen jüngerer Zeit. Wie schon die Ausführungen zu den Unzuchtsverhinderungspflichten vor Augen geführt haben, waren nichteheliche Lebensgemeinschaften nach unserem heutigen Verständnis damals nicht möglich.

kreis erzeuge; die Versäumung einer bloß moralischen Pflicht zur Verhinderung einer strafbaren Handlung erschiene überdies selbst da ohne Belang, wo die Verhinderung durch Erfüllung der Pflicht ohne weiteres möglich gewesen wäre[185]. Es war dies eine klare Position, die den Kreis moralischer Pflichten aus dem der strafrechtlich relevanten Rechtspflichten ausscheidet und diesen Kreis, ganz auf dem Boden der Rechtspflichttheorie, eng und an das positive Recht gebunden, zieht.

Elf Jahre später hatte das Reichsgericht erneut über einen solchen Sachverhalt zu entscheiden und gelangte zu einem völlig anderen Ergebnis. Hier hatte der Angeklagte seine Verlobte, als die Anzeichen der bevorstehenden Niederkunft deutlich wurden, dazu veranlaßt, mit ihm an einen menschenleeren Ort zu gehen, dort das Kind zu bekommen und sterben zu lassen. Im Ergebnis gelangten die Richter zu einer Strafbarkeit des Angeklagten wegen vorsätzlichen Totschlags durch Unterlassen. Die erforderliche Garantenstellung ergab sich nach Auffassung des Gerichts - und zwar unabhängig und selbständig neben der nach Ansicht der Richter ebenfalls einschlägigen Ingerenz - daraus, daß die persönliche Beziehung des Angeklagten zu dem Kind geeignet und ausreichend war, den Angeklagten zu einer Rettung des Kindes rechtlich zu verpflichten[186]. Da eine Verwandtschaft zwischen Vater und Kind nach damaligem Recht nicht bestand, mußte sich das Gericht auf andere Weise behelfen, um zu einer Begründung zu gelangen. Wörtlich heißt es dazu in der Entscheidung:

„(...) Die Beantwortung der Frage, ob eine allgemein anerkannte Pflicht dem weiteren Kreis der sittlichen Wertung oder dem hierin eingeschlossenen engeren Gebiet der rechtlichen Anforderung angehöre, hängt nicht nur davon ab, welche Ausgestaltung in den Einzelheiten das eingreifende Gesetz gewählt, also beim Strafgesetz, welche einzelnen Begehungsarten es bestimmt hat, sondern vornehmlich davon, auf welcher aus dem Willen der Gemeinschaft heraus entwickelten Vorstellung vom Recht seine Vorschriften aufgebaut sind.“[187]

Natürlich handelt es sich bei den dargestellten Urteilen nicht um typische Entscheidungen zu Garantenstellungen aus eheähnlicher Lebensgemeinschaft. Wie bereits eingangs des Kapitels deutlich wurde, sollte ja nicht der Partner, sondern das in dieser Lebensgemeinschaft gezeugte Kind geschützt werden. Trotzdem nimmt die angesprochene Ausweitung der Haftung auch zwischen nichtehelichen Partnern ihren Anfang in dieser Entscheidung des Reichsgerichtes. Mit diesem Urteil setzte nämlich in stärkerem Maße als bisher eine Entwicklung ein, vom positiven Recht abzuweichen. Es wird die Tendenz spürbar, dem persönlichen Verhältnis eigenständige Bedeutung zuzumessen und Gesetzesbestim-

---

185 RGSt 56, 168 (169) (Urt. v. 6. Oktober 1921).
186 RGSt 66, 71 (72) (Urt. v. 4. Januar 1932).
187 A. a. O. (73).

mungen praktisch nur noch als Einkleidung zu benutzen[188]. Das Kind stellte eine nahestehende Person dar, die nicht als verwandt galt und für deren Schutz der Garant auch keine Verpflichtung übernommen hatte. Es war damit zwar eine Person, für deren Schutz der Angeklagte deshalb grundsätzlich nicht zu sorgen hatte, diese sollte aber trotzdem - vor allem bei so elementaren Rechtsgütern wie dem des Lebens - nicht gänzlich auf eine strafrechtliche Absicherung verzichten müssen. Dies wird insbesondere deutlich, wenn das Gericht ausführt, der Angeklagte verletze „durch die als rechtswidrig gekennzeichnete Unterlassung das Recht um so mehr, als er, obgleich er nach den einschlägigen Vorschriften des bürgerlichen Rechts nicht als mit dem Kind verwandt zu gelten hatte und ihm gegenüber nicht allgemein fürsorgepflichtig, sondern nur unterhaltspflichtig war, doch als leiblicher Vater des Kindes in einem persönlichen Verhältnis zu ihm stand, das die Preisgabe seines Lebens (...) als besonders strafwürdig erscheinen ließ.“[189]
Mittels dieser Vorgehensweise ermöglichte das Gericht, Rechtspflichten unmittelbar aus sittlichen Pflichten - im vorliegenden Fall namentlich aus der Vorstellung und dem Willen der (Volks-)gemeinschaft über den Inhalt des Rechts - abzuleiten, wenn das verletzte Recht die Erfassung eines sozial schädlichen Verhaltens und die Erzeugung einer Garantenposition nicht möglich machte[190]. Die Begründung für das Bestehen der Rechtspflicht war im vorliegenden Falle damit die durch die natürliche Abstammung begründete persönliche Beziehung des unehelichen Kindes zu seinem leiblichen Vater, eine rechtliche Verfestigung existierte hierfür nicht.

In der nachfolgenden Zeit traten dann vermehrt die bereits erörterten Selbstmordfälle in den Vordergrund; in diesen Fällen waren unmittelbar Rechtsgüter des nichtehelichen Partners betroffen. Bezüglich der Position des Reichsgerichtes kann insofern auf die oben gemachten Ausführungen verwiesen werden[191], es soll nur festgehalten werden, daß das Gericht nicht einmal die Notwendigkeit sah, beim Selbstmord der „Konkubine“ eine mögliche Garantenstellung überhaupt zu diskutieren, geschweige denn eine solche zu bejahen. Zwar handelte es sich auch in beiden zuletzt behandelten Fällen um Personen, die mit dem späteren Angeklagten nicht durch ein rechtliches Band verbunden waren, aber während im erstgenannten Fall ein schutzloses Kind betroffen war,

---

188 So auch *Zeichner*, S. 52.

189 RGSt 66, 71 (74).

190 Kritisch dazu *Bohne*, in: JW 1932, 2720 (2722); zustimmend zu diesem Vorgehen der Rechtsprechung dagegen *Nagler*, in: GS 111, 1 (39, 40).

191 Seite 61 f.; RGSt 70, 313 (Urt. v. 14. September 1936). Vergleiche außerdem für die erste Nachkriegszeit OLG Hamm MDR 1948, 92 (Urt. v. 7. September 1946), auch hier blieb eine mögliche Garantenstellung zwischen Geliebten unerwähnt.

so handelte es sich hier um die selbständige Entscheidung einer erwachsenen, selbstverantwortlichen Frau.

Die Tendenz, „neben" der Rechtspflichttheorie Garantenstellungen zu konstruieren, beschränkte sich in dieser Zeit offensichtlich noch auf Rechtssubjekte, die des besonderen Schutzes und der besonderen Solidarität bedurften. Eine Verantwortlichkeit für einen zwar nahestehenden, aber rechtlich nicht verbundenen Menschen, die durchaus paternalistische Züge aufweisen konnte, wollten die Richter des Reichsgerichts offensichtlich nicht erzeugen.

(2) Die Rechtsprechung des BGH

Einen anderen Standpunkt sollten die Richter des BGH einnehmen. Ihnen lag 1954 erstmals ein vergleichbarer Sachverhalt zur Entscheidung vor. Auch hier war der Selbstmord einer Verlobten Gegenstand des Geschehens[192]. Zwar stellen die Richter vordergründig auf das Verlöbnis ab, das sie durch Hinzufügung mehrerer Umstände als Pflichtenquelle zu stärken suchen (Dauer des Verlöbnisses, Alter und Reife der Verlobten[193]). Wie bereits festgestellt wurde, ist das Verlöbnis aufgrund seiner Beschaffenheit jedoch nicht geeignet, eine Garantenstellung zu begründen. Deshalb stellen die Richter auch - so wörtlich - vor allem auf das persönliche Verhältnis der Partner ab[194]. Hier setzt sich deutlich fort, was in RGSt 66, 71 begonnen hat: Die gesetzlichen Bestimmungen dienen als Einkleidung von Garantenstellungen, die ihren Grund in persönlichen Näheverhältnissen finden. De facto hat der BGH damit eine Garantenstellung aus eheähnlicher Lebensgemeinschaft, wenn nicht gar aus einer bloßen Liebesbeziehung anerkannt, auch wenn er dies nicht explizit so darstellte; da er nicht irgendein enges Näheverhältnis zwischen zwei Menschen als Pflichtgrund annahm, sondern ein der Ausgestaltung der Ehe ähnliches, liegt diese Schlußfolgerung jedoch nahe[195]. Ausdrücklich heißt es in der Urteilsbegründung, beide hätten ihre Schicksale miteinander verknüpft und eine enge, von der Sitte nicht gebilligte, aber tatsächliche Lebensgemeinschaft begründet. Weiter heißt es wörtlich:

> „Bei dieser Unbedingtheit, mit der sie einander angehörten, war der Angeklagte (...) rechtlich verpflichtet, Gefahren für Leib und Leben von seiner Braut abzuwenden (...)"[196]

---

[192] BGH JR 1955, 104 (Urt. v. 2. September 1954).

[193] Vergleiche genauer oben auf Seite 73.

[194] BGH JR 1955, 104 (105).

[195] So auch *Heinitz*, in: JR 1955, 105 (106). Anders *Lilie*, in: JZ 1991, 541 (543), der offenbar eine ausdrückliche Erwähnung dieses Pflichtgrundes vermißt.

[196] BGH JR 1955, 104 (105).

Bestätigung findet diese Annahme in den relativ kurze Zeit darauf ergangenen Entscheidungen, denen vergleichbare Sachverhalte zugrunde lagen. In einem dieser Urteile[197], ließen die Richter den Aspekt des Verlöbnisses unerwähnt, so daß unklar bleibt, ob denn ein solches überhaupt vorlag und mitbegründend auf die bejahte Garantenstellung gewirkt haben konnte. Statt dessen hatten sie zur Begründung auf ein „längeres Liebesverhältnis“[198] abgestellt. Noch deutlicher wird dies bei einer weiteren Entscheidung des BGH[199]: Hier stellten die Richter ausschließlich auf die tatsächliche Lebensgemeinschaft ab, obwohl dort auch ein Verlöbnis bestand, das wenigstens mit hinzugezogen hätte werden können. Der BGH tat dies nicht und löste so den Pflichtgrund von einer gesetzlich zumindest geregelten und damit greifbaren Hülle.
Versteht man unter „eheähnlichen Gemeinschaften“ solche, in denen ein Mann und eine Frau auf Dauer zusammenleben, und zwar auf der Grundlage einer persönlichen Bindung zusammen wohnen und wirtschaften, ohne jedoch die Ehe miteinander einzugehen[200], dann bleibt festzuhalten, daß der BGH noch nicht zu einem derartigen Sachverhalt explizit Stellung genommen hat. In den behandelten Fällen lag teils gleichfalls eine intensive Lebensgemeinschaft vor - man denke etwa an die „Schicksalsverknüpfung“ -, teils ließ der BGH die Frage offen - im Fall der jungen Frau, die sich in der Praxis ihres ehemaligen Partners vergiftet, hielt sich der BGH zu Fragen hinsichtlich der Ausgestaltung des Verhältnisses zurück. Er stellte auf diesem Wege vielmehr geringere Anforderungen an die Beschaffenheit einer Lebensgemeinschaft, um zu einer Garantenstellung zu gelangen - unter Verzicht auf das gemeinsame Wohnen und Wirtschaften etwa -, so daß in einem a maiore ad minus-Schluß festzuhalten bleibt, daß, wenn sogar Geliebten unter Umständen Garantenpflichten aus ihrem Liebesverhältnis erwachsen können[201], dies erst recht für Partner einer eheähnlichen Gemeinschaft zu gelten hat.

(3) Bewertung des Verlaufes

In diesem Bereich der Rechtsprechung zur Garantenstellung wird die Entformalisierung besonders deutlich. Hieß es in der älteren Judikatur des Reichsgerichtes noch, ein Verlöbnis sei nicht geeignet, Garantenpflichten auszulösen und wurde die eheähnliche Gemeinschaft oder das Konkubinat in diesem Zusammenhang nicht einmal diskutiert, so deutete sich, zumindest gegenüber

---

197 BGH JR 1956, 347 (Urt. v. 8. Mai 1956).

198 BGH a. a. O., S. 348.

199 BGH NJW 1960, 1821 (1822) (Urt. v. 5 Juli 1960).

200 So eine weitverbreitete Auffassung, vergleiche bei *de Witt/Huffmann*, S. 1 Rn. 6 m. w. N. zu ähnlichen Definitionen.

201 Vergleiche dazu oben sowie die Nachweise bei *Tröndle* § 13 Rn. 10.

schutzbedürftigen Rechtssubjekten wie Neugeborenen, eine Ausweitung schon in der jüngeren Jurisdiktion dieses Gerichtes an. Die enge Rechtspflichttheorie erschien offenbar nicht mehr als geeignet, um gerechte Ergebnisse zu erzielen; die verstärkte Bedeutung, die die Solidarität und damit auch die Solidarpflichten zu Beginn der dreißiger Jahre im Verhältnis zum Liberalismus des Kaiserreiches langsam erfahren sollte, deutet sich hier an.
Zu bundesrepublikanischen Zeiten wurde diese Tendenz deutlich stärker. Unter besonderen Umständen sollte ein Verlöbnis nun durchaus in der Lage sein, eine Garantenstellung zu erzeugen, später kam es nicht einmal mehr auf die rechtliche Einkleidung durch das Verlöbnis an, maßgeblich war allein die faktische Lebensgemeinschaft. Die eingangs der Arbeit aufgestellte These, die Garantenstellungen hätten eine Ausweitung durch den in der Zeit vom Liberalismus zum Sozialstaat bedeutender gewordenen Gedanken der gegenseitigen Solidarität erfahren, wird hier deutlich unterstrichen. Auch die Vermutung, diese Entwicklung werde insbesondere durch eine Entformalisierung indiziert, erweist sich in diesem Bereich der Judikatur als richtig, wie die Ausführungen belegt haben.

Betrachtet man neben dieser rechtlichen Entwicklung auch die gesellschaftliche, dann wird auch der Hintergrund für diesen Wandel der Rechtsprechung erkennbar. Dieser ist sicherlich in den Veränderungen der gesellschaftlichen Wertvorstellungen zu finden. Das nichteheliche Zusammensein war zu Zeiten des Reichsgerichtes nur schwer möglich und auch bis in die Mitte dieses Jahrhunderts schwer denkbar. Dies zeigt sich auch daran, daß die Richter sich schwer taten, eine solche Rechtspflicht allein in der nichtehelichen Verbindung zu finden[202]. In der jüngeren Zeit hingegen haben sowohl Verbreitung als auch Akzeptanz der eheähnlichen Lebensgemeinschaft zugenommen. Betrachtet man die Ergebnisse einer Untersuchung aus dem Jahr 1978, also aus einer Zeit, in der deutliche gesellschaftliche Änderungen in Folge der „68er"-Ereignisse erfolgt sind, dann wird dieser Wandel offensichtlich: So lebten beispielsweise 35% der nach 1976 verheirateten Frauen vor ihrer Eheschließung mit ihrem späteren Mann in einer nichtehelichen Gemeinschaft zusammen. Bei den vor 1973 geschlossenen Ehen lag diese Zahl noch bei 20%. Die nichteheliche Lebensgemeinschaft ist allerdings nicht als bloße Vorstufe einer späteren Ehe zu qualifizieren, gaben doch fast 30% der Frauen an, nicht an eine spätere Eheschließung zu denken[203].

---

202 In BGH JR 1955, 104 etwa mußte ja noch ein langandauerndes Verlöbnis hinzukommen, um das Bestehen von Garantenpflichten zu legitimieren.

203 Diese und weitere Nachweise bei *de Witt/Huffmann* S. 2 f. Rn. 10-12, mit Nachweisen zu weiteren Fundstellen. Weiterführend zur gesellschaftlichen Tolerierung auch *Brammsen*, S. 169, 170.

Ob die höchstrichterliche Rechtsprechung im Zuge liberalerer Vorstellungen neben den heterosexuellen auch homosexuellen Lebensgemeinschaften garantenpflichtbegründende Eigenschaften beimißt, läßt sich mangels dem Vorliegen entsprechender Entscheidungen nicht beantworten. Zumindest ein unterinstanzliches Urteil des *AG Duisburg*, soweit ersichtlich das einzige zu diesem Thema, hat eine solche Wirkung auch gleichgeschlechtlicher Lebensgemeinschaften bejaht[204].

Zu Beginn dieses Kapitels war die Vermutung geäußert worden, daß die Bejahung entsprechender Garantenstellungen nur durch eine weitere Entformalisierung der Judikatur hinsichtlich der Voraussetzungen erfolgen kann. Im Ergebnis hat sich diese Mutmaßung bestätigt, wie der Verlauf der Rechtsprechung bestätigt hat. Die Hypothese dieser Arbeit erfährt hier eine deutliche Unterstützung.

2. Garantenstellungen innerhalb von Hausgemeinschaften

Neben den verwandtschaftlichen Näheverhältnissen können sich Rechtspflichten auch aus Gemeinschaftsbeziehungen ergeben, wenn Menschen in einer Gemeinschaft leben oder wenigstens zeitweilig einer solchen angehören, die ihrem Wesen nach auf gegenseitige Hilfeleistung angelegt ist. Hauptbeispiel für eine auf Dauer ausgerichtete Gemeinschaft stellt die sogenannte Hausgemeinschaft dar.

Sie wurde von der Rechtsprechung zumeist dazu angeführt, um die Annahme einer Garantenstellung zu stützen, wenn es sich um entferntere Verwandtschaftsverhältnisse handelte[205], und nicht als alleiniger Pflichtgrund benutzt. So sollte das bloße Zusammenwohnen in einer Wohngemeinschaft regelmäßig nicht genügen, um eine Garantenstellung anzunehmen[206], sondern es mußten andere Kriterien wie das der freiwilligen Übernahme oder eben das der Verwandtschaft hinzutreten.

Aufgrund dieser eher unbedeutenden Rolle als eigenständiger Pflichtgrund soll der Bereich der Hausgemeinschaften nur in einem kurzen Abriß beleuchtet werden.

---

204 MDR 1971, 1027; zustimmend auch *Rudolphi*, in: SK § 13 Rn. 51, *Brammsen*, S. 168, 169 m. w. N., kritisch dagegen *Doering*, MDR 1972, 664 f.

205 *Jescheck*, in: LK-StGB § 13 Rn. 23.

206 RGSt 74, 309 (322) (Urt. v. 7. November 1940); BGH NStZ 1984, 163; BGH NStZ 1985, 122; BGH NJW 1987, 850 (Urt. v. 7. November 1986).

a) Die Entwicklung in der Rechtsprechung

Die sogenannte Hausgemeinschaft wurde von der Rechtsprechung früher recht häufig als eine zumindest mitbegründende Pflichtenquelle zur Bestimmung von Garantenpflichten herangezogen. Den typischen Sachverhalt bildeten dabei Fälle, in denen eine pflegebedürftige Person in das Hauswesen aufgenommen wurde. In einem der ersten dieser Fälle wurde eine pflegebedürftige, fast blinde Frau in die häusliche Gemeinschaft aufgenommen[207]. Diese wurde, entgegen einer vorab getroffenen Vereinbarung, nicht ausreichend gepflegt, sondern vielmehr derart vernachlässigt, daß sie eine Gesundheitsbeschädigung erlitt. In einem weiteren Fall wurde eine völlig gelähmte Frau, die gleichfalls zuvor - in diesem Fall bei einer zum damaligen Zeitpunkt noch besserer gesundheitlicher Situation - in eine Hausgemeinschaft aufgenommen worden war, der Verwahrlosung überlassen, so daß sie an deren Folgen verstarb[208]. In diesen und in weiteren vergleichbaren Fällen[209] gelangte das Gericht zu einer Garantenstellung, die in der häuslichen Gemeinschaft begründet war, freilich meist nicht allein dort. Im erstgenannten Beispiel RGSt 10, 100 trat etwa noch der Vertrag hinzu. Unter Betonung des Gemeinschaftsgedankens sollten also in diesen Fällen den Mitgliedern der Hausgemeinschaft Garantenpflichten erwachsen. An erster Stelle oblag diese Pflicht dem Haushaltungsvorstand, durch eine Verabredung der Übernahme wurden häufig auch die anderen Mitglieder in die Verantwortung genommen[210].

Ihren Ursprung findet die Hausgemeinschaft im sogenannten „Großen Haus" der vorindustriellen Zeit. Innerhalb der vorwiegend argrarisch strukturierten Gesellschaft bildete das „Haus" den Regelfall des Zusammenlebens, aufgrund der relativen Autarkie der landwirtschaftlichen Produktionsstätten waren Arbeitsplatz und Haushalt noch nicht voneinander getrennt, war das außerfamiliäre Hilfspersonal voll in die Familie integriert[211].
Doch mit der Industrialisierung in der zweiten Hälfte des 19. Jahrhunderts veränderten sich auch in Deutschland die überkommenen landwirtschaftlichen Wirtschaftsstrukturen zur industriellen Gesellschaft. Mit dem Aufkommen der spezialisierten und rational durchorganisierten Massenfabrikation und der zunehmend durch den Mechanismus des Marktes regulierten Güterverteilung wurde im familiären Bereich die Eigenversorgung unrentabel und zugunsten der

---

207 RGSt 10, 100 (Urt. v. 14. Februar 1884).

208 RGSt 69, 321 (Urt. v. 10. September 1935).

209 Vergleiche etwa RGSt 73, 389 (Urt. v. 30. November 1939); 74, 309 (Urt. v. 11. Oktober 1940); BGHSt 3, 20 (Urt. v. 6. Juni 1952).

210 Vergleiche etwa RGSt 69, 321; 73, 389.

211 *Brammsen*, S. 179.

neuen Herstellungstechniken aufgegeben. Die bäuerliche Haus- und Naturalwirtschaft wandelte sich um in eine moderne Volkswirtschaft, das „Haus" verlor dadurch an gesellschaftlicher Bedeutung. Gleichzeitig zog die fortschreitende Industrialisierung die erforderlichen Arbeitskräfte aus der vertrauten Umgebung in die Nähe der Produktionsstätten, und dieser Vorgang - als Schlagworte mögen Landflucht und Urbanisierung genügen - führte zur Ausgliederung des Arbeitsplatzes aus dem „Haus", zur Trennung von Familie und Beruf. Mit dem Bindeelement der gemeinsamen Arbeit wurde auch die Basis des bisherigen „familiären" Zusammenlebens zerstört. Von der verbleibenden Restorganisation konnte ein Teil der übrigen herkömmlichen Funktionen - Erziehung, Berufsausbildung, Alten- und Krankenfürsorge - ebenfalls nicht mehr versehen werden und ging auf spezielle gesellschaftliche Leistungsträger über. Am Ende der Entwicklung stand daher eine nur mehr durch persönliche Beziehungen zusammengehaltene, auf den Kreis der engsten Blutsverwandten und Ehegatten reduzierte Familiengemeinschaft, die mit dem „Großen Haus" der Vorzeit kaum noch etwas gemein hat[212].

Aufgrund dieses Wandels, der schon zu Beginn des zu untersuchenden Zeitraumes weit vorangeschritten war, hat auch die mögliche Pflichtenquelle der Hausgemeinschaft als alleiniger Pflichtgrund erheblich an Bedeutung verloren. In der zu untersuchenden Rechtsprechung seit Gründung des Reichsgerichts finden sich deshalb keine Entscheidungen mehr, in denen eine Garantenstellung ausschließlich mit der Hausgemeinschaft begründet wurde, es traten regelmäßig Aspekte wie Verwandtschaft, Gesetz oder Übernahme hinzu[213], um eine Garantenstellung zu begründen. Heute soll, wie zu Beginn kurz angesprochen, das tatsächliche Zusammenleben im Rahmen einer häuslichen Gemeinschaft für sich allein grundsätzlich keine Garantenstellung begründen, da ansonsten aufgrund der unterschiedlichen Formen des menschlichen Zusammenlebens der Kreis der Schutzpflichtigen in unangemessener Weise ausgedehnt würde[214]. Nach Ansicht der Rechtsprechung sei in diesen Fällen vielmehr die Übernahme einer tatsächlichen Schutzfunktion maßgeblich; Bedeutung hat die Hausgemeinschaft nur mehr als kumulative Pflichtenquelle, als Verstärkung anderer Kriterien. Dies wurde ja bereits oben, bei den weiter entfernten Verwandten angedeutet[215].

---

212 *Dörner*, S. 67, 68.

213 Vergleiche dazu beispielsweise die Ausführungen zur Unzuchtsverhinderungspflicht, bei der maßgeblich auf die Elternschaft abgestellt wurde. Vergleiche für die neuere Rechtsprechung außerdem BGH NStZ 1983, 117 (Urt. v. 3. Dezember 1982); BGH NStZ 1984, 163.

214 BGH NStZ 1984, 163; BGH NJW 1987, 850.

215 Vergleiche die Ausführungen im Kapitel über die Selbstmordverhinderungspflichten ab Seite 70.

In der jüngeren Zeit ist eine andere Form der häuslichen Gemeinschaft entstanden, die sogenannte Wohngemeinschaft. Diese unterscheidet sich von der älteren Hausgemeinschaft dadurch, daß ihr kein „pater familias", kein hauptverantwortlicher Haushaltsvorstand vorangestellt ist. In Deutschland kam diese Form des Zusammenlebens Mitte bis Ende der sechziger Jahre auf und hat sich seitdem von einer gesellschaftlichen Randform (erinnert sei etwa an die sogenannte „Kommune 1" in Berlin) zu einer heute allgemein akzeptierten und gerade bei jüngeren Leuten weit verbreiteten Wohnform entwickelt.
Aufgrund dieser deutlichen quantitativen Zunahme von Wohngemeinschaften kam auch der BGH nicht umhin, Stellung zu der Frage zu beziehen, ob und wann sich aus dem wohngemeinschaftlichen Zusammenleben Garantenstellungen für die Mitglieder ergeben können. Hierzu stellte das Gericht in einem frühen Urteil zu einer Wohngemeinschaft fest, daß die enge häusliche Gemeinschaft sowohl von Schrifttum als auch von der Rechtsprechung häufig als ein garantenpflichtbegründendes Merkmal herangezogen worden sei[216]. Allerdings sei in diesen Fällen die Garantenpflicht niemals allein aus der Tatsache des gemeinschaftlichen Wohnens hergeleitet worden, maßgeblich seien vielmehr die hinzutretenden Umstände gewesen, wie etwa Verwandtschaftsverhältnis oder Verlöbnis[217] oder die Übernehme einer Schutzfunktion gegenüber einem Hilfsbedürftigen[218]. Der Aspekt des tatsächlichen Zusammenlebens allein - und damit die Wohngemeinschaft als solche - habe nie zur Begründung einer Garantenstellung ausgereicht. Hieran wollten die Richter des BGH auch nichts ändern, denn angesichts der Unterschiedlichkeit der vorkommenden Wohngemeinschaften - Kommunen, Heimbewohner, Arbeiter in Gemeinschaftsunterkünften usw. - würde der Kreis der Handlungspflichtigen in unüberschaubarer und nach Ansicht des Gerichts auch in unvertretbarer Weise ausgedehnt[219].
In zeitlich nachfolgenden Entscheidungen sollte der BGH an dieser Linie festhalten und das Bestehen von Garantenstellungen ablehnen, falls zur Wohngemeinschaft allein nicht noch andere Aspekte wie etwa die Übernahme hinzugetreten sind[220].

Abschließend läßt sich demnach festhalten, daß der BGH angesichts der vielfältigen Formen und Gründe für eine gemeinsame Unterkunft - von der gün-

---

216 Nachweise bei BGH NStZ 1984, 163 (Urt. v. 7. September 1983).

217 BGHSt 2, 150 (Urt. v. 12. Februar 1952); BGH JR 1955, 104 (Urt. v. 2. September 1954); BGH NJW 1960, 1821 (Urt. v. 5. Juli 1960).

218 RGSt 69, 321; 73, 389 (391); 74, 309; BGHSt 3, 20; 27, 10 (Urt. v. 6. Oktober 1976).

219 BGH NStZ 1984, 163, vergleiche dazu auch schon BGH NStZ 1983, 117 (Urt. v. 3. Dezember 1982).

220 Vergleiche etwa BGH NStZ 1985, 122 (Urt. v. 17. Oktober 1984) sowie BGH NStE Nr. 3 zu § 13 StGB (Urt. v. 8. April 1987) und BGH NStZ 1987, 171 (171, 172) (Urt. v. 7. November 1986).

stigen Kostenteilung bis hin zur intensiven Lebensgemeinschaft - allein aus der Tatsache des Zusammenwohnens keine Garantenstellung hergeleitet hat, es mußte stets ein weiteres maßgebliches Merkmal hinzutreten, daß den Charakter der Schutz- oder Vertrauensbeziehung, der Verantwortlichkeit allgemein zumindest verstärkt, wenn nicht gar erzeugt.

b) Bewertung des Verlaufes

Für die in dieser Arbeit aufgestellte Vermutung, daß eine Ausweitung auf dem Feld der Garantenstellungen erfolgt und daß diese zumindest durch die sich wandelnden Gesellschaftsformen mitbegründet sein könnte, erscheint obiger Bereich nicht besonders fruchtbar zu sein. Die Hausgemeinschaft von früher hat wesentlich an Bedeutung verloren, den „pater familias“ gibt es nicht mehr. Bei den Wohngemeinschaften unserer Zeit nimmt die Rechtsprechung keine allein im gemeinschaftlichen Zusammenleben begründete Garantenstellung an, zudem wurde die Hausgemeinschaft häufig auch in Entscheidungen älteren Datums nur als zusätzliche Stütze herangezogen. Eine Ausweitung im Bereich der in der Gemeinschaft begründeten Garantenpflichten hätte in eine paternalistisch motivierte Richtung gehen müssen, wie allein die Rolle des „pater familias“ zeigt. Obwohl es sich bei den durch die Hausgemeinschaft (mit-)begründeten Pflichten um Solidarpflichten handelte, die der Regelung des gemeinschaftlichen Lebens dienten, entspricht die Hypothese aus den oben genannten Gründen nicht dem tatsächlichen Verlauf.

II. Garantenstellungen aus der Gefahrengemeinschaft

Auf dem Gebiet der Unterlassungsdelikte spielt noch eine weitere Form der Gemeinschaften eine Rolle. Es ist dies die sogenannte Gefahrengemeinschaft, die im Vergleich zur Hausgemeinschaft auf kürzere Dauer angelegt ist. Bei Gefahrengemeinschaften läßt sich der Inhalt der Garantenpflicht generell aus den gegenseitigen Erwartungsbeziehungen herleiten. Die Mitglieder einer solchen Gemeinschaft unternehmen etwas im Rahmen und unter Voraussetzung dieser Gemeinschaft, etwa eine Bergtour[221] oder eine Segelfahrt, und durch die gegenseitigen Erwartungen, sich auf die oder den anderen verlassen zu können - ohne jene begäbe man sich zumindest regelmäßig nicht in diese Gefahrenlage - entsteht eine Vertrauenslage, die die Annahme einer Garantenstellung rechtfertigt. Bloß faktische Gemeinschaften, allein durch das tatsächliche Zusammensein begründet, sind nach Meinung der Rechtsprechung nicht ausreichend, da keine

---

221 Zu den zahlreichen „Bergtour-Fällen“ vergleiche die Nachweise zur höchstrichterlichen schweizerischen Rechtsprechung bei *Brammsen*, S. 174.

gegenseitige Vertrauenslage geschaffen wird, als Beispiel dafür kann die private Zechgemeinschaft angesehen werden[222].
Innerhalb dieser Gemeinschaften wird der Kreis der zu schützenden Rechtsgüter auf die durch die spezifischen Gefahren der mittels der Unternehmung betroffenen Bereiche beschränkt[223]. Die Entwicklung der Rechtsprechung ist demzufolge auf die jeweils die tatsächliche Situation beschränkt: In einer Gruppe von Bergsteigern ist das gegenseitige Erwartungsverhältnis ebenso eindeutig definiert wie bei Soldaten im Kriegseinsatz. Eine rechtliche Entwicklung im engeren Sinn ist hier aus diesem Grunde nicht auszumachen.

1. Ausweitungstendenz in der Rechtsprechung

Dennoch hat sich in einigen Fällen eine ausweitende Tendenz der höchstrichterlichen Rechtsprechung angedeutet, sind die den Angeklagten auferlegten Rechtspflichten über die oben geschilderten spezifischen Erwartungshaltungen hinaus gegangen. Diese Richtung ging dahin, in solchen Fällen das Vorliegen einer Gefahrengemeinschaft anzunehmen, in denen die Gemeinschaft der dargestellten Form nicht unbedingt entsprach.
In die Spätzeit des Reichsgerichtes, aus diesem Grunde bereits distanziert zu betrachten, fällt eine Entscheidung, in der es eine allgemeine Rechtspflicht annahm, einen Angetrunkenen an der Weiterfahrt mit seinem Kraftfahrzeug zu hindern. Begründet wurde diese Pflicht mit der Volksgemeinschaft; ein jeder Volksgenosse habe seinen Volksgenossen von der Begehung von Straftaten abzuhalten[224]. Neben einer Mißachtung des Grundsatzes der Eigenverantwortlichkeit, der sich nur aus dem Geist der damaligen Zeit heraus erklären läßt, läßt die Volksgemeinschaft die an (Gefahr-)Gemeinschaften gestellten Erfordernisse vermissen. Eine gegenseitige Vertrauensbeziehung, auf Grund derer eine Gefahrenlage eingegangen wurde, läßt sich hier schwerlich finden. Sehr deutlich scheint hier die Idee des „Völkischen" die Antriebsfeder der Richter gewesen zu sein.

Aber auch der BGH hat den Gemeinschaftsbegriff über den vorgestellten Rahmen hinaus ausgedehnt. Eine Betriebsgemeinschaft von Arbeitnehmern findet sich in aller Regel nicht zusammen, um gegenseitig Gefahren voneinander abzuwenden, sondern um Produkte herzustellen. Auch erscheint es wenigstens als zweifelhaft, ob die Erwartung, man werde sich im Ernstfall beistehen - wie es

---

222 In diesen Fällen, in denen die Gemeinschaft nicht als ausreichende Pflichtenquelle angesehen wurde, wechselte das Gericht auf die Ingerenz als Entstehungsgrund über. Vergleiche dazu ausführlicher die Darstellung ab Seite 154.

223 *Jescheck*, in: LK-StGB § 13 Rn. 25 m. w. N. zur Rechtsprechung.

224 RGSt 74, 187 (189).

bei einer Gemeinschaft von Seglern zum Beispiel der Fall sein wird - zumindest mitbezweckt ist. Trotzdem bejahte der BGH eine diesbezügliche Erfolgsabwendungspflicht unter einzelnen Arbeitnehmern[225]. Durch Kumulation der Pflichtenquellen „Gemeinschaft“ und „Vertrag“, also freiwillige Übernahme, erreichten die Richter in anderen Fällen umgekehrt eine Vermögensfürsorgepflicht der Arbeitnehmer hinsichtlich der Verhinderung von Straftaten zu Lasten des Arbeitgebers[226]. Des weiteren hat der BGH aus einer gemeinsamen Benutzung von Kraftfahrzeugen eine Gemeinschaft mit gegenseitigen Garantenpflichten konstruiert. In diesem Fall hatten zwei Berufskraftfahrer gemeinsam einen LKW benutzt. Sie taten dies, um sich am Steuer des Fahrzeugs dann abzuwechseln, wenn der jeweils steuernde Beteiligte ermüden sollte. Aus dieser „Lenkgemeinschaft“ konstruierten die Richter des BGH eine Gefahrengemeinschaft, kraft derer die Männer zu einer gegenseitigen Abwehr möglicher Gefahren verpflichtet seien: Ihnen sei gemeinsam die Beförderung aufgetragen worden, und aus diesem Grunde trügen sie gemeinsam die Verantwortung dafür, daß es nicht zu Schäden komme. So seien sie zum Beispiel rechtlich verpflichtet, dafür zu sorgen, daß der andere ausreichende Ruhepausen einlegte[227]. Auch in diesem Fall erscheint die Schlußfolgerung und damit die Begründung einer Garantenstellung zumindest fraglich, da die Betreffenden weder von der Existenz einer solchen Gemeinschaft wußten, noch eine solche mit der entsprechenden Vertrauensbasis schaffen wollten[228].

Eine garantenpflichtenbegründende Gemeinschaft wird von mehreren Menschen gebildet, um gemeinsam möglichen Gefahren wirkungsvoller begegnen zu können[229]. Erforderlich ist deshalb gegenseitiges Vertrauen in dieser Hinsicht und das Wissen, sich gerade dort auf die anderen verlassen zu können. Der vom BGH beschrittene Weg ist indes ein anderer. Er hat eine „faktische Gemeinschaft“ in eine solche „rechtlich relevante Gemeinschaft“ uminterpretiert, um, häufig durch Addition mit anderen Pflichtquellen, zu einer Garantenstellung gelangen zu können. Hierdurch hat der BGH Gefahrgemeinschaften geschaffen, deren Mitglieder weder eine solche bilden wollten, noch überhaupt wußten, daß sie möglicherweise - ohne ihren Willen - eine entsprechende Gemeinschaft gebildet hatten. Während bei den Hausgemeinschaften eine rein faktische Wohngemeinschaft nicht zur Begründung von Garantenstellungen genügen sollte, bietet sich bei den Gefahrgemeinschaften ein anderes Bild. Eine gemeinsame Tätigkeit, die nicht einmal von besonderer Gefährlichkeit sein muß,

---

225 BGH VRS 20, S. 284.

226 BGHSt 2, 324 (326) (Urt. v. 6. Mai 1952); BGHSt 5, 187 (188, 190) (Urt. v. 17. Dezember 1953).

227 BGH NJW 1959, 1979 (Urt. v. 16. Juli 1959).

228 Kritisch *Brammsen*, S. 176 f.

229 Vergleiche nur *Stree*, in: Schönke-Schröder § 13 Rn. 24.

ist nach der Vorgehensweise des Gerichts geeignet, den Mitgliedern untereinander Rechtspflichten im Sinne des § 13 StGB aufzuerlegen. Eine kasuistische Betrachtungsweise hat den Vorzug vor einer dogmatischen Lösung erhalten.

2. Bewertung des Verlaufes

Insgesamt ist neben der Hausgemeinschaft auch der Bereich der Gefahrengemeinschaften aufgrund der nur schwach ausgeprägten Entwicklung nicht dazu prädestiniert, als ein Paradebeispiel der vermuteten Entwicklung zu dienen. Eine Tendenz, die zumindest in diese Richtung weist, läßt sich allerdings feststellen.

Das Urteil des Reichsgerichtes aus dem Jahre 1940, in dem die Richter allein aus der Zugehörigkeit zu einem Volk eine garantenpflichtbegründende Volks*gemeinschaft* herzuleiten versucht, läßt sich kaum in eine strukturierte Entwicklung einbringen. Zu deutlich wird hier der bereits zu Beginn der Arbeit angesprochene Extremismus, der Einordnung schwer möglich macht. Zur Veranschaulichung des Ausmaßes der kollektivistischen Ideologie des Nationalsozialismus ist es hingegen gut geeignet.

Die vermutete Ausweitung läßt sich, wenn auch nur schwach ausgeprägt, an den zuvor dargestellten Entscheidungen des BGH festmachen. Aus den genannten Argumenten erscheint die Begründung von Garantenstellungen aus Gefahrgemeinschaften in der vom BGH vorgenommenen Form nur schwer nachvollziehbar, auch lagen vergleichbare Entscheidungen aus der älteren Rechtsprechung des Reichsgerichtes, vor 1940, nicht vor, so daß sich die Urteile nicht einfach in eine bestehende Jurisdiktion einordnen ließen. Intention der Richter war offensichtlich die Schaffung von Solidarpflichten zugunsten Dritter. Womöglich sollte hierdurch, diese Vermutung scheint gerade in Anbetracht der eingangs zur gesellschaftlichen Entwicklung im Rahmen der Hausgemeinschaft gemachten Ausführungen naheliegend[230], seitens des Gerichts der zunehmenden Individualisierung des Erwerbslebens durch die besonders in den fünfziger Jahren rasant voranschreitende Industrialisierung begegnet werden. Daß diese Verpflichtungen durchaus Züge aufweisen, die zulasten der Eigenverantwortung gehen und - etwa im Fall der Berufskraftfahrer - bevormundenden Charakter aufweisen, steht dem Ergebnis, daß sich die Hypothese hier zu bestätigen scheint, nicht im Wege: Im Zeitalter des Liberalismus zumindest waren derartige Bestrebungen im Gegensatz zur heutigen Zeit noch unbekannt.

---

230 Vergleiche dazu auch die Ausführungen im Kapitel zur strafrechtlichen Produkthaftung, insbesondere Seiten 166 f.

III. Garantenstellung aus einer verantwortlichen Stellung in bestimmten Räumen („Verfügungsgewalt über Räumlichkeiten“)

In den bisher dargestellten Entwicklungen handelte es sich um die strafrechtliche Haftung für das Handeln Dritter oder um die Inanspruchnahme aus Gründen der Verantwortlichkeit für einen anderen. Sei es nun das unsittliche Treiben von Kindern oder Ehegatten, eine allgemeine Straftatverhinderungspflicht oder die Pflicht, den Selbstmord eines anderen Menschen zu verhindern: Der Garant stand dafür ein, daß er das Tun eines anderen nicht verhindert hatte.

Um verantwortlich zu sein für das Tun eines anderen, bedarf es aber nicht unbedingt der Verwandtschaft oder Eheschließung mit ihm, die höchstrichterliche Rechtsprechung kennt weitere Pflichtenquellen, die entsprechende Garantenpositionen zu begründen vermögen. Eine davon stellt die verantwortliche Stellung in bestimmten Räumen dar, die sogenannte „Verfügungsgewalt über Räumlichkeiten“. Dem Inhaber der Rechte, über bestimmte Räumlichkeiten zu verfügen, können aus seiner Stellung auch Pflichten gegenüber Dritten erwachsen.

Allgemein lassen sich die Pflichten des Rechteinhabers in drei Bereiche unterteilen, nämlich in sachbezogene Sicherungspflichten (wie zum Beispiel die Streupflicht im Winter oder die Pflicht, für eine ausreichende Beleuchtung des Hauszugangs zu sorgen[231]), in Hilfspflichten des Verfügungsberechtigten gegenüber Personen, die sich in seinen Räumen aufhalten, und - eng damit verwandt - in Straftatverhinderungspflichten. Diese beruhen auf dem Grundsatz, daß derjenige, der die Verfügungsgewalt über bestimmte Räume innehat, verpflichtet sein soll, dort für Ordnung zu sorgen und insbesondere zu verhindern, daß in dem von ihm beherrschten Raum Straftaten begangen werden[232].
Letztgenannte Straftatverhinderungspflichten nehmen in der entsprechenden Judikatur die bedeutendste Rolle ein[233] und sind, anders etwa als die sachbezogenen Pflichten, in der rechtlichen Behandlung und Einordnung aufgrund der häufig recht differenzierten Sachverhalte eher problematisch. Wird der eingetretene Verletzungserfolg nicht durch den Herrschaftsinhaber selbst, sondern durch Dritte herbeigeführt, so kommen zur bloßen Verfügungsgewalt leicht an-

---

[231] Vergleiche etwa RG JW 1904, 581 (Urt. v. 7. Juli 1904); RG GA 44, 152 (Urt. v. 9. Juni 1896) zur Streupflicht und RGSt 14, 362 (Urt. v. 19. Oktober 1886) zur Beleuchtung; weitere Nachweise bei *Brammsen*, S. 262.

[232] So zum Beispiel BGH NJW 1966, 1763 (Urt. v. 5. Juli 1966).

[233] Die Straftatverhinderungspflichten unter Eheleuten, die häufig auch wegen des Geschehens der Straftat in der ehelichen Wohnung von der Rechtsprechung als Rechtspflichten eingestuft werden, sollen hier nicht miterörtert werden. Auf sie wurde ab Seite 62 einer eigenen Darstellung eingegangen.

dere Kriterien wie etwa die Ingerenz oder Verwandtschaft hinzu, um die Garantenstellung zu begründen. Diese mitunter ungenaue Betrachtungsweise der Garantenquellen in der Rechtsprechung machen eine eindeutige Bestimmung des maßgeblichen Pflichtgrundes mitunter schwierig. Deshalb soll im folgenden ein besonderes Augenmerk darauf gerichtet werden, welche Rolle die Verfügungsgewalt über Räume bei der Begründung von Garantenstellungen gespielt hat, ob die Pflicht allein durch sie begründet wurde oder ob andere Aspekte alternativ oder kumulativ hinzukamen.

1. Die Entwicklung in der Rechtsprechung des Reichsgerichtes

Eine frühe Entscheidung dazu stellt RGSt 58, 299[234] dar; im ihr zugrundeliegenden Sachverhalt ließ ein Wirt wissentlich Diebe ihr Diebesgut in seiner Gaststätte veräußern und förderte so die Hehlerei. Nach Ansicht der Richter lag in der Gestattung der Ausübung ihrer Tätigkeit ein tätiges Mitwirken seitens des Wirtes, ein aktives Tun also. Sie zogen aber auch die Möglichkeit in Betracht, in seinem Verhalten nur ein Geschehenlassen und damit das Unterlassen des Eingreifens zu sehen. Auch unter diesem Gesichtspunkt sei eine Verurteilung begründet, denn ihm habe eine Rechtspflicht zum Einschreiten oblegen. Deren Wurzel aber sahen die Richter ausdrücklich nicht im reinen Hausrecht, sondern vielmehr in der Gewerbeordnung. Anknüpfungspunkt der Vorwerfbarkeit sei nicht die Verfügungsgewalt über die Schankräume, sondern die Vorschriften der Gewerbeordnung, die Regelungen über die persönliche Eignung zum Gastwirt enthielten[235]. Da in dem Unterlassen des Wirts ein Verstoß gegen diese Anforderungen zu sehen sei, die das Gesetz eben an ihn in seiner Rolle als Gastwirt stelle, hätte er sich auch unter dem Gesichtspunkt des Unterlassens strafbar machen können; die ihm obliegende Rechtspflicht war nach Ansicht der Richter im Gesetz begründet.

In einer späteren Entscheidung sollte die Verfügungsgewalt über Räumlichkeiten dann eine größere Rolle spielen. In diesem Fall schritt eine Mutter nicht ein, als ihre minderjährige Tochter, die in ihrem Haushalt lebte, ihr unehelich geborenes Kind tötete[236]. Neben einer Rechtspflicht als Erziehungsberechtigte, die Tötung ihres Enkels zu hindern[237] (und wohl auch einer Rechtspflicht, als Großmutter das Leben des Enkelkindes zu erhalten), wurde zusätzlich eine Garantenstellung als Haushaltungsvorstand bejaht. Da das Kind mit ihrem Einverständnis in ihrer Wohnung geboren worden sei, habe sie auch die rechtliche

[234] Urt. v. 10. Oktober 1924.

[235] RGSt 58, 299 (300).

[236] RGSt 72, 373 (Urt. v. 27. Oktober 1938).

[237] RGSt 72, 373 (374).

Verpflichtung, für das Wohl des Kindes zu sorgen. Dadurch, daß sie dieser Verpflichtung nicht nachgekommen sei, habe sie durch ihr pflichtwidriges Unterlassen der Tochter Beihilfe zur Tötung des Kindes geleistet[238]. Die Richter stellten in der Begründung auf verschiedene Kriterien ab, um eine Rechtspflicht der Mutter zu begründen; die Tatsache, daß sie als Haushaltungsvorstand die Verfügungsgewalt über ihre Wohnung hatte, erscheint als möglicher selbständiger Pflichtgrund, alternativ zu den anderen genannten Möglichkeiten. Eine Garantenstellung der Mutter wurde freilich bejaht, ohne daß eine Festlegung des Reichsgerichts auf eine der möglichen Quellen stattfand, so daß zwar die Möglichkeit aufgezeigt wurde, daß die Verfügungsrechte über eine Räumlichkeit allein pflichtbegründend sein können, im Ergebnis aber mangels Festlegung des Gerichtes doch eine kumulative Verwendung der verschiedenen Pflichtquellen stattgefunden hat.

2. Die Position des OGH

Diese Auffassung der Richter des Reichsgerichtes fand Bestätigung und Fortsetzung durch die Richter des OGH in der Zeit vor Gründung der Bundesrepublik. Der zu verhandelnde Sachverhalt wies große Ähnlichkeiten mit der letztgenannten Entscheidung des Reichsgerichtes auf, auch hier hinderte eine Frau ihre Tochter, die in der mütterlichen Wohnung ein uneheliches Kind zur Welt gebracht hatte, nicht daran, dieses zu töten. Unter Hinweis auf die Rechtsprechung des Reichsgerichtes bejahten die Richter auch dieses Mal eine Rechtspflicht zum Einschreiten, sofern die Angeklagte als *Haushaltungsvorstand* erkannt hatte, daß die Tochter ihr Kind umbringen wollte. Durch Aufnahme von Tochter und Enkelkind in ihre Wohnung und durch die Sorge für deren Unterhalt obläge ihr nicht bloß eine sittliche, sondern auch eine rechtliche Verpflichtung, gegen das Vorhaben ihrer Tochter aktiv zu werden[239].

Auch hier bleibt festzuhalten, daß die Richter zwar in Anlehnung an ihre Vorgänger eine Rechtspflicht aus der Herrschaft über Räume anerkannten, diese aber nicht allein zur Begründung der Garantenstellung genügen ließen. Die Tatsache, daß die Mutter für den Lebensunterhalt ihrer Tochter und ihres Enkelkindes aufkam, diente als zusätzliche Stütze.

Darüber hinaus wollten die Richter ihre Auffassung noch durch das Heranziehen des § 330 c StGB untermauern. Hierzu führten sie aus, die unterlassene Hilfeleistung sei unter besonderen Umständen sogar unter Fremden eine strafbare Handlung. Um so mehr müsse die Rechtspflicht der Angeklagten zur Verhinderung der Tötung ihres Enkelkindes bejaht werden[240]. Daß § 330 c bzw. 323 c

---

[238] RGSt 72, 373 (374, 375).

[239] OGHSt 1, 87 (87,88) (Urt. v. 24. August 1948).

[240] OGHSt 1, 87 (88).

StGB als echte Unterlassungsdelikte nicht geeignet sind, Rechtspflichten im Sinne der unechten Unterlassungsdelikte zu erzeugen, war in Rechtsprechung und Lehre stets unumstritten[241] und war wohl auch trotz der leicht mißverständlichen Formulierung nicht Intention der Richter des OGH. Es ging ihnen darum, daß, wenn das Gesetz sogar für einander Fremde eine Hilfspflicht aufstellt, dies erst recht unter nahestehenden Personen der Fall sein müsse. Sie zielten dabei auf die Verwandtschaft von Großmutter und Enkelkind ab, um auch hieraus eine rechtliche Straftatverhinderungspflicht der Angeklagten herzuleiten. Der Umweg über die unterlassene Hilfeleistung erscheint dabei freilich nicht erforderlich.
Im Ergebnis basierte die Rechtspflicht der Großmutter also auf Verwandtschaft, tatsächlicher Lebensgemeinschaft und - ob nur kumulativ oder auch alternativ, wurde nicht explizit entschieden - auch der Verfügungsgewalt über Räumlichkeiten.
Durch diese Kumulation der Entstehungsgründe der Rechtspflicht blieb die höchstrichterliche Rechtsprechung dem Grundsatz treu, die Verfügungsgewalt über Räumlichkeiten nicht als alleinige Pflichtquelle zu verwenden.

3. Die Entwicklung in der Rechtsprechung des BGH

In einem dem BGH vorliegenden Fall war einmal mehr eine in den Schankräumen einer Gastwirtschaft verübte Straftat Grundlage des Geschehens. Die angeklagte Gastwirtin hatte es unterlassen, gegen die körperliche und sexuelle Mißhandlung einer jungen Frau durch mehrere Männer in ihrer Schänke einzuschreiten. Während das *Landgericht Berlin* als Vorinstanz unter Anlehnung an die Entscheidung RGSt 58, 299 eine Rechtspflicht zum Einschreiten aus dem Gaststättengesetz[242] hergeleitet hatte, stellte das Revisionsgericht darauf ab, daß sie als Betreiberin der Gaststätte und damit als Inhaberin der Verfügungsgewalt in den Schankräumen rechtlich verpflichtet gewesen sei, für Ordnung zu sorgen und insbesondere ihre Gäste vor entsprechenden Ausschreitungen zu schützen[243]. Die Frage, woraus denn nun im konkreten Fall die Garantenstellung herzuleiten war, ließen die Richter offen, da eine Rechtspflicht in jedem Fall bestünde. Hier wird eine Entfernung der Richter von der Judikatur des Reichsgerichtes erkennbar. Während dieses in den vergleichbaren Fällen von „Wirtshausdelikten" noch primär auf die gesetzlichen Vorschriften als Pflichtenquelle abhob, stellte die Verfügungsbefugnis über Räume laut Ansicht des BGH zumindest einen zu berücksichtigenden Faktor dar. Zwar stellten sie auch auf den

241 Vergleiche nur RGSt 64, 273 (276 (Urt. v. 16. Juni 1930).
242 Genauer aus §§ 2 Abs. 1 Nr. 1; 12 Abs. 2 Nr. 1 GastG a. F.; § 33 Abs. 2 Nr. 1 GewO a. F. entsprach dem heutigen § 2 Abs. I Nr. 1 GastG.
243 BGH NJW 1966, 1763 (Urt. v. 5. Juli 1966).

Gastwirtsvertrag ab, kraft dessen die Wirtin zum Einschreiten verpflichtet gewesen sei, daneben verwiesen die Richter aber ausdrücklich auf die Verfügungsgewalt über Räumlichkeiten. Derweil sich das Reichsgericht streng an die Pflichtenquelle „Gesetz" hielt, hat der BGH sich durch seine Entscheidung für eine Rechtspflicht aus Vertrag/Übernahme und Verfügungsgewalt davon entfernt, ein Indiz für eine Entformalisierung.

Im Gegensatz zu dieser Entscheidung scheint ein weiteres Urteil des BGH aus der gleichen Zeit zu stehen. Wiederum lag ein Sachverhalt vor, in dem in einer Gaststätte sexuell motivierte Gewalt gegen eine Frau ausgeübt wurde, erneut griff der Wirt nicht in das Geschehen ein. Allerdings ging der 2. Strafsenat in seiner Begründung überhaupt nicht auf eine mögliche Garantenstellung des Wirtes ein, eine diesem möglicherweise auferlegte Rechtspflicht wurde gar nicht angesprochen. Möglich erschien dem Senat offenbar nur eine Strafbarkeit aufgrund des echten Unterlassungsdeliktes der unterlassenen Hilfeleistung, § 330 c StGB[244]. Der BGH schien noch unentschlossen, in welche Richtung die Rechtsprechung zum Bereich der „Verfügungsgewalt über Räumlichkeiten" gehen sollte. Verliefe die Entwicklung wie in der Hypothese vermutet, dann erscheint der weitere Weg klar; der BGH hätte der ersteren Möglichkeit den Vorzug geben müssen.

Diese Richtung sollte der BGH zunächst auch gehen, das Urteil aus dem Jahr 1971 blieb vereinzelt. Von grundlegender Bedeutung sollte eine Entscheidung sein, die fünf Jahre später erging[245]. Soweit ersichtlich, nahmen die Richter hier zum ersten Mal ausdrücklich Stellung zu der Frage, ob ein Wohnungsinhaber regelmäßig verpflichtet ist, Angriffe Dritter gegen den Gast abzuwehren. Der Entscheidung lag ein Sachverhalt zugrunde, in dem einmal nicht wie in den Fallentscheidungen zuvor Gewalttätigkeiten in einer Wirtschaft oder die Tötung eines unehelichen Kindes in der Wohnung der Großmutter Gegenstand der Untersuchung waren. Hier nahm ein Mann einen ihm vorher unbekannten Rentner in seine Wohnung auf. Bereits am ersten Abend sprachen die beiden gemeinsam mit zwei Gästen des Angeklagten stark dem Alkohol zu. Einer der Gäste versuchte, von dem betrunkenen und infolgedessen wehrlosen Rentner das Codewort für dessen Sparbuch zu erpressen, um sich unter Verwendung dieses Codewortes und Ansichnahme des Buches zu bereichern. Um seinem Ansinnen Nachdruck zu verleihen, schlug er so heftig auf sein Opfer ein, daß dieses seinen schweren Verletzungen erlag. Der Wohnungsinhaber verfolgte das Geschehen, ohne zugunsten oder zu Lasten des Opfers tätig zu werden.

---

244 BGH GA 1971, 337 (Urt. v. 26. Mai 1971).

245 BGHSt 27, 10 (Urt. v. 6. Oktober 1976).

Nach dem Dafürhalten der Richter hätte der Wohnungsinhaber dem Opfer zur Seite stehen müssen, da er dieses ja in seine Wohnung aufgenommen habe. Aufgrund dessen hätte er einen gegen seinen Gast gerichteten Angriff abwehren müssen; diese Verpflichtung habe der BGH bereits in einem früheren Fall für den Gastwirt statuiert. Die Verpflichtung, in den eigenen Räumen für Ordnung zu sorgen, gelte entsprechend auch für den Wohnungsinhaber[246]. Die Frage, ob denn diese Verpflichtung daraus entstehe, daß die Rechtsordnung dem Wohnungsbesitzer besondere Rechte und Abwehrbefugnisse zugestehe, ob diese Rechtspflicht also quasi die Kehrseite der Medaille darstelle und so direkt aus der alleinigen Tatsache begründet sei, daß der Inhaber die Herrschaft über die Räumlichkeiten innehabe, ließ der BGH offen. Denn durch die Aufnahme als Gast habe der Berechtigte dem späteren Opfer den Schutz der Wohnung zur Verfügung gestellt und so eine Vertrauensgrundlage geschaffen, die es rechtfertige, ihn als Garanten zu betrachten. Eine Garantenstellung bestünde also in jedem Fall, weswegen sich eine Erörterung der oben angesprochenen Frage erübrige[247].

Auch in diesem Senatsbeschluß ließen die Richter also noch ein zusätzliches Kriterium an die Seite der Pflichtenquelle „Verfügungsgewalt über Räumlichkeiten" treten. Trotzdem knüpften sie in der Begründung der Garantenpflicht überwiegend an die Tatsache der Herrschaft über Räume an, stärker zumindest als in den vorhergehenden Entscheidungen. Während dort regelmäßig noch Verwandtschaft oder Gesetz hinzutraten, erfolgte die Herleitung hier allein aus dem Sozialbereich der Wohnung. Die „Verstärkung" durch das gegenseitige Vertrauensverhältnis, entstanden wiederum durch die Aufnahme in die Wohnung[248], erschien allein wegen der Kürze des Verhältnisses - es handelte sich um den ersten Abend der Aufnahme als Gast - als nicht besonders intensiv. Ob die Herrschaft über Räume als *alleinige* Begründung einer Rechtspflicht ohne Hinzutreten besonderer Umstände ausreicht, wurde von den Richtern nicht erörtert, aber auch nicht ausgeschlossen. Dieses Urteil erweitert insofern den Kreis der möglichen Garantenstellungen, weil hier zur Begründung einer Rechts-

---

246 BGHSt 27, 10 (12). Dieser ohne weitere Begründung vorgenommene Analogieschluß ist zu recht nicht ohne Kritik geblieben. Denn auch die Rechtsprechung knüpfte bei der Garantenpflicht des Gastwirtes stets auch (wenn nicht gar ausschließlich, vergleiche RGSt 58, 299 (300)) an gesetzliche Regelungen an. Zudem unterliegt eine Gaststätte durch die Vorschriften des GastG gewerbepolizeilicher oder ordnungsamtlicher Kontrolle, so daß der Vergleich zumindest nicht zwingend erscheint. Schon wegen BGH GA 1971, 336 ist hinsichtlich der Gastwirtshaftung kaum von einer gefestigten Rechtsprechung auszugehen. Zur Kritik vergleiche auch *Tenckhoff*, NJW 1978, 308 (309).

247 BGHSt 27, 10 (12, 13).

248 Kritisch zur „Erfindung" von Rechtspflichten allein aus einem Vertrauensverhältnis *Landscheidt*, S. 44.

pflicht zu der Voraussetzung der Verfügungsgewalt über Räume faktisch nur noch die der Aufnahme in die Wohnung hinzukommt.

Einige Jahre später, 1982, sahen sich die Richter des 2. Senats, die bereits in der oben ausgeführten Entscheidung zu urteilen hatten, erneut einer ähnlichen Konstellation gegenüber[249]. Die Richter der Vorinstanz hatten sich von der weitgehenden Formulierung von BGHSt 27, 10 leiten lassen und in einem Fall, in dem in der Wohnung der Angeklagten eine Vergewaltigung durch Dritte erfolgte, wobei diese ohne Zutun der Verfügungsberechtigten in die Wohnung gelangt waren, eine Rechtspflicht zum Einschreiten allein aus der Verfügungsgewalt über die Wohnung festschreiben wollen. So weit wollten indes die Bundesrichter nicht gehen und sahen sich nun zu einer Korrektur auch ihrer weitgehenden und damit nicht unmißverständlichen Formulierungen veranlaßt. Dadurch waren sie aufgefordert, jetzt doch Stellung zu der zuvor offen gelassenen Frage zu beziehen, ob die Herrschaft über Räume ohne weiteres eine Garantenpflicht auslösen kann.
Denn sollte ein jeder Wohnungsinhaber rechtlich verpflichtet sein, jede in seinen Räumen sich aufhaltende Person gegen Straftaten Dritter zu schützen - was ja die Konsequenz wäre, folgte man der von der Vorinstanz eingeschlagenen Richtung -, so dehnte man nach Ansicht des BGH den Bereich der mit strafrechtlichen Haftungsfolgen versehenen Handlungspflichten in den Bereich bloß sittlicher Pflichten - wie sie in einem dem vorliegenden Sachverhalt vergleichbaren Fall sicherlich gegeben wären - in unzulässiger Weise aus[250]. Die Folge wäre, daß der Wohnungsinhaber in die verantwortungsvolle und unter Umständen auch strafrechtlich bedeutsame Rolle eines (Sicherungs-)Garanten geriete, ohne daß er dazu mehr beigetragen hätte als das Anmieten oder Innehaben einer Wohnung. Jedwede Berücksichtigung individuellen Verschuldens oder nur Verursachens bliebe - falls nicht weitere Umstände hinzukämen - bei der Begründung einer Garantenstellung außer Betracht[251].
Aus diesem Grunde stellten die Richter unter Hinweis auf die oben erörterten Entscheidungen ausdrücklich fest, daß die Rechtsprechung den Inhaber einer Wohnung oder sonstiger Räume für in diesen Räumen begangene Rechtsgutsverletzungen stets nur dann strafrechtlich zur Verantwortung gezogen habe, wenn neben der Verfügungsgewalt über Räume noch weitere, besondere Umstände hinzugetreten seien, die eine Rechtspflicht zum Handeln begründet hätten[252]. Wenn der BGH auch in dem vorangegangenen Urteil, welches bei der Vorinstanz offensichtlich zu weit ausgelegt und hierdurch Anlaß für eine sehr

---

249 BGHSt 30, 391 (Urt. v. 24. Februar 1982).
250 BGHSt 30, 391 (394, 395).
251 BGHSt 30, 391 (395).
252 BGHSt 30, 391 (395, 396).

weitgehende Pflichtenbegründung worden war, nicht allein auf die Herrschaft über die Wohnung abgestellt hatte, muß er sich doch vorwerfen lassen, daß die vorgenommene Einschränkung auf rein kumulative Pflichtenbegründung durch Raumbeherrschung dem Urteil in BGHSt 27, 10 ff. tatsächlich in diesem Maße nicht zu entnehmen war. Die entsprechende Frage war ja zumindest offen gelassen worden.
Um erneuter Konfusion vorzubeugen, stellten die Richter grundsätzlich fest, daß nur unter bestimmten Umständen das Innehaben der Herrschaft einer Wohnung auch ohne Hinzutreten weiterer Gründe eine Garantenposition auslösen kann. Eine Garantenpflicht des Wohnungsinhabers könne sich nämlich dann ergeben, wenn die Wohnung wegen ihrer besonderen Beschaffenheit oder Lage eine Gefahrenquelle darstelle, die er so zu überwachen und zu sichern habe, daß sie nicht zum Mittel für die leichtere Ausführung von Straftaten gemacht werden könne[253].

In weiteren Urteilen nach dieser Entscheidung trat das Kriterium „Verfügungsgewalt über Räumlichkeiten" mehr in den Hintergrund. Abgestellt wurde vermehrt auf die durch das gemeinsame Wohnen entstandene gegenseitige Schutz- und Vertrauensbeziehung[254,255]. Sollte dennoch erneut eine Garantenposition aus der Herrschaft über Räume zur Diskussion stehen, dann blieb der BGH seinem 1982 aufgestellten Grundsatz treu, daß der Inhaber einer Wohnung nicht ohne weiteres zur Straftatverhinderung verpflichtet sei. Eine solche Garantenpflicht könne sich vielmehr nur dann ergeben, wenn durch besondere Umstände die Räumlichkeiten, also über ihre Eigenschaft als Wohnung und damit als nach außen abgeschirmter, der Wahrnehmung von außen entzogener Bereich hinaus, eine Gefahrenquelle darstellten[256]. Eine Rolle soll nach Dafürhalten des BGH die Herrschaft über Räume als Pflichtgrund einer Garantenposition vornehmlich dann spielen, wenn die Wohnung aufgrund ihrer Lage der Straftat besonders förderlich scheint und/oder es sich um einen „Kurzbesuch" des Opfers handelt, aufgrund dessen noch keine gegenseitige Basis für Schutzerwartungen entstehen konnte. In letztgenanntem Fall konnte die „Raumbeherrschung" durch die

---

253 BGHSt 30, 391 (396).

254 Vergleiche zum Beispiel BGH NStZ 1983, 117 (118) (Urt. v. 3. Dezember 1982), dem ein mit BGHSt 30, 391 vergleichbarer Sachverhalt zugrunde lag. Maßgeblich war hier die Wohn- und Lebens*gemeinschaft*, nicht die Verfügungsgewalt des Wohnungsmieters.

255 In dieser Entscheidung hat der BGH zudem klargestellt, daß ein Kranker unter der Voraussetzung seines nahenden, aber möglicherweise oder mit Sicherheit abwendbaren Todes ärztliche Hilfe ablehnen darf. Diese Ansicht entspricht der Rechtsprechung des BGH (vergleiche nur BGHSt 11, 114f) und wurde hier in dieser Deutlichkeit erstmals für das Gebiet der Unterlassungsdelikte festgehalten, vergleiche dazu auch *Ranft*, in: JZ 1987, 859 ff., 909 ff. (911).

256 BGH NJW 1993, 76 (Urt. v. 31. Juli 1992).

Kumulation mit anderen Pflichten – hierzu gleich ausführlicher – eine Garantenstellung begründen.

4. Bewertung des Verlaufes

a) Bedeutung für die Hypothese

Wenn dem Wohnungsinhaber oder dem Gastwirt über seine Herrschaftsbefugnis eine Pflicht zum Helfen und damit zu solidarischem Handeln auferlegt wird, liegt es nahe, auch bei dieser Garantenstellung von einer durch solidarische oder solidaristische Gedanken motivierten Verpflichtung auszugehen. Es handelt sich dann bei der in der Verfügungsgewalt über Räumlichkeiten angesiedelten Pflicht um eine Solidarpflicht, die quasi die Kehrseite der Medaille darstellt.

Das Reichsgericht greift in einer frühen einschlägigen Entscheidung noch aus der Zeit der Weimarer Republik getreu der Rechtspflichttheorie auf die formell geregelte Pflichtenquelle „Gesetz“ zurück. In dieser Zeit spielte der untersuchte Rechtsgrund also noch keine Rolle. In der nachfolgenden Zeit bis in die heutigen Tage hinein haben die Richter dem Wohnungsinhaber respektive dem Gaststättenbetreiber dann darüber hinaus eine Solidarpflicht auferlegt, die auch ohne Absicherung im Gesetz auskam. Die Anerkennung der Verfügungsgewalt über Räume wenigstens als „Mitauslöser“[257] von Garantenpflichten stellt im Vergleich zur ursprünglichen Haftung an die Rechtspflichttheorie mit der sogenannten Garantentrias eine Entformalisierung der Voraussetzungen dar, welche, wie bereits vermutet, eine Ausweitung auf dem Feld der Garantenstellungen zur Folge hatte.

Die Tatsache, daß der BGH nach der Entscheidung BGHSt 27, 10 zurückhaltender mit diesem Ansatz umgegangen ist, stellt keinen Widerspruch zur Hypothese, sondern eine notwendige Korrektur dar, um die Haftung nicht ins Uferlose auszuweiten. Die Möglichkeit, eine Garantenpflicht aus der Verfügungsgewalt über Räumlichkeiten zu entwickeln, haben die Richter ja offengehalten. Im untersuchten Zeitraum hat das letztinstanzliche deutsche Gericht den Kreis der potentiellen Garantenstellungen um diese Solidarpflicht erweitert, die behauptete Entwicklung findet durch diesen Verlauf eine weitere Unterstützung.

---

[257] Zu der Frage, ob die Verfügungsgewalt über Räumlichkeiten überhaupt als alleiniger Pflichtgrund in der Rechtsprechung eine Rolle gespielt hat, vergleiche die Ausführungen im Anschluß an dieses Kapitel.

b) Begründung von Garantenstellungen durch die sogenannte Pflichtenkombination

Wenn von Ausweitung, vielleicht sogar - der Begriff der Entformalisierung läßt diesen Schluß zu - von Aufweichung der Haftung auf dem Gebiet der unechten Unterlassungsdelikte die Rede ist, dann bietet sich der erörterte Bereich noch aus einem weiteren Grunde zur Untersuchung an: Wenn eine Garantenstellung nicht auf nur einer Quelle basiert, wenn also mehrere Pflichten miteinander kombiniert werden - einige unter Umständen ausschließlich kumulativ verwendet werden -, dann ist hierin eine weitere Loslösung von der Garantentrias zu erkennen. Eine Pflichtenkombination[258] ermöglicht, anders als die „monokausalen“ Ansätze" zur Begründung von Garantenpositionen, eine Ausdehnung der Verantwortlichkeit, da die "Zusammensetzung" einer Garantenstellung aus unterschiedlichen Gründen eine Annahme derselben erleichtern kann.

Die Verfügungsmacht über Räume erscheint zu einer entsprechenden Untersuchung der Judikatur in der Tat als geeignet: Bereits im Rahmen der Darstellung der Entwicklung ist deutlich geworden, daß sich die Frage, ob die „Verfügungsgewalt über Räumlichkeiten“ eine Rolle als eigenständiger Pflichtengrund gespielt hat, nicht ohne weiteres beantworten läßt. Sowohl das Reichsgericht als auch der Bundesgerichtshof haben grundsätzlich eine in der Verfügungsmöglichkeit über Räume begründete Garantenstellung anerkannt. Dies mag unproblematisch sein in den oben kurz angesprochenen Fällen der sach- oder objektbezogenen Sicherungspflichten. Im Bereich der zuletzt dargestellten Straftatverhinderungspflichten bietet sich allerdings ein anderes Bild.
In den höchstrichterlichen Urteilen seit RGSt 72, 373 ist von einer Garantenstellung aus der Herrschaft über Räume die Rede, zuvor waren andere Aspekte, etwa die Gewerbeordnung oder Verwandtschaft, entscheidend für die Entstehung einer solchen Position.
Doch auch in den Entscheidungen, die seit dem 27. Oktober 1938 ergangen sind, kamen die Richter augenscheinlich nicht ohne die zusätzliche Heranziehung anderer pflichtbegründender Umstände aus. Mal war es die Verwandtschaft von Mutter und Tochter, dazu noch eine tatsächliche Lebens- bzw. Wohngemeinschaft[259]; in anderen Fällen trat das Gaststättengesetz zumindest alternativ an die Seite der Raumbeherrschung[260], so daß auch hier keine ausschließlich in der Verfügungsgewalt über Räume begründete Garantenstellung vorlag.

---

[258] Vergleiche hierzu auch *Seelmann*, in: AK-StGB § 13 Rn. 55 m. w. N.
[259] So in RGSt 72, 373; OGH 1, 87.
[260] So in BGH NJW 1966, 1763.

Von grundlegender Bedeutung war dann die Entscheidung BGHSt 27, 10. Hier handelte es sich, wie bereits oben ausgeführt, um einander unbekannte, nicht miteinander verwandte Männer. Diese befanden sich auch nicht in einem „sozialen Erwartungsverhältnis“ wie es etwa zwischen einem Gastwirt und den Besuchern seines Lokal besteht. Trotzdem ließen die Richter in diesem Fall die Herrschaft über Räume erneut nicht ausreichen: Sie verlangten zur Absicherung der Rechtspflicht das Bestehen eines zusätzlichen gegenseitigen Vertrauensverhältnisses[261]. Quelle der Garantenpflicht war demnach die Vertrauenslage, die durch die Aufnahme in die Wohnung geschaffen wird, nicht aber das Innehaben der Wohnung selbst[262]. Wenn also die Vertrauenslage Pflichtgrund ist und die Aufnahme in die Wohnung lediglich eine mögliche Voraussetzung für ihr Entstehen darstellt - um ein gegenseitiges Vertrauensverhältnis zu erzeugen, das von vergleichbarer Intensität ist, bedarf es nicht unbedingt der Aufnahme in die Wohnung, hierfür ließen sich zahlreiche andere Beispiele finden - bleibt zu konstatieren, daß es eine Garantenpflicht allein aus der Verfügungsgewalt über Räumlichkeiten bisher in der Rechtsprechung von Reichsgericht und BGH noch nicht gab. Eine eigenständige Rolle als Rechtspflichtenquelle hat sie in der höchstrichterlichen Judikatur noch nicht gespielt. Zwar haben die Richter eine solche Möglichkeit nicht ausgeschlossen, sie haben es allerdings vorgezogen, beispielsweise zur Absicherung des Urteils im letztgenannten Fall schlicht eine neue Gruppe möglicher Garantenstellungen zu erfinden, nämlich die kraft Vertrauensverhältnisses[263]. Das Element des Vertrauens, das Bestehen eines gegenseitigen Vertrauensverhältnisses ist ohnehin Voraussetzung der Entstehung der meisten Garantenstellungen[264], so daß diese Neuschöpfung durchaus fragwürdig erscheint. Hinter dem Vorgehen des Gerichts steht womöglich der Gedanke, daß, gäbe es eine allein auf der Herrschaft über Räume basierende Garantenstellung ohne Hinzutreten zusätzlicher Aspekte, in der Folge quasi jede beliebige soziale Herrschaft die Handlungsäquivalenz des Unterlassen begründen würde[265]. Die Folge wäre dann eine schier grenzenlose Ausdehnung der Garantenpositionen.

Die sogenannten Rechtspflichten aus der Verfügungsgewalt über Räumlichkeiten entpuppen sich so geradezu als Paradebeispiel der vom BGH häufig vorgenommenen Pflichtenkombination. Die Annahme einer Garantenstellung erscheint aus dem Sachverhalt heraus als geeignet und in der Person des Angeklagten als gerechtfertigt, von allen Aspekten - Sachherrschaft beziehungsweise

---

261 BGHSt 27, 10 (12, 13).

262 Vergleiche *Landscheidt*, S. 39.

263 So auch *Landscheidt*, S. 44.

264 Vergleiche nur *Wessels*, in: AT Rn. 719 f.

265 *Schünemann*, S. 361.

Raumbeherrschung, tatsächliche Lebens- oder Hausgemeinschaft, Gesetz - läßt sich „etwas" aus dem Sachverhalt herausfiltern, so daß im Ergebnis eine „ganze" Garantenstellung herauskommt, zusammengesetzt aus unterschiedlichen Bereichen von Rechtspflichten. Ein Vorgehen, das sicher der Einzelfallgerechtigkeit hilfreich sein kann, eine dogmatisch einheitliche Linie jedoch vermissen läßt. Ein Vorgehen aber auch, das aus den vorgenannten Gründen die in dieser Arbeit aufgestellte Hypothese stärkt.

Die Rechtsprechung selbst hat ja in den letzten Jahren nur zurückhaltend von dieser möglichen Pflicht Gebrauch gemacht, so daß in Zukunft wohl auch aufgrund der deutlichen Kritik der Literatur[266] andere Lösungswege den Vorzug erhalten werden, da die Sachverhalte, wie oben gezeigt, regelmäßig oder doch zumindest häufig die Möglichkeit bieten, Garantenpositionen aus anderen Bereichen herzuleiten. Die grundsätzliche Möglichkeit aber haben sich die Richter offengehalten.

IV. Garantenstellungen aus Übernahme einer Funktion oder Aufgabe

In den zuvor behandelten Bereichen waren hauptsächlich solche Garantenstellungen Thema der Darstellung, die an den Garanten gewissermaßen „von außen" herangetragen worden sind, sei es durch die Institution der Familie oder als Kehrseite von eigener Verfügungsgewalt. Daneben gibt es zahlreiche Fälle, in denen der mögliche Garant diese Pflichten bewußt und unmittelbar übernimmt: Aus einer derartigen freiwilligen Übernahme einer Aufgabe oder einer Funktion ergibt sich die Übernahme von Schutz- oder Beistandspflichten. Diese Rechtspflichten entstehen, weil der Garant es übernommen hat, für den Schutz bestimmter Rechtsgüter zu sorgen, diese Übernahme erfolgt entweder gegenüber dem Gefährdeten oder gegenüber einem Dritten zugunsten des Gefährdeten[267]. Der Bereich der möglichen Beistands- und Schutzpflichten ist sehr groß, da die Möglichkeit besteht, im Rahmen der Privatautonomie eigenständig festzulegen, welche Aufgaben, welche Rechtspflichten den jeweiligen Vertragspartnern obliegen sollen.
Die denkbare Bandbreite der Aufgaben und damit der möglichen Schutzpflichten reicht hier vom Hundeausführen bis zur komplizierten Operation durch den Chirurgen.

---

266 Vergleiche nur *Seelmann*, in: AK-StGB § 13 Rn. 133 m. w. N. und *Landscheidt*, S. 27 ff.
267 *Stree*, in: Schönke-Schröder § 13 Rn. 26.

Als Entstehungsgrund einer Garantenstellung wurde der Bereich des „Vertrages“ von der Rechtsprechung seit jeher anerkannt[268]. Doch gab es auch schon in der älteren Rechtsprechung des Reichsgerichts vereinzelte Entscheidungen[269], in denen trotz nichtigen oder gekündigten Vertrages eine Garantenstellung aufgrund der übernommenen Aufgaben angenommen wurde. In einem der Fälle etwa hatte ein Ehepaar, das sich vertraglich zur Pflege einer geistesschwachen Person verpflichtet hatte, nach wirksamer Kündigung des Vertrages die Pflege eingestellt, die Pflegebedürftige war deshalb verstorben[270]. Die Rechtspflicht zur Pflege machten die Richter an der aufgrund des Vertrages übernommenen Obhut fest. Auch wenn das Gericht in diesem Zusammenhang nicht allein auf die Übernahme abstellt, sondern die rechtliche Fundierung in der strafrechtlichen Norm sieht, „welche die Gefährdung fremden Menschenlebens, für dessen Erhaltung jemand die Verantwortlichkeit übernommen hat, verbietet“[271], ist hierin ein frühes Abrücken von der Rechtspflichtlehre zu erkennen, denn trotz der vorgeschobenen Gesetzesnorm - um den Anforderungen der Rechtspflichttheorie zu genügen - war hier de facto für die Richter die Übernahme entscheidend. Seit der späteren Rechtsprechung des Reichsgerichts waren derartige „Umwege“ nicht mehr notwendig, die Garantenstellung wurde nicht mehr durch den Abschluß eines Vertrages über den Schutz eines Rechtsgutes begründet - auf dessen zivilrechtliche Gültigkeit es ja ohnehin nicht ankommen sollte[272] -, sondern in der Regel durch die tatsächliche Übernahme der Schutzfunktion[273].

Entstehung und Entwicklung dieser Garantenpositionen stellen sich als Folge des sich ständig wandelnden menschlichen Alltagslebens dar. Standen in früheren Zeiten Landwirtschaft, Handwerk und Handel im Zentrum beruflicher Aktivitäten, so tun dies heute zumeist industrielle Tätigkeiten und Dienstleistungen. Die zunehmende Komplexität des Wirtschaftslebens und die damit einhergehende Spezialisierung des Individuums haben die Abhängigkeit des einzelnen von der Existenz arbeitsteiliger Sozialsysteme verstärkt. Die Entwicklung der Garantenpositionen kraft freiwilliger Übernahme läßt sich gewissermaßen wie folgt umschreiben: Ähnlich wie bei der in der Sachherrschaft begründeten Rechtspflicht folgt die Entstehung und der Untergang der Rechtspflichten der tatsächlichen Entwicklung nach. Sowohl der Nachtwächter vergangener Zeiten

268 Allein auf den Vertrag, nicht aber auf die tatsächliche Übernahme abstellend, zum Beispiel RGSt 10, 100 (101) (Urt. v. 14. Februar 1884); 58, 130 (Urt. v. 28. März 1924).

269 RGSt 16, 269 (Urt. v. 4. Oktober 1887); 17, 260 (Urt. v. 21. März 1888).

270 RGSt 17, 260 (261).

271 RGSt 17, 260 (261). Welche Norm also Rechtsgrund der Pflicht zur Pflege war, bleibt offen. Eine vielleicht mögliche Begründung durch die Ingerenz wird nicht erörtert.

272 So schon RGSt 64, 81 (84) (Urt. v. 6. Februar 1930).

273 Vergleiche dazu nur *Lackner*, in: Lackner/Kühl § 13 Rn. 9.

als auch der Mitarbeiter einer privaten Sicherheitsfirma sind innerhalb der übernommenen Pflichten Garanten für die zu überwachenden Rechtsgüter.
Eine „innere“ rechtliche Entwicklung haben diese Garantenpositionen, vergleichbar erneut mit der Rechtspflicht aus der Herrschaft über Sachen, im wesentlichen nicht durchlaufen. Wer durch Vertrag (zum Beispiel durch einen Arbeitsvertrag) eine Aufgabe angenommen und diese Aufgabe dann auch im tatsächlichen Sinne übernommen hat, macht sich innerhalb der ihm obliegenden Pflichten zum Garanten. Die Veränderungen im Laufe der Zeit sind hier nicht im Bereich des rechtlichen „wie“ und „ob“ zu finden, sondern in der Existenz und den Aufgaben des „zeitgemäßen“ Berufsbildes. Auf eine ausführlichere Darstellung der zahlreich ergangenen Entscheidungen[274] diesbezüglich kann hier verzichtet werden, da eine solche, mangels rechtlicher Entwicklungen, nicht Thema dieser Arbeit ist[275].

Gänzlich unbeachtet sollen diese Garantenstellungen aber auch nicht bleiben, denn hinsichtlich einzelner Urteile erscheinen einige kurze Bemerkungen doch angebracht.
Wie bereits erwähnt, hat jeder, der in einem Vertrag vereinbart, bestimmte Aufgaben zu übernehmen, und diese dann auch tatsächlich übernimmt, spezifische, sich eben aus diesem Vertrag und der Übernahme der darin vereinbarten Tätigkeit ergebende Rechtspflichten. Diese Pflichten stehen meist in einem unmittelbaren Zusammenhang mit der vereinbarungsgemäß übernommenen Aufgabe: Ein Babysitter zum Beispiel ist für die Gesundheit des ihm anvertrauten Kindes verantwortlich, nicht aber für das vor der Garage parkende Auto des Hausherrn und Vaters, da einer solchen zusätzlichen Beaufsichtigungspflicht der Bezug zur übernommenen Aufgabe fehlt.
In zwei Entscheidungen der fünfziger Jahre ist der BGH über die angesprochenen Verpflichtungen hinausgegangen. In einem Fall haben die Richter einem Arbeitnehmer eine im Arbeitsvertrag begründete Rechtspflicht auferlegt, Diebstähle an seinem Arbeitsplatz zu verhindern[276]. Durch den Vertrag, durch die Aufnahme der darin vereinbarten Tätigkeiten entstünde nach Ansicht des Gerichtes ein besonderes Treueverhältnis, schon allein auf Grund des Dienst-

---

274 Vergleiche etwa RGSt 10, 100 (101) (Urt. v. 14. Februar 1884) -Vertrag-;
RGSt 11, 153 (154) (Urt. v. 21. Oktober 1884) -Hofwächter-;
RGSt 37, 131 (132 f.) (Urt. v. 18. April 1904) -Brauereigeneralvertreter-;
RGSt 45, 210 (212) (Urt. v. 19. Oktober 1911) -Vorstandsmitglied-;
RGSt 71, 176 (Urt. v. 12. April 1937) -Schiffsoffizier-;
RGSt 58, 130 (Urt. v. 28. März 1924) -Betriebsleiter-;
BGHSt 2, 324 (Urt. v. 6. Mai 1952) -Dienstvertrag-;
BGHSt 19, 286 (287) (Urt. v. 21. April 1964) -Statiker-.

275 Es sei aber auf die ausführliche Darstellung bei *Brammsen*, S. 181 ff. hingewiesen.

276 BGHSt 5, 187 (Urt. v.17. Dezember 1953).

vertrages sei ein jeder Arbeitnehmer gehalten, die Interessen seines Arbeitgebers zu wahren und bevorstehende Vermögensschädigungen zu melden[277]. In einem anderen Urteil statuierten die Richter die rechtliche Verpflichtung, dem vorleistungspflichtigen Vertragspartner die zwischenzeitlich eingetretene Zahlungsunfähigkeit mitzuteilen[278].
Nach der heftigen Kritik im Schrifttum[279] hat der BGH diese Ausweitung der Pflichten etwa des Arbeitnehmers nicht weiter vertieft, so daß die zitierten Entscheidungen in der Judikatur des BGH vereinzelt geblieben sind. In der Rechtsprechung sind deshalb keine Fälle mehr nachzuweisen, in denen Arbeitnehmern derart weitreichende Pflichten auferlegt worden sind. Es erscheint trotzdem typisch für die Judikatur dieser Zeit - auch in anderen Bereichen fand ja, wie bereits dargestellt wurde und wie es an anderen Beispielen noch deutlich wird, gerade in dieser Zeit eine Aufweichung der Voraussetzungen und eine Ausweitung der Garantenstellungen und -pflichten statt.

Innerhalb dieser Garantenstellungen kraft Übernahme nehmen die Fälle der ärztlichen Heilbehandlung aufgrund ihrer hohen Zahl eine exponierte Stellung ein[280]. Durch die Übernahme der ärztlichen Versorgung und Betreuung kann dem jeweiligen Arzt eine Garantenstellung zuwachsen, aufgrund derer er rechtlich verpflichtet ist, Sorge für Gesundheit und Leben des Patienten zu tragen. Auch hier gilt, daß diese von der Rechtsprechung stets anerkannte Verpflichtung keine wesentliche rechtliche Entwicklung erfahren hat. Von hohem Einfluß gerade auf die Stellung des Arztes ist indes die Frage gewesen, ob ein Suizid oder ein Versuch desselben einen Unglücksfall im Sinne des § 323 c StGB darstellt. Dieses Problem und die dort erfolgte Entwicklung in der Rechtsprechung werden im Kapitel der echten Unterlassungsdelikte bei § 323 c StGB zu behandeln sein.

Für die Hypothese erscheint dieses Gebiet der Garantenstellungen wenig ergiebig. Gleichgültig, in welcher Epoche jemand eine Aufgabe übernommen hat, die Rechtsprechung hat stets bejaht, daß ihm aus dieser übernommenen Aufgabe oder Funktion die damit zusammenhängenden Rechtspflichten obliegen, er insoweit eine Garantenstellung innehat. Aufmerksamkeit verdienen dennoch die vereinzelt gebliebenen Entscheidungen des BGH, in denen die Richter weitergehende Verpflichtungen statuiert hatten. Aufgrund des deutlich bevormundenden Charakters, der diesen Urteilen zu eigen war und dem innewohnenden paternalistischen Gepräge, hat der BGH heftige Kritik erfahren, die Entscheidun-

---

277 BGHSt 5, 187 (190).

278 BGHSt 6, 198 (199) (Urt. v. 15. Juni 1954).

279 Vergleiche dazu mit weiteren Nachweisen *Rudolphi*, in SK-StGB § 13 Rn. 62 f.

280 Vergleiche etwa die Nachweise bei *Stree*, in: Schönke-Schröder § 13 Rn. 28a.

gen blieben vereinzelt. Dennoch erwecken sie den Eindruck, daß die vermutete Entwicklung zutrifft: Es handelte sich in diesen Fällen um die Auferlegung von Solidarpflichten, vergleichbare Fälle sind aus der Zeit des Reichsgerichtes des liberalistischen Zeitalters nicht bekannt. Der verstärkte Blick der solidaristisch beeinflußten Gesellschaft auf den Bereich der Solidarpflichten erscheint auch in diesem Bereich von Garantenpositionen, in denen eine Entwicklung kaum sichtbar geworden ist, vorhanden zu sein.

V. Garantenpflichten aus dem privatrechtlichen Grundsatz von Treu und Glauben

Durch den Abschluß eines Vertrages und der Übernahme der vertraglich - sei es ausdrücklich oder konkludent - vereinbarten Aufgaben können dem jeweiligen Vertragspartner also Schutz- oder Beistandsverpflichtungen erwachsen, die den Anforderungen an eine Rechtspflicht genügen. Diese den vertraglichen Vereinbarungen entspringenden Pflichten sind quasi Folgen der vertraglichen Hauptpflichten. Die meisten privatrechtlichen Verträge ziehen aber auch eine Zahl an vertraglichen Nebenpflichten nach sich, zum Beispiel Mitteilungs-, Schutz- oder Offenbarungspflichten[281]. Nicht nur aus den vertraglich vereinbarten Hauptpflichten, sondern auch aus solchen Nebenpflichten hat die höchstrichterliche Rechtsprechung strafrechtlich relevante Rechtspflichten hergeleitet: die Offenbarungs- und Mitteilungspflichten bei zivilrechtlichen Verträgen, gefolgert aus dem Grundsatz von Treu und Glauben.

Einschlägig waren diese Pflichten kraft Natur der Sache vor allem bei Straftaten im Bereich des Betrugs. Die Frage, ob der Straftatbestand des Betruges, § 263 StGB, überhaupt durch ein Unterlassen erfüllt werden kann, war innerhalb der Strafrechtslehre seit Mitte der fünfziger Jahre des zwanzigsten Jahrhunderts umstritten. Begründet wurde die ablehnende Haltung in erster Linie damit, daß der Betrug mit seiner erforderlichen Bereicherungsabsicht ein Delikt mit überschießender Innentendenz sei. Absicht im engeren Sinne sei bei Unterlassungstätern jedoch bereits dogmatisch ausgeschlossen, so daß eine Strafbarkeit auszuscheiden habe[282]. Da die Rechtsprechung sich von diesem Streit allerdings stets unbeeindruckt gezeigt hat und eine Möglichkeit des Begehens durch Unterlassen sowohl in der Zeit davor als auch im Anschluß daran regelmäßig anerkannt hat, soll dieser Hinweis auf das Schrifttum genügen.

---

281 Beispiele dafür etwa bei Jauernig/*Vollkommer*, § 326 Anm. 2a.

282 Vergleiche etwa die teilweise unterschiedlichen Ansätze bei *Grünwald*, S. 281 ff., *Bockelmann*, S. 437ff., *Herzberg* S. 74 ff.

Die „klassischen" Rechtsquellen der Erfolgsabwendungspflichten sind bei einer Strafbarkeit wegen Betruges durch Unterlassen, §§ 263, 13 StGB, aufgrund der Struktur der Sachverhalte wenig ergiebig. Um aber in diesem Bereich überhaupt zu einer beachtlichen Strafbarkeit zu gelangen, mußte eine betrugsspezifische Garantenstellung gefunden und abgesichert werden[283]. Hierfür hat die Rechtsprechung auf den zivilrechtlichen Grundsatz von Treu und Glauben zurückgegriffen.

Innerhalb der Rechtspflichten, die ein schlichtes Nichtstun zu einem strafbaren Unterlassen machen, nimmt der Bereich der in Treu und Glauben begründeten Pflichten also eine Sonderstellung ein: Eine Unterlassungsstrafbarkeit, die sich auf die Verletzung einer Rechtspflicht aus Treu und Glauben begründet, tritt aus den oben angesprochenen Gründen ausschließlich im Bereich der Vermögensdelikte und hier vornehmlich im Bereich des Betruges in Erscheinung und bezieht sich regelmäßig darauf, ob eine Pflicht zur Aufklärung existierte, ob also kein Recht zum Schweigen bestand. Wann eine Garantenstellung aus Treu und Glauben vorliegt und ob eine ausschließlich in diesem Bereich begründete Haftung ohne Hinzutreten anderer Umstände überhaupt anzuerkennen ist, ist im Laufe der Zeit von der höchstrichterlichen Rechtsprechung nicht immer einheitlich behandelt worden.

1. Die Entwicklung in der Rechtsprechung des Reichsgerichtes

Erstmalig erwähnt wurde der hier zu untersuchende Bereich vom Reichsgericht bereits im Jahre 1880, genauer in der Entscheidung vom 9. November 1880[284]. Anhand des vorliegenden Falles, in dem der Verkäufer bei Abschluß eines Kaufvertrages dem Käufer einen ihm bekannten Mangel der Kaufsache verschwieg, stellte das Gericht klar, daß es eine so weitgehende Aufklärungspflicht dem Verkäufer ohne das Hinzutreten anderer Umstände nicht aufbürden wollte. Ganz im Gegenteil: Die Richter lehnten eine derartige einseitige rechtliche Pflicht des Verkäufers ausdrücklich ab. Aus dem Umstand, daß sich ein Fehler als Mangel einer stillschweigend vereinbarten Eigenschaft darstelle, so die Richter, lasse sich eine Rechtspflicht des Verkäufers, den ihm bekannten Fehler dem Käufer vor Abschluß des Geschäfts anzuzeigen, nicht herleiten. Auch aus den gesetzlichen Vorschriften, namentlich aus I. 11. § 539 Preuß. ALR., lasse sich eine solche Pflicht nicht entnehmen[285]. Hiernach sei das Bestehen einer über das Zivilrecht hinausgehenden Rechtspflicht des Verkäufers, alle Fehler der Sache aufzudecken, selbst ohne Rücksicht darauf, ob er davon überzeugt

283 *Naucke*, in: NJW 1994, 2809.
284 RGSt 2, 430.
285 RGSt 2, 430 (430, 431).

sei, daß sie Einfluß auf die Entschließung des Käufers haben könnte, nicht anzuerkennen[286].

Allein der Abschluß eines Vertrages vermögensrechtlicher Natur, allein eine gegenseitige Geschäftsbeziehung - die ja meist zumindest etwas gegenseitiges Vertrauen erfordert, denn wer schlösse Verträge mit Personen, denen er nicht über den Weg traut - genügte nach Meinung des Reichsgerichtes demnach nicht zur Begründung von Rechtspflichten, die das Schweigen des einen Vertragspartners zur strafbaren Unterlassung erheben. Der zivilrechtliche Grundsatz von Treu und Glauben allein, der seit dem 1. Januar 1900 im BGB in § 242 geregelt ist, aber auch zuvor schon anerkannt wurde, begründe ohne das Hinzutreten weiterer Umstände keine Unterlassungshaftung im strafrechtlichen Sinn. Das Gericht blieb dieser Auffassung über Jahrzehnte treu. So führte es zum Beispiel in seiner Entscheidung vom 25. Juni 1885[287] aus, daß ein Wechselgeber grundsätzlich nicht verpflichtet sei, unverlangt Auskunft über die ihm bekannten Vermögensverhältnisse der anderen, zeitlich vorhergehenden Wechselgeber zu erteilen. Trotzdem bejahte das Gericht in diesem Fall eine Mitteilungspflicht des Wechselgebers aus Treu und Glauben: Da dieser gewußt habe, daß es sich um einen „fabrizierten“, gefälschten Wechsel handele, sei er verpflichtet gewesen, für Aufklärung zu sorgen[288]. Eine Rechtspflicht aus Treu und Glauben war danach prinzipiell zwar möglich, aber nur dann, wenn zusätzliche, erschwerende Umstände hinzutraten, wie hier die Tatsache, daß dem Angeklagten über die bloße Kenntnis der Falschheit hinaus der gesamte Täuschungssachverhalt der „Fabrikation“ des Wechsels bekannt war[289].

Festzuhalten bleibt bis hierhin also, daß bei einem „normalen“ Vertrag keine allein in Treu und Glauben begründeten Offenbarungspflichten bestanden, selbst dann nicht, wenn etwa die Kaufsache nicht mangelfrei war. Allein die Pflicht, sich vertragstreu zu verhalten, begründete demnach keine Rechtspflicht zur Offenbarung von relevanten Tatsachen oder Umständen[290]. Träten dagegen, wie im vorliegenden Fall, in dem die Richter das Vorliegen einer solchen Rechtspflicht bejahten, weitere Gegebenheiten dazu - die Falschheit und die daraus resultierende Wertlosigkeit des Wechsels sowie die Kenntnis des

---

286 RGSt 2, 430 (431).

287 RGSt 12, 395.

288 RGSt 12, 395 (396).

289 Dabei erscheint fraglich, ob es sich in diesem Fall überhaupt um ein Unterlassen handelt. Stellt man mit der heute vorherrschenden Meinung auf den Erklärungswert des Schweigens ab (*Lackner*, in: LK-StGB § 263 Rn. 53 f. (10. Auflage 1998)), dann ergibt sich, daß der Getäuschte Schlüsse aus dem Schweigen gezogen, ihm also einen Erklärungswert beigemessen hat. In solchen Fällen handelt es sich um konkludentes Handeln, mithin um aktives Tun. Zum gleichen Ergebnis gelangt die zweite Ansicht in der Literatur, die auf die schadensstiftende Ausgangssituation zurückgreift, vergleiche dazu *Kühne*, S. 35 f., 41.

290 So zum Beispiel RGSt 31, 208 (210) (Urt. v. 21. Juni 1898).

Schweigenden davon -, dann bestünde nach Ansicht der Richter eine in Treu und Glauben begründete Pflicht zur Aufklärung.
Diese restriktive Behandlung des Rechtsgrundsatzes fand im Jahr 1913 noch einmal Bestätigung in einem Urteil des Reichsgerichtes vom 28. Januar[291]. Anstand und Sittlichkeit vermögen danach keine Rechtspflicht zu begründen[292].

Eine Veränderung in der Betrachtungsweise des Gerichtes kündigte sich mit der Entscheidung vom 16. Juni 1930[293] an. Hier führte es im Rahmen einer versicherungsbetrügerisch veranlaßten Brandstiftung aus, der Versicherer dürfe darauf vertrauen, daß der Versicherungsnehmer ihn wenigstens insoweit unterstütze, daß er einen zur Inbrandsetzung der versicherten Sache Entschlossenen von der Ausführung abhalte, wenn er dazu in der Lage sei, ohne selbst Schaden zu nehmen. Dies erfordere, so die Richter ausdrücklich, der Grundsatz von Treu und Glauben mit Rücksicht auf die Verkehrssitte. Diese Pflicht obliege dem Versicherungsnehmer um so mehr, als dem Versicherer der Nachweis der Brandstiftung in den seltensten Fällen gelingen könne[294]. Hier erlegten die Richter dem Versicherten eine weitreichende Pflicht zur Fürsorge über fremdes Vermögen auf. Auch wenn das Gericht in diesem Fall Treu und Glauben nicht als ausschließliche Pflichtenquelle ansah - der Angeklagte und die Brandstifterin waren miteinander verheiratet - so wird doch deutlich, daß sie als alleinige Quelle durchaus ausgereicht hätte, eine Strafbarkeit zu begründen. Zwar ließ das Gericht häufig noch andere, erschwerende Umstände hinzutreten, wie etwa im Urteil vom 30. Januar 1931[295]: Zwei Personen, die einen gemeinsamen Geschäftsbetrieb führten, hätten natürlich ein viel stärkeres Bedürfnis, dem Geschäftspartner vertrauen zu können, sich darauf verlassen zu können, daß der andere Gelder, etwa aus einem gemeinsam für die Unternehmung aufgenommenen Kredit, tatsächlich nicht für eigene Zwecke ge- oder mißbrauchen wolle, als dies bei einem „normalen" Vertragsschluß im täglichen Leben der Fall sein werde.
Nichtsdestotrotz hatte das Reichsgericht erstmals eine Garantenpflicht allein aus dem zivilrechtlichen Grundsatz von Treu und Glauben hergeleitet. Hieran sollte die höchstrichterliche Rechtsprechung zunächst festhalten, wobei sogar noch eine Ausweitung der Haftung festzustellen sein wird.

Diese hier eingeleitete Wende in der Rechtsprechung erfuhr Mitte der dreißiger Jahre in mehreren Urteilen Unterstützung und Verstärkung. Bereits Ende des

---

291 RGSt 46, 414; vergleiche auch RGSt 41, 373 (376).
292 RGSt 46, 414 (415).
293 RGSt 64, 273.
294 RGSt 64, 273 (277).
295 RGSt 65, 106.

Jahres 1931[296] bestätigte das Reichsgericht in einem ein Kredit- und Wechselgeschäft betreffenden Urteil seine Auffassung, daß eine Garantenpflicht in Form einer Aufklärungspflicht aus Treu und Glauben existierte. Vier Jahre später entschieden die Richter unter Verweis auf das oben genannte Urteil, daß eine rechtliche Verpflichtung zur Aufklärung sich *ohne weiteres* aus einem (Kauf-) Vertrage ergeben könne, der Grund dieser Verpflichtung liege im Satz von Treu und Glauben[297]. Im selben Jahr nahm das Gericht erneut Stellung zu einer Garantenstellung aus Treu und Glauben. Im Urteil vom 23. Dezember 1935[298], welches sich unter anderem mit dem Vertrauensverhältnis von Bank und Kunde auseinandersetzte, führte es aus, daß gesunde Volksanschauung, gute Geschäftssitte und Treu und Glauben der Bank eine Pflicht auferlegten, den Kunden im Einzelfall ausdrücklich über Gefahren aufzuklären oder das Geschäft so auszuführen, daß dem Kunden nach Möglichkeit kein Schaden entstünde[299]. Ausdrücklich hielt das Gericht im Anschluß daran fest: „Diese Pflicht ist eine Rechtspflicht.“[300] Das Reichsgericht nahm zwar keine allgemeine Offenbarungspflicht an, verlangte aber, daß nach den Umständen des einzelnen Falles geprüft werden müsse, ob Treu und Glaube mit Rücksicht auf die Verkehrssitte die Offenbarung einer bestimmten Tatsache forderten, und daß, wenn diese Frage bejaht werde, das Schweigen eine Rechtspflicht verletze[301]. In der letztgenannten Entscheidung aus dem Jahre 1936 nahm das Reichsgericht selbst explizit Stellung zu seinem Sinneswandel. So räumten die Richter ein, die Senate hätten in ihren früheren Entscheidungen eine Betrugsstrafbarkeit, begründet im Unterlassen, in Fällen abgelehnt, in denen nur der privatrechtliche Sittlichkeitsgrundsatz ohne erschwerende Begleitumstände eine Rechtspflicht hätte begründen können[302]. Doch im Zuge der Loslösung von der Rechtspflichttheorie legte sich das Gericht auf einen Wandel in der zukünftigen Rechtsprechung fest. In den jüngeren Entscheidungen habe sich die Rechtsprechung von älteren Rechtsgrundsätzen dahingehend gelöst, auch den Grundsätzen von Treu und Glauben Bedeutung als garantenpflichtbegründende Grundlage einzuräumen[303]. Es wurde zudem auf eine ähnliche, zeitlich vorgelagerte Entwicklung bei der Rechtsprechung des Reichsgerichtes für Zivilsachen hingewiesen[304], wodurch

---

296 RGSt 66, 56 (Urt. v. 11. Dezember 1931).

297 RGSt 69, 283 (284).

298 RGSt 70, 45.

299 RGSt 70, 45 (47).

300 RGSt a. a. O.

301 RGSt 70, 151 (154) (Urt. v. 13. Februar 1936).

302 RGSt 70, 151 (154).

303 RGSt 70, 151 (155).

304 RGSt 70, 151 (156) mit Nachweisen zur Rechtsprechung des RGZ. Im einzelnen handelt es sich dabei um die Urteile RGZ 62, 149 (Urt. v. 23. März 1906); 69, 13 (Urt. v. 29. Mai 1908); 77, 309 (Urt. v. 15. November 1911) und 111, 233 (Urt. v. 7. Juli 1925).

verdeutlicht werden sollte, daß diese Entwicklung sich über einen längeren Zeitraum über die gesamte Judikatur erstreckt habe. Die Tatsache, daß das Reichsgericht in Zivilsachen den zivilrechtlichen Grundsatz von Treu und Glauben schon seit 1906[305] zur Begründung privatrechtlicher Aufklärungspflichten herangezogen hat, verwundert nicht, handelt es sich dabei doch um einen zivilrechtlichen Grundsatz. Jüngeren Datums ist indes unabhängig von den zivilgerichtlichen Entscheidungen die Auffassung, der Grundsatz von Treu und Glauben stelle ein das ganze Recht beherrschendes Gebot dar, das auch auf dem Gebiet des Strafrechtes Geltung und Berücksichtigung finden müsse[306]. Diese stärkere Betonung von Treuepflichten durch Übernahme des zivilrechtlichen Satzes in das Strafrecht zeigt deutlich die Entwicklung und Ausweitung vom Liberalismus vergangener Zeiten zu den herrschenden Vorstellungen des Nationalsozialismus.

2. Die Entwicklung in der Rechtsprechung des BGH

Der BGH sollte nach Ende des zweiten Weltkrieges schon recht bald zu diesem Thema Stellung nehmen[307].

Auch wenn der BGH in seinem Urteil vom 19. Dezember 1950[308] im wesentlichen an der Ansicht des Reichsgerichtes festhielt, läßt sich doch eine zumindest etwas einschränkende Betrachtungsweise bemerken: Im behandelten Fall, wieder einmal einer versicherungsbetrügerisch initiierten Brandstiftung eines Ehepartners, hieß es: „Eine Rechtspflicht der Frau, den Mann von der Straftat nach Möglichkeit zurückzuhalten, ergibt sich aus dem Versicherungsverhältnis als einer Gefahrengemeinschaft, für welche die Maßstäbe von Treu und Glauben im Verkehr in besonderem Maße gelten."[309] Obwohl das Gericht zur Untermauerung seiner Argumentation auf den sehr ähnlich gelagerten Fall in RGSt 64, 273 (277) und die dort gegebene Begründung verwies, zog es hier die Garantenpflicht der sogenannten Gefahrengemeinschaft[310] zusätzlich bei. Ein ausschließliches Abstellen auf Treu und Glauben fand hier also nicht (mehr) statt. Allerdings hielt auch die Rechtsprechung des BGH daran fest, daß Treu und

305 RGZ 62, 149.

306 RGSt 70, 151 (156). Letzte Entscheidung in der amtlichen Sammlung hierzu RGSt 70, 225. Inhaltlich findet sich in dieser Entscheidung nichts, was die Untersuchung weiterbringen könnte, sondern schreibt lediglich die recht weitgehende Verpflichtung fort.

307 Entscheidungen des OGH zur Frage einer Garantenstellung aus Treu und Glauben liegen nicht vor.

308 BGH NJW 1951, 204.

309 BGH NJW 1951, 204 (205).

310 Wobei im vorliegenden Fall das Vorliegen einer Gefahrengemeinschaft zumindest zweifelhaft erscheint, vergleiche dazu näher *Brammsen*, S. 219. Vergleiche des weiteren die Ausführungen zur Gefahrengemeinschaft ab Seite 88.

Glauben eine Rechtspflicht zur Aufklärung, Mitteilung oder Offenbarung begründen könne[311]. Grundsätzlich führte das Gericht 1954 aus: „Es ist allgemein anerkannt, daß Treu und Glauben die Pflicht begründen können, den Vertragsgegner über Umstände aufzuklären, die für seine weiteren Entschließungen erkennbar von Bedeutung sind. Ebenso steht in der neueren Rechtsprechung fest, daß auf solcher Grundlage echte Rechtspflichten entstehen“[312].
An diesem Grundsatz, daß Treu und Glauben eine Rechtspflicht erzeugen können, sollte sich auch in den folgenden Jahren nichts ändern. Allerdings wurden die Richter zurückhaltender. Den Weg zu einer restriktiveren Handhabung bahnten in den sechziger Jahren einige Urteile von Oberlandesgerichten[313], die teils höhere Anforderungen stellten, teils auch direkt den BGH kritisierten. So argumentierten etwa die Kölner Richter:

> „Wenn auch nicht zu verkennen ist, daß die Rechtsprechung die Pflicht zur Offenbarung und die damit gegebene Möglichkeit, Betrug durch Unterlassen zu begehen, im Laufe der Zeit sehr weit ausgedehnt hat und dabei auf die nach Treu und Glauben für Vertragspartner erwachsenden Pflichten hingewiesen hat, so trägt der Senat Bedenken, in einem Rechtsverhältnis, wie es sich aus der Unterhaltung eines Gehaltskontos bei einer Bank ergibt, ein besonderes Vertragsverhältnis zu erblicken, das dem Bankkunden eine Aufklärungspflicht bei Fehlbuchungen mit der Wirkung auferlegt, daß in der unterlassenen Aufklärung bereits die Unterdrückung einer wahren Tatsache im Sinne des § 263 StGB liegt.“[314]

Die sogenannten Fehlbuchungsfälle[315], zahlenmäßig die bedeutendsten unter den durch einen Verstoß gegen eine Rechtspflicht aus Treu und Glauben begangenen Betrügen, entfielen nach Ansicht des Kölner OLG, falls nicht andere Umstände oder Rechtspflichten hinzutreten sollten.

Auch die Rechtsprechung des BGH sollte bald mit einer Garantenstellung aus Treu und Glauben behutsamer umgehen. Eine einschränkende Tendenz deutete sich im Jahr 1961 an[316]. Gegenstand dieser Entscheidung war eine sogenannte "Spätwette", das heißt, ein Pferderennen war bereits beendet, als der Spieler auf das - richtige - Ergebnis setzte. Aufgrund der langsamen Übermittlung war das Ergebnis im Wettbüro noch nicht bekannt, der Wettspieler hatte es jedoch aus

---

311 Vergleiche etwa BGHSt 2, 325; 6, 198; 16, 120.

312 BGHSt 6, 198 (199) unter direkter Bezugnahme auf RGSt 70, 151 (155 ff.).

313 Vergleiche etwa OLG Köln NJW 1961, 1735 (Urt. v. 5. Mai 1961);
OLG Stuttgart NJW 1966, 990 (Urt. v. 16. Februar 1966);
OLG Hamburg NJW 1969, 335 (Urt. v. 5. September 1968).

314 OLG Köln NJW 1961, 1735 (1736).

315 Zu unterscheiden von den Fehlüberweisungsfällen, in denen der Fehler nicht der Bank, sondern einem überweisenden Dritten unterlaufen ist. Zu dieser Thematik vergleiche auch alsbald die Dissertation von *Abt*, Göttingen 2000.

316 BGHSt 16, 120 (Urt. v. 20. Juni 1961).

anderer Quelle bereits erfahren. Nach Ansicht des Gerichts verschwieg er dem Buchmacher zwar seine Kenntnis vom Ausgang des Rennens, er sei dazu aber auch nicht aus dem Spielvertrage verpflichtet[317]. Im Anschluß an diese erstmals restriktive Behandlung des Treuglaubengrundsatzes durch den BGH machte dieser in seinem Urteil vom 15. Juni 1966[318] deutlich, daß zur Begründung einer derartigen Garantenposition ein besonderes, gegenseitiges Vertrauen hinzutreten müsse, der bloße Vertragsschluß nicht genüge. In der Folge hielt das Gericht am oben erwähnten Grundsatz fest, daß Treu und Glauben zu einer rechtlichen Aufklärungspflicht führen kann, stellte aber wachsende Ansprüche an die notwendig hinzukommenden Vertrauensbeziehungen. So wurde ein solches Vertrauensverhältnis selbst dann verneint, wenn zwischen Besteller und Lieferanten schon wiederholt Verträge geschlossen worden waren[319], dies genüge, so das Gericht, noch nicht, um ein ausreichendes gegenseitiges Vertrauen zu begründen.

In einem anderen Fall aus dem Jahre 1981[320] waren die Richter noch zu einer Bejahung der Garantenpflicht gelangt, indem sie ein ausreichendes Vertrauensverhältnis angenommen hatten. Dem Fall lag ein Sachverhalt zugrunde, in dem der spätere Angeklagte als Händler von Warenterminoptionen aufgetreten war. Er ließ durch seine Mitarbeiter Kunden am Telefon überreden, durch ihn an der Londoner Börse Warentermingeschäfte zu tätigen. Dabei gab er vor, seine Angestellten seien versierte Fachleute mit einem "direkten Draht" nach London. Zudem machte er die Leute glauben, ein Gewinn sei mit an Sicherheit grenzender Wahrscheinlichkeit zu erwarten. In Wahrheit schlug er so hohe Summen auf die üblichen Optionspreise auf, daß Gewinne praktisch ausgeschlossen wurden, zudem kam es häufig auch nicht zu einer Geldanlage.
Nach Dafürhalten des BGH ergebe sich aus dem Auftreten der Firma als fachmännische Vermittlerin gewinnbringender Geldanlagen ein Vertrauensverhältnis zu den auf dem Gebiet des Optionshandels nicht erfahrenen Kunden, das eine Rechtspflicht zur Offenbarung der für die Kaufentscheidung maßgebenden Umstände zur Folge habe. Durch das Verschweigen der Zusammensetzung seines Optionspreises habe der Angeklagte seine Kunden zu einer unrichtigen Gewinnerwartung verleitet und so gegen die oben genannte Rechtspflicht verstoßen[321]. Durch dieses Vertrauensverhältnis im Zusammen-

---

317 BGHSt 16, 120 (121).

318 BGH GA 1967, 94.

319 BGH StV 1984, 511 (Urt. v. 10. April 1984), vergleiche dazu auch BGH wistra 1992, 298 (Urt. v. 27. Mai 1992).

320 BGHSt 30, 177 (Urt. v. 8. Juli 1981).

321 BGHSt 30, 177 (181).

spiel mit dem Grundsatz von Treu und Glauben habe sich der Angeklagte des Betruges durch Unterlassen strafbar gemacht[322].

In der jüngeren Judikatur haben sich die Richter noch weiter von der in den dreißiger Jahren begonnenen Haftungsausweitung entfernt. In bewußter Abkehr vom letztgenannten Urteil[323] führten sie aus, eine Offenbarungspflicht für Tatsachen, die Zweifel an der künftigen Zahlungsfähigkeit eines Schuldners begründeten, bestünde allein bei einem gegenseitigen Vertrauensverhältnis, gestützt etwa auf langjährige Vertragsbeziehungen und die konkrete Abwicklung der in ihrem Verlauf geschlossenen Verträge[324]. Eine solche enge, vor allem gegenseitige Vertrauensbeziehung existierte beispielsweise im oben behandelten Fall des Warenterminoptionshändlers nicht, so daß die Richter nun, gut drei Jahre später, in vergleichbaren Sachverhalten aufgrund strengerer Voraussetzungen nicht mehr zu Garantenstellungen gelangten.

In diese Richtung sollte sich die Rechtsprechung weiter entwickeln. So hieß es im Jahre 1988, die bloße Anstößigkeit eines Schweigens genüge nicht, um eine Offenbarungspflicht aus Treu und Glauben zu begründen. Erneut wurde verstärkt auf den Aspekt des zusätzlich erforderlichen Vertrauensverhältnisses abgestellt: Es müßten besondere Umstände, nämlich ein besonderes Vertrauensverhältnis oder auf gegenseitigem Vertrauen beruhende Verbindungen, vorliegen[325]. Zu der weitergehenden Entscheidung aus dem Jahre 1954, in der der BGH die Rechtsprechung des Reichsgerichts noch bestätigt und kaum verändert fortgeführt hatte[326], hieß es ausdrücklich, es sei in der Folge zumindest im Ergebnis die Anwendung des Grundsatzes von Treu und Glauben zur Begründung einer Offenbarungspflicht eingeschränkt worden[327]. Den aktuellen Schlußpunkt in zumindest inhaltlicher Hinsicht stellt die Entscheidung vom 16. November 1993[328] dar. Sie schreibt fest, daß die Rechtsprechung von der zunächst verhältnismäßig weitreichenden Begründung derartiger Rechtspflichten inzwischen weitgehend abgerückt sei[329]. Vorausgesetzt werde auch in diesen Fällen als Grundlage ein besonderes Vertrauensverhältnis[330]. Ob hierdurch nicht die aus Treu und Glauben erwachsende Rechtspflicht obsolet geworden ist, da Rechts-

---

322 Tatsächlich handelt es sich bei diesem Fall um einen durch aktives Tun (Konkludenz) verübten Betrug, vergleiche Fußnote 289.

323 Vergleiche BGH wistra 1984, 223 (224) (Urt. v. 10. April 1984).

324 BGH a. a. O.

325 BGH wistra 1988, 262 (Urt. v. 22. März 1988)

326 BGHSt 6, 198.

327 BGH wistra 1988, 262.

328 BGHSt 39, 392.

329 BGHSt 39, 392 (400 f.).

330 BGHSt 39, 392 (401).

pflichten aus besonderen Vertrauensverhältnissen von der Rechtsprechung auch ohne Hinzuziehung des Prinzips von Treu und Glauben anerkannt werden, ist hier nicht zu entscheiden[331]. Festzuhalten bleibt dagegen, daß der BGH sich wieder der ursprünglichen Rechtsprechung des Reichsgerichts vor 1930 angenähert hat. Diese Rückbesinnung wird zum Beispiel an einem Satz deutlich: "Es gehört in den Risikobereich des Leistenden, daß die Schuld besteht und die Leistung den Anspruch nicht übersteigt." Dieser Satz, der aus der Entscheidung des BGH von 1993 stammt[332], findet sich hundert Jahre zuvor in einer Entscheidung des Reichsgerichtes[333] zur gleichen Sachlage. Die Verantwortung für fremdes Vermögen - oder eher die strafrechtliche Haftbarmachung für fremdes Vermögen - wurde heruntergeschraubt, eine Rechtspflicht zur Aufklärung aus Treu und Glauben kann es nur geben, wenn ein besonderes Vertrauensverhältnis zwischen den Beteiligten anzunehmen ist. Und an dieses werden, wie zuvor ausgeführt, zunehmend höhere Anforderungen gestellt.

3. Bewertung des Verlaufes

Die Anwendung des Grundsatzes von Treu und Glauben als garantenstellungserzeugende Rechtspflicht durch die höchstrichterliche Rechtsprechung und insbesondere die Breite dieser Anwendung beschreibt gewissermaßen einen Bogen: Am Beginn steht eine restriktive Behandlung, der zu Beginn der dreißiger Jahre eine deutliche Ausweitung folgt. Ihren Höhepunkt findet diese zur Zeit der NS-Diktatur, danach sinkt sie wieder ab. Dieser Rückgang zu einer (str)engeren Anwendung findet langsamer statt als die Ausweitung zuvor, der „Ausgangspunkt“ ist noch nicht wieder erreicht, daß heißt, die heutige Rechtsprechung weist (noch) eine großzügigere Handhabung des Rechtssatzes als Garantenquelle auf.

Bis 1930, und damit zeitlich zusammenfallend mit dem endgültigen Abschied vom Zeitalter des Liberalismus, war eine strafrechtliche Aufklärungspflicht bei deutschen Gerichten unbekannt. Zu Anfang der dreißiger Jahre deutete sich ein Wandel an, bis dann in der Zeit des Nationalsozialismus in Anbetracht der Fülle der Entscheidungen der Höhepunkt an Bedeutung erreicht war. Da der Liberalismus nicht geprägt war von vom Staat auferlegter Solidarpflichten, verwundert es auch nicht, daß in dieser Zeit ein jeder im Geschäftsverkehr nur für sich selbst verantwortlich war und keine Verantwortung für den Risikobereich des Geschäftspartners zu tragen hatte. Genau so gut wird sicherlich die deutliche

---

331 Vergleiche dazu *Naucke*, in: NJW 1994, 2809 (2810) und die Ausführungen zu der „Verfügungsgewalt über Räumlichkeiten“ ab Seite 92.

332 BGHSt 39, 292 (398).

333 RGSt 25, 95 (96).

Haftungsausweitung in der Zeit des Nationalsozialismus nicht unabhängig von diesem erfolgt sein[334]. Die im gesellschaftspolitischen Bereich vollzogene Wende vom obrigkeitlichen, aber auch liberalen Staat im Kaiserreich und der Demokratie der Weimarer Republik hin zum Kollektivismus des totalitären Regimes zeigt selbstverständlich Folgen auch (und gerade) in der Justiz[335]. Auf der einen Seite wurde dem einzelnen die Verantwortung für „das Ganze", für Gesellschaft und Volk auferlegt, auf der anderen Seite stand die Abwertung des Individuums zugunsten des Staates. Begriffe wie „Treu und Glauben" boten sich vermöge ihres generalklauselartigen Charakters[336] an, durch Werte in nationalsozialistischer Interpretation ausgefüllt zu werden. Ein deutscher Volksgenosse hatte seinem Volksgenossen nicht zu schaden, er hatte ihm gegenüber offen und ehrlich zu sein. Alles andere hätte der Sittlichkeit und dem Ideal der von Solidarität geprägten Volksgemeinschaft widersprochen, war also verurteilenswert. Auf eine genaue Unterscheidung zwischen (bloß) moralischer Pflicht und Rechtspflicht wurde in einer Zeit, die unter Recht ein Instrument zur Durchsetzung ihrer Ideologie verstand, verzichtet[337]. Eben zu einer möglichen Rechtspflicht aus Treu und Glauben beim § 263 StGB heißt es 1944 im Strafrechtskommentar von *Kohlrausch*:

> „Wieweit eine moralische oder sittliche oder eine auf § 242 BGB beruhende Pflicht zum Reden eine Strafbarkeit aus § 263 begründen könne, war früher zweifelhaft. (...) Das Reichsgericht bejaht (dies) jetzt, da es Fälle gebe, wo eine moralische Pflicht Rechtspflicht werde."[338]

Eine Berufung auf die „heutige Anschauung" ersetzte eine Begründung[339]. Der oben zitierte Strafrechtskommentar von *Kohlrausch* kannte in seiner 29. Auflage von 1930, in der Zeit vor der nationalsozialistischen Herrschaft, zum Beispiel noch keine Garantenstellung aus Treu und Glauben!

Edmund Mezger schreibt in einer Anmerkung zu einem Urteil des Reichsgerichtes[340], welches eben jenen Grundsatz von Treu und Glauben zum Thema hat:

---

334 Vergleiche dazu auch *Naucke*, in: NJW 1994, 2809 (2810), Fußnote 7.

335 Vergleiche dazu auch die ausführlicheren Ausführungen zur Entwicklung des Deliktes der unterlassenen Hilfeleistung unten ab Seite 187.

336 Vergleiche etwa das sogenannte „Gesunde Volksempfinden", dazu näher unten bei §§ 330 c, 323 c StGB ab Seite 189.

337 Vergleiche speziell zu Treu und Glauben auch *Maaß*, S. 141 f.

338 *Kohlrausch* § 263, S. 567, Anm. IV, 38. Auflage 1944.

339 Vergleiche *Naucke*, in: NJW 1994, 2809 (2810, Fußnote 7).

340 RG JW 1934, 1418.

Es „(...)ist schon wiederholt von seiten der obersten, für die Rechtsauffassung des nationalsozialistischen Staates maßgebenden Volksführung darauf hingewiesen worden, daß nach nationalsozialistischer Auffassung die Grenzen von Recht und Ethik der früheren Auffassung gegenüber näher aneinandergerückt sind. (...) Jedenfalls weisen alle diese Erwägungen in die Richtung einer *weitergehenden Heranziehung von Treu und Glauben* zur Begründung einer Pflicht zur Offenbarung im Rahmen des Betrugstatbestandes.“[341]

Ziel der Gesetzesauslegung sei, das Gesetz an die Bedürfnisse und Anschauungen der Gegenwart anzupassen[342]. Der Grundsatz *nulla poena sine lege* wurde in dieser Zeit aufgegeben. Gesellschaftspolitische Zwänge und Anschauungen waren zumindest mitursächlich für diesen Wandel in der Rechtsprechung des höchsten deutschen Gerichtes.

In der Zeit nach dem „Dritten Reich“ hielten die Richter zunächst weitgehend an der Linie des Reichsgerichtes fest, wenn sie auch auf andere Pflichtquellen im Wege der Pflichtenkombination zurückgreifen. Bis heute besteht die Möglichkeit weiter, aus Treu und Glauben eine Garantenstellung zu entwickeln, wenn auch, wie die Darstellung der Entwicklung gezeigt hat, zusätzliche Anforderungen gestellt werden. Eine deutliche Beschneidung im Verhältnis zur Vorgehensweise in der Zeit von 1933 bis 1945 war erforderlich, um wieder in rechtsstaatliche Bahnen zu gelangen und ein Strafrecht zu überwinden, in dem zwischen Moral und Recht nicht oder nur willkürlich unterschieden worden war. Allerdings sehen die Gerichte auch in der heutigen, solidaristisch geprägten Bundesrepublik anders als zu Zeiten des Liberalismus noch die Notwendigkeit, unter den dargestellten Umständen den Geschäftspartnern doch eine Pflicht aufzuerlegen, die den anderen vor Schaden bewahren soll. Der Wandel der Gesellschaft zeigt sich in diesem Bereich recht deutlich.
Daß eine Entformalisierung der Entstehungsvoraussetzungen von Garantenstellungen die Ausweitung zu indizieren vermag, wird am Beispiel der Rechtspflicht aus Treu und Glauben besonders deutlich. Dem Reichsgericht von Kaiserreich und jüngerer Weimarer Republik, daß sich noch ganz an der klassischen Garantentrias orientierte, mußte eine entsprechende Pflicht unbekannt sein. Im Zuge der entformalisierenden Vorgehensweise später, besonders in der Zeit des Nationalsozialismus, aber auch noch in der heutigen Zeit, konnten sich dann vergleichbare Rechtspflichten entwickeln.

Die eingangs der Untersuchung aufgestellte Hypothese findet in diesem Bereich der Rechtsprechung zur Unterlassungshaftung weitgehende Unterstützung und Bestätigung. Doch gerade hier, wo es, entgegen den meisten anderen Garanten-

---

341 *Mezger*, in: JW 1934, 1418 (1419).

342 *Mezger*, in: JW 1934, 1418 (1419); dies bezeichnet er als „dynamische Rechtsbetrachtung“.

positionen nicht um den Schutz von immateriellen Werten wie Sittlichkeit, Leib oder Leben, sondern um das materielle Rechtsgut des Vermögens geht, bietet sich noch ein zusätzlicher Ansatz zur Erklärung der Entwicklung, der nicht mit Ideologien befrachtet ist: Das Vorgehen der Richter könnte in dem Ziel begründet sein, Vermögensschutz zu gewährleisten.
Namentlich in der Entscheidung des BGH vom 25. Juni 1954[343] wird deutlich, daß die Höhe des Schadens durchaus Einfluß auf eine mögliche Strafbarkeit wegen Betrugs durch Unterlassen haben kann. Hier, wo ein erheblicher Schaden drohte, nahmen die Richter eine Offenbarungspflicht des Schuldners an. An anderer Stelle[344] wurde eine solche Verpflichtung verneint bei Geschäften des täglichen Lebens, in denen es in der Regel um erheblich geringere Beträge geht. Es sei hier nicht erforderlich, zum Schutz der Gläubigerinteressen eine Offenbarungspflicht des Schuldners zu begründen und ihre Erfüllung durch strafrechtliche Sanktionen zu erzwingen[345]. Eine durchaus ehrenwerte Intention der Richter, aber dogmatisch kaum zu halten. Die Höhe eines Vermögensschadens vermag kaum dafür ausschlaggebend sein, ob eine Rechtspflicht zur Aufklärung besteht oder nicht. Wäre dem so, dann füllte ja ein Tatbestandsmerkmal des § 263 StGB ein anderes wertmäßig aus: Nach Bejahung des Tatbestandsmerkmals „Garantenstellung" müßte dies bei der Untersuchung hinsichtlich des Vermögensschadens erneut überprüft und bei zu geringer Schadenshöhe nun doch verneint werden. In seiner Entscheidung vom 16. November 1993[346] gelangte auch der BGH zu diesem Ergebnis, daß die Höhe des Schadens an sich keine Garantenpflicht begründe[347]. In dieser Einsicht ist mit Sicherheit ebenfalls eine wesentliche Ursache für die deutlich vorsichtigere Behandlung einer aus Treu und Glauben begründeten Garantenpflicht in der neueren Rechtsprechung zu sehen.

Abschließend läßt sich damit festhalten, daß die Gründe für eine Ausweitung der Haftung wohl auch im Wunsch der Richter nach einem verstärkten Vermögensschutz bestanden haben. Zumindest gleichwertig war jedoch der Einfluß des sich wandelnden gesellschaftlichen Hintergrunds im untersuchten Zeitraum. Der restriktivere Umgang, der Ende der sechziger Jahre begann und sich bis heute verstärkt hat, wird daneben auf der Erkenntnis beruhen, daß die Höhe des Schadens allein keine rechtspflichtbegründende Wirkung haben kann. Abschließend läßt sich für den behaupteten Verlauf auf diesem Gebiet festhalten: Wenn sie durch ihren Bezug auf die unterschiedliche Bedeutung von Solidarpflichten im Wandel der Zeit auch nicht den alleinigen Grund für den Verlauf

---

[343] BGHSt 6, 198.

[344] Urteil vom 18. Oktober 1966 (2 Ss 105/66), vergleiche OLG Hamburg, NJW 1969, 335 (336) (Urt. v. 5. September 1968).

[345] BGH a. a. O.

[346] BGHSt 39, 392.

[347] BGHSt 39, 392 (401).

der Entwicklung enthält, dann erfährt die Hypothese - auch im Hinblick auf die Entformalisierung - doch eine umfassende Bestätigung.

VI. Garantenstellungen kraft hoheitlicher Stellung

In ihrer Struktur vergleichbar mit den bereits beschriebenen Garantenstellungen aufgrund privatrechtlicher Übernahme von Pflichten sind die Konstellationen, die sich aus öffentlich-rechtlichen (Beschäftigungs-) Verhältnissen ergeben können. In beiden Fällen übernimmt der potentielle Garant eine Aufgabe; aufgrund dieser Übernahme können andere Personen davon ausgehen, daß er möglichen Garantenpflichten, die sich aus seiner Stellung ergeben können, nachkommt, in beiden Fällen findet gewissermaßen eine Überantwortung im Rahmen sozialer Erwartungshaltungen statt. Die Pflichtenquelle selbst freilich ist eine andere: Bei den Fällen der freiwilligen Übernahme, sei es nun ein Arbeitsvertrag oder die Übernahme einer Gefälligkeit oder Dienstleistung (wie es etwa das „Babysitten" darstellt), ist es diese Übernahme selbst, bei den öffentlich-rechtlichen Fallkonstellationen hingegen knüpft die Garantenstellung an die Eigenschaft als Amtsträger oder als Organ einer juristischen Person an.[348]. Aufgrund dieser verschiedenen Wurzeln von privatrechtlicher und hoheitlicher Aufgabenübernahme erscheint eine unterschiedliche Entwicklung dieser sonst doch strukturverwandten Pflichtquellen als wahrscheinlich.

1. Beamte der Ordnungsbehörden, z. B. Polizei- und Zollbeamte

Im Bereich der Garantenstellungen im öffentlich-rechtlichen Aufgabenfeld sind zahlenmäßig besonders die Fallgestaltungen von Bedeutung, in denen Polizisten und vergleichbare Bedienstete, wie etwa Zollbeamte, eine Rolle spielen. Daß Personen der Ordnungsverwaltung grundsätzlich Garantenstellungen einnehmen können, ist von der Rechtsprechung seit jeher anerkannt[349]. Es existieren hierbei unterschiedliche Pflichtrichtungen, das heißt, die Beamten müssen nach Ansicht der Rechtsprechung in unterschiedliche Richtungen aktiv werden, wenn sie den an sie gestellten Pflichten gerecht werden wollen. Zu nennen sind dabei Rechtspflichten zur Verteidigung von staatlichen Rechtsgütern und der Allgemeinheit und daneben der Schutz des einzelnen Bürgers[350].

In der Praxis haben die erstgenannten Verteidigungspflichten staatlicher Rechtsgüter stets den größten Platz beansprucht. Um Überschneidungen in der

---

[348] *Wessels*, in: AT Rn. 721.

[349] Vergleiche nur RGSt 53, 108 (Urt. v. 3. Oktober 1918); 53, 292 (Urt. v. 1. Juli 1919); 63, 276 (Urt. v. 15. Oktober 1929).

[350] Zur Einteilung vergleiche *Sangenstedt*, S. 32 f. Dort finden sich auch zahlreiche Nachweise zu den möglichen Konstellationen.

Darstellung dieser mit den anderen öffentlich-rechtlichen Aufgaben recht verwandten Pflichten zu vermeiden, soll eine Beschränkung der Ausführungen auf diesen Aspekt der Verantwortlichkeit der Ordnungsbeamten vorgenommen werden.

a) Dienstliche Kenntniserlangung

Bei den Entscheidungen zur Unterlassungshaftung von Amtsträgern war wiederholt § 346 StGB a. F. die einschlägige Norm (Später trat § 258 a StGB an die Stelle von § 346 StGB a. F.)[351], das den Angeklagten vorgeworfene Verhalten stellte häufig die Nichtvornahme oder nicht korrekte Vornahme einer Anzeige trotz Kenntnis von einer Straftat dar. So verurteilte das Reichsgericht einen Bahnpolizisten wegen Begünstigung durch Unterlassen, da es dieser entgegen seiner Dienstpflicht versäumt hatte, einen ihm bekannt gewordenen Diebstahl zur Anzeige zu bringen[352]. Gleiches galt für einen Zollassistenten, der nach einer Straftat nur Anzeige gegen Unbekannt gestellt hatte, obwohl ihm die Täter bekannt waren[353]. Da er es unterlassen habe, die ihm bekannten Diebe anzuzeigen und, um die Strafverfolgung zu erschweren oder zu vereiteln, lediglich gegen Unbekannt Anzeige erstattet habe, habe er die ihm zur Pflicht gemachte Verfolgung der Tat unterlassen und so gegen seine Dienstpflicht verstoßen[354]. Dieser Linie sollte der BGH nachfolgen, ohne daß wesentlich Neues in den Entscheidungen hinzukam[355]. Bis in die heutige Zeit hat die Judikatur an einer Garantenstellung von Beamten der Ordnungsbehörden festgehalten, hat sie eine Rechtspflicht zum Einschreiten gegen illegale Zustände stets bejaht[356]. Die

---

351 § 346 StGB wurde am 2. März 1974 durch Art. 19 Nr. 192 EGStGB aufgehoben, BGBl.1974 I, S. 469. An seine Stelle trat als Qualifikation zu § 258 StGB der § 258 a StGB. Der Wortlaut der aufgehobenen Vorschrift lautete:
„§ 346 (1) Ein Beamter, der vermöge seines Amtes zur Mitwirkung bei einem Strafverfahren oder bei der Vollstreckung einer Strafe oder Maßregel der Besserung oder Sicherung berufen ist und wissentlich jemand der im Gesetz vorgesehenen Strafe oder Maßregel entzieht, wird mit Freiheitsstrafe von einem bis zu fünf Jahren bestraft.
(2) Sind mildernde Umstände vorhanden, so tritt Freiheitsstrafe von einem Monat bis zu fünf Jahren ein."
In den Fällen, die zeitlich nach dem 2. März 1974 anzusiedeln sind, stellt selbstverständlich § 258 a StGB die maßgebliche Vorschrift dar.

352 RGSt 53, 108 (109) (Urt. v. 3. Oktober 1918).

353 RGSt 63, 276 (Urt. v. 15. Oktober 1929).

354 RGSt 63, 276 (277).

355 Vergleiche nur BGH MDR (Dallinger) 1954, 17 (Urt. 19. Mai 1953); BGHSt 8, 186 (189) (Urt. v. 4. Oktober 1955); BGHSt 15, 18 (22) (Urt. v. 8. Juli 1960).

356 Für Entscheidungen aus der heutigen Zeit vergleiche etwa BGH JZ 1986, 967 (Urt. v. 15. Juli 1986), dort schreitet ein Ordnungsamtsleiter nicht gegen die Betreiberin einer Gaststätte ein, obwohl ihm bekannt ist, daß dort die Prostitution gefördert wird.

Verpflichtung, von Amts wegen gegen Straftaten einzuschreiten, entspringt zumindest in jüngerer Zeit dem herrschenden Legalitätsprinzip[357], der Verfolgungszwang für Beamte der Staatsanwaltschaft ergibt sich aus § 163 Absatz 1 StPO, für Polizeibeamte ist er in § 160 Absatz 1 StPO geregelt.

b) Außerdienstliche Kenntniserlangung

Neben den beschriebenen Fallkonstellationen dienstlicher Kenntniserlangung besteht aber auch die Möglichkeit, daß die Beamten außerdienstlich von den Straftaten erfahren haben. Fraglich ist aber, ob sie auch dann zur Anzeigeerstattung oder ähnlichem Einschreiten verpflichtet sind, ob also die §§ 160, 163 StPO auch in diesen Fällen Geltung beanspruchen können. Wäre dies der Fall, dann könnte sich aus diesen Vorschriften eine Garantenpflicht für die Beamten ergeben[358].

Ausnahmen von einer rechtlichen Verpflichtung zur Verwertung von entsprechend erlangten Kenntnissen haben Reichsgericht und BGH in Fällen sogenannter „Doppelbeamten“ anerkannt[359]. Darunter sind Sachverhalte zu verstehen, in denen der mögliche Garant zwei öffentlich-rechtliche Funktionen in seiner Person vereint[360] und im nicht-polizeilichen Tätigkeitsbereich von einer Straftat erfährt. In diesen Fällen sei eine polizeiliche Verwertung nicht grundsätzlich verpflichtend. In der Regel handelte es sich dabei um Sachverhalte, bei denen dem Angeklagten, der die Position eines Gemeindevorstehers oder Ortsbürgermeisters bekleidete, in Ausübung dieses Amtes strafbare Dienstverfehlungen unterstellter Verwaltungsbeamter bekannt geworden waren. Zwar waren diese Gemeindevorsteher zugleich auch Polizeibeamte, doch waren sie nicht verpflichtet, jede aus Anlaß von Verwaltungsgeschäften erlangte Kenntnis zugleich ohne weiteres unter polizeilichen Gesichtspunkten auszuwerten. Begründet wurde dies mit dem ihnen eingeräumten Ermessen; eine Strafbarkeit sollte erst bei Ermessensmißbrauch oder Fällen von Ermessensreduzierung auf Null vorliegen[361].

Daneben existieren Fälle, in denen die Beamten rein außerdienstlich, privat also, Kenntnis von Straftaten erlangten. Beginnen soll die Darstellung hierzu mit einem Fall, bei dem die Richter des Reichsgerichtes eine rein außerdienstliche Kenntniserlangung zwar verneint haben, dessen Sachverhalt aber so deutliche

---

357 Daß dies in früheren Zeiten nicht unbedingt der Grund für eine Pflicht zum Handeln sein mußte, wird auf Seite 124 deutlich.

358 *Rieß*, in: Löwe/Rosenberg, § 160 Rn. 27.

359 BGHSt 4, 167 (170) (Urt. v. 24. Februar 1953), so auch schon RGSt 73, 265 (267) (Urt. v. 6. Juli 1939) und RGSt 74, 178 (180) (Urt. v. 18. April 1940).

360 Zum Beispiel als Polizeibeamter und als Ortsbürgermeister, vergleiche BGHSt 4, 167.

361 BGHSt 4, 167 (170).

Parallelen zu denen der nachfolgenden Entscheidungen aufweist, daß eine Mitbehandlung notwendig erscheint.

aa) Die Position des Reichsgerichtes

Das Reichsgericht hatte einen Fall zu entscheiden, in dem Polizeibeamte in ihrer Freizeit ein Lokal aufgesucht hatten, in dem die Wirtsleute „dem Unzuchtsbetrieb Vorschub geleistet haben“, die bei ihnen beschäftigten Kellnerinnen also zur Prostitution mit dort verkehrenden Gästen angehalten haben[362]. Die Beamten wußten dies - schließlich hatten sie selbst Geschlechtsverkehr mit den Bediensteten -, hatten es jedoch unterlassen, die Vorfälle zur Anzeige zu bringen. Obwohl die Polizisten ausschließlich aus privaten Gründen das Lokal besuchten und auch zuvor nie dienstlich damit oder mit dem Wirtsehepaar zu tun hatten, lehnten die Richter eine rein private Kenntniserlangung ab. Nach den Tatsachenfeststellungen der Vorinstanz wußten die Beamten schon vor ihrem Besuch von den Kuppeleistraftaten, da ein allgemeines *Gerücht* in der Öffentlichkeit umgegangen war. Erfahre ein Polizeibeamter aber in solcher Weise von einer Straftat, dann sei er schon kraft seiner allgemeinen Dienstaufgabe und als Hilfsbeamter der Staatsanwaltschaft aufgrund der ausdrücklichen Vorschriften der §§ 160, 163 StPO zum Einschreiten verpflichtet[363].
Weiter heißt es in der Entscheidung, die Polizeibeamten wären auf jeden Fall in der Zeitspanne zur Anzeigeerstattung verpflichtet gewesen, die zwischen dem Zeitpunkt, zu dem sie zuerst glaubhafte Kenntnis von der Straftat erhielten, und dem Zeitpunkt lag, zu dem sie sich zuerst selbst am Unzuchtsbetriebe beteiligt hätten.
Der Moment, zu dem die Angeklagten erstmals glaubhaft von den Straftaten erfahren haben, wurde weder im Urteil festgehalten, noch dürfte er überhaupt in Erfahrung zu bringen gewesen sein. Was, wenn dieser offensichtlich so entscheidende Augenblick nun auch außerhalb der Dienstzeiten lag? Sicherlich werden die Beamten auf diesem „Rechenwege“ des Gerichts auch während ihres Dienstes von der Existenz der Kuppeleidelikte in besagtem Gasthaus gewußt haben. Der maßgebliche Zeitpunkt der Kenntniserlangung muß aber keinesfalls innerhalb der Dienstzeiten gelegen haben.
Das Gericht stellte fest, aufgrund der dienstlichen Kenntniserlangung könne die Frage offen gelassen werden, ob auch außerdienstlich in Erfahrung gebrachte Kenntnis ausnahmsweise zur Anzeige verpflichten würde, wenn die Straftat, von der der Beamte erfahren habe, nach ihrer Art oder nach ihrem Umfang die Belange der Öffentlichkeit und der Volksgesamtheit in besonderem Maße be-

---

362 RGSt 70, 251 (Urt. v. 19. Juni 1936).
363 RGSt 70, 251 (252).

rühre[364]. Diese Auffassung vermag indes nicht zu überzeugen. Indem die Richter auf einen nicht feststellbaren Zeitpunkt und irgendwelche in der Öffentlichkeit kursierenden Gerüchte abstellten, wollten sie offensichtlich dem Problem ausweichen, ob unter den oben genannten besonderen Umständen auch rein privat, also außerdienstlich und ohne jeden dienstlichen Bezug auch in nachfolgenden Zeiten erlangte Informationen eine Anzeigeverpflichtung seitens der Polizisten nach sich ziehen können. Dann erscheint es äußerst unklar, warum das Gericht die Frage, ob eine entsprechende Pflicht auch bei tatsächlich rein privater Kenntniserlangung besteht, trotzdem beiläufig, im Vorbeigehen quasi, bejahte[365]!

Diese recht weitgehende Inanspruchnahme der Polizeibeamten, sich notfalls selbst zu belasten – „Allgemeininteresse vor Sonderinteresse" - wird begründet durch das Interesse des Staates an der Erhaltung eines makellosen Beamtenstandes[366], nicht mit dem Interesse an der Strafverfolgung. Hieran wird deutlich, daß dem in § 152 Abs. 2 StPO festgeschriebenen Legalitätsprinzip in der damaligen Zeit offensichtlich (noch) nicht die Bedeutung zukam, die es heute erfährt, obwohl dieser Grundsatz auch in damaliger Zeit bereits in der RStPO normiert war[367].

bb) Die Entwicklung in der Rechtsprechung des BGH

1953 lag dem BGH erstmals ein vergleichbarer Sachverhalt vor[368]. Das Gericht schloß sich der Lesart des Reichsgerichtes an, daß es sich beim damaligen Geschehen um einen Fall dienstlicher Kenntniserlangung handele; es stellte nämlich fest, daß ein Fall, in dem das Reichsgericht oder der BGH zu entscheiden gehabt hätte, ob ausschließlich privat erlangte Kenntnis von einem Delikt durch Polizeibeamte zur Anzeige verpflichtete, den höchsten deutschen Spruchkörpern bisher nicht zur Entscheidung vorgelegen habe[369], so daß der nun zu beurteilende Sachverhalt noch ohne Vorbild sei. Nachdem die Frage nach der Behandlung privater Kenntniserlangung durch Amtsträger kurz zuvor vom BGH noch offengelassen werden konnte[370], da der Angeklagte dort (auch) im Dienst

---

[364] RGSt a. a. O.

[365] Vergleiche RGSt 70, 251 (252).

[366] RGSt 70, 251 (253, 254).

[367] Vergleiche etwa *Posener*, StPO, § 152. Allerdings war auch schon in der Zeit vor dem BGH in der Literatur die Auffassung verbreitet, daß unter bestimmten Umständen eine private Kenntniserlangung einen Verstoß gegen die Verfolgungspflicht der Polizeibeamten darstellen kann, vergleiche *Schwarz*, StPO § 160 Anm. 1 m. w. N.

[368] BGHSt 5, 225 (Urt. v. 15. Dezember 1953).

[369] BGHSt 5, 225 (228).

[370] BGHSt 4, 167 (169, 170) (Urt. v. 24. Februar 1953).

von dem anzuzeigenden Delikt erfahren hatte, mußte das Gericht nun Stellung beziehen.
Es tat dies unter Anknüpfung an die Ausführungen in einer vorhergehenden Entscheidung des BGH vom 29. November 1951[371], in denen die Richter in Form eines obiter dictum feststellten, bei Verfehlungen, die die öffentlichen Belange in so hohem Maße berührten, wie dies im Falle einer Abtreibung oder Erpressung der Fall sei, dürfe der Leiter einer Polizeistation nicht einmal bei nur privatem Wissen davon absehen, ein Ermittlungsverfahren in Gang zu bringen. Auch im vorliegenden Sachverhalt hatte das Gericht über ein schwerwiegendes Delikt, einen Raub, zu befinden, und auch hier gelangten sie zu einer Bejahung einer Garantenpflicht des Beamten, die sich nach Meinung der Richter aus der Verletzung der Verfolgungspflicht des § 160 Absatz 1 StPO ergab[372]. Dabei nahmen sie eine Abwägung von Interessen der Allgemeinheit gegen individuelle Interessen und Rechte, namentlich von Art. 1 Abs. 1 und Art. 2 Abs. 1 GG, vor. Eine grundsätzliche Verpflichtung von Polizeibeamten, bei privater Kenntniserlangung von gravierenden Straftaten stets Anzeige zu erstatten, schrieben die Richter also nicht fest. Es bestand nach dieser Ansicht eine Garantenstellung von Polizisten in derartigen Fällen privater Informationserlangung; ob sie einer Garantenpflicht zur Verfolgung nachzukommen hätten, sei Frage der Umstände des Einzelfalles[373].

In einer weiteren Entscheidung, in der ein Bürgermeister als Ortspolizeibehörde einem Überfall und damit zusammenhängend einer Mißhandlung nicht nachgegangen war, blieb der BGH der in BGHSt 5, 225 eingeschlagenen Richtung treu[374]. Da es sich um ein aufgrund der Schwere die Öffentlichkeit betreffendes Verbrechen handelte und kein Fall des überwiegenden Individualinteresses eine Ausnahme von der Anzeigeverpflichtung ermöglichte, postulierten die Richter in diesem Fall gleichfalls eine aus der Amtspflicht stammende Garantenpflicht zum Tätigwerden[375].

Ende der achtziger Jahre hatte sich der BGH erneut mit einem Sachverhalt auseinanderzusetzen, in dem ein Beamter der Polizei im Rotlichtmilieu verkehrte

371 Im nicht mitveröffentlichten Teil des unter BGH LM § 346 StGB Nr. 1 abgedruckten Urteils, vergleiche BGHSt 5, 225 (228).

372 BGHSt 5, 225 (229).

373 Zu den Meinungen im Schrifttum hinsichtlich einer durch außerdienstlich erlangtes Wissen ausgelösten Verfolgungspflicht - und dadurch begründeten Garantenstellung – vergleiche etwa *Schöch*, in: AK-StPO § 160 Rn. 8 f., *Rieß*, in: Löwe Rosenberg § 160 Rn. 27 f., jeweils mit weiteren Nachweisen.

374 BGHSt 12, 277 (Urt. v. 16. Dezember 1958).

375 BGHSt 12, 277 (280, 281).

und von Anzeigen bezüglich der Förderung der Prostitution absah[376]. Insoweit war dieser Fall dem erstgenannten vergleichbar (RGSt 70, 251), allerdings unterschieden sich die Verhaltensweisen der jeweils betroffenen Beamten nicht unerheblich.

Zunächst hatte das Gericht eine Beihilfe zur Förderung der Prostitution durch Unterlassen mit der Begründung abgelehnt, der Beamte habe keine ordnungsamtlichen Aufgaben und Regelungsbefugnisse wahrzunehmen[377]. Die Aufgaben des Polizisten seien im repressiven und nicht im präventiven Bereich anzusiedeln, so daß keine Garantenpflicht bestünde, kraft derer er als Teilnehmer der Förderung der Prostitution eingestuft werden könne. In der Folge gelangte der BGH dann zu der Frage, ob der Angeklagte sich durch die Nichtanzeige einer Straftat wegen Strafvereitelung im Amt durch Unterlassen strafbar gemacht habe. Er hatte, im Unterschied zu den oben dargestellten Fällen mit „Rotlicht-Bezug" als Beamter des Erkennungsdienstes zweimal mit dem Lokal dienstlich zu tun. Er war nicht mit der Strafverfolgung oder Aufklärung beauftragt, sondern sollte die Räumlichkeiten zu Zwecken der Beweissicherung fotografieren. Er war also während einer Hausdurchsuchung anwesend, gab dabei aber nicht an, daß er von dem illegalen Treiben in der Bar wußte.

Der BGH lehnte im Ergebnis eine Strafbarkeit des Angeklagten ab und schränkte im Vergleich zum angesprochenen Urteil des Reichsgerichts die Haftung der Beamten in doppelter Hinsicht ein.

Zum einen meinten die Richter, die Förderung der Prostitution im Sinne des § 180a Abs. 1 Nr. 2 StGB sei keine schwere, die Belange der Öffentlichkeit in besonderem Maße berührende Straftat[378]. Damit nahmen sie einen anderen, weniger sittenstrengen Standpunkt ein, als es das Reichsgericht in der angegebenen Entscheidung in Form eines obiter dictum getan hatte. Zwar handelte es sich auch in heutiger Zeit bei der Förderung der Prostitution um ein mit nicht unerheblichem Strafrahmen bedrohtes Vergehen, die Vorstellungen auf dem Gebiete der Sexualmoral hätten sich in den vergangenen fünfzig Jahren aber dahin entwickelt, daß die öffentlichen Belange dadurch nicht in jedem Fall beeinträchtigt seien. Zum anderen gelangten die Richter zu einer Verneinung der dienstlichen Kenntniserlangung. Reichte zu Zeiten des Reichsgerichtes noch ein allgemeines Gerücht aus, welches die Beamten „irgendwann" während ihres Dienstes „aufgeschnappt" hatten, um eine dienstliche Wissensverschaffung bejahen zu können, so lehnten die Richter nun eine solche ab, selbst wenn der Beamte mit erkennungsdienstlichen Maßnahmen im Zusammenhang mit dem betreffenden Geschehen betraut war: Dieser Einsatz habe dem Polizeibeamten keine gesteigerten Pflichten auferlegt, was die Mitteilung außerdienstlich er-

376 BGH NJW 1989, 914 (Urt. v. 9. September 1988).
377 BGH NJW 1989, 914 (916).
378 BGH NJW 1989, 914 (916).

langter Wahrnehmungen beträfe. Durch seine Beteiligung an der Durchsuchung aktualisiere sich lediglich seine bereits im Tatbestand des § 258 a Abs. 1 StGB vorausgesetzte Stellung als ein zur Mitwirkung bei dem Strafverfahren berufener Amtsträger; für die Frage, ob das Verschweigen außerdienstlich erlangten Wissens als Strafvereitelung im Amt anzusehen sei, könne es auf die Art und Weise der Mitwirkung am Strafverfahren, namentlich auf Gesichtspunkte besonderer „Sachnähe" nicht ankommen[379].

In der jüngsten Entscheidung des BGH, in der er über die Behandlung außerdienstlich erlangter Kenntnisse zu befinden hatte[380], war die dem Angeklagten vorgeworfene Straftat neben der Strafvereitelung im Amt zusätzlich noch die der Beihilfe zur Förderung der Prostitution durch Unterlassen, §§ 180 a, 13, 27 StGB. In dieser Entscheidung ließen sich die Richter grundsätzlich darüber aus, wann die öffentlichen Belange berührt und damit diese Voraussetzung zur Bejahung einer Garantenstellung gegeben seien. Auch diesem Urteil lag wiederum ein Sachverhalt zugrunde, in dem Polizeibeamte außerdienstlich von der Prostitution erfahren, aber keinerlei Maßnahmen dagegen ergriffen hatten. Im Ergebnis verneinte der BGH eine Garantenstellung und damit eine Strafbarkeit. Allerdings hielten die Richter sich die grundsätzliche Möglichkeit zur Begründung einer entsprechenden Strafbarkeit im Gegensatz zur vorangegangenen Entscheidung ausdrücklich offen, indem sie ausführten, daß die Verhinderung oder Beseitigung normwidriger Zustände im Interesse der Allgemeinheit und die Sicherung von Individualinteressen im Interesse des einzelnen untrennbar miteinander verbunden seien[381], so daß öffentliche Belange auch durch Sicherungs- und Schutzbedürfnisse einzelner betroffen sein könnten. Um zur Begründung einer Garantenstellung eines Beamten zu gelangen, sei ausreichend, daß die Verhinderung einer konkreten Straftat allgemein in den Aufgabenbereich des jeweiligen Beamten falle, eines zusätzlichen speziellen Auftrags bedürfe es nicht[382].

An der grundsätzlichen Möglichkeit, daß Amtsträger verpflichtet sein können, außerdienstlich erworbenes Wissen von Straftaten mitzuteilen, haben die Richter stets festgehalten. Geändert hat sich auch nicht die Regel, daß dies bei schweren, die öffentlichen Belange in besonderem Maße beeinträchtigenden Straftaten der Fall sein soll, geändert hat sich vielmehr die Sichtweise, wann denn diese Belange betroffen sind. Modifiziert wurde ebenfalls die Einstufung von Kenntniserlangung als dienstlich oder außerdienstlich: Die allgemeine

---

379 BGH NJW a. a. O.

380 BGHSt 38, 388 (Urt. v. 29. Oktober 1992).

381 BGHSt 38, 388 (390).

382 BGHSt 38, 388 (391).

Amtspflicht als Amtsträger überhaupt genüge nicht, es müsse eine spezielle Pflicht zur Verfolgung von Straftaten bestehen[383]. Hierdurch hat eine Einschränkung der potentiellen Garantenstellungen stattgefunden, da dienstlich erworbenes Wissen ja regelmäßig verpflichtenden Charakter hat und eine Einengung des Merkmals „dienstlich" zur Folge hat, daß in einer größeren Zahl von Fällen die Voraussetzung der Beschwer der Öffentlichkeit hinzukommen muß.

cc) Bewertung des Verlaufes

Die eingangs dieses Abschnittes angesprochene Strukturgleichheit mit den Garantenstellungen aus der Übernahme einer Funktion oder Aufgabe zeigt sich auch, wenn man die jeweiligen Entwicklungen betrachtet. Die Polizeibeamten haben beispielsweise innerhalb ihres übernommenen Aufgabengebietes entsprechende Garantenpflichten, wie es auch bei privatrechtlich übernommenen Aufgaben der Fall ist. Die Entwicklung der Garantenstellungen ist insoweit sehr ähnlich. Ein maßgeblicher Unterschied ist allerdings darin zu sehen, daß den Beamten darüber hinaus auch außerdienstliche Ereignisse Rechtspflichten auferlegen können, sie insofern als Diener des Staates stärker in die Pflicht genommen werden können. Aber auch unter besonderer Berücksichtigung dieses Aspektes weist die Entwicklung in diesem Bereich nicht den in der Hypothese behaupteten Verlauf auf: Es hat keine Ausweitung stattgefunden, sondern eine Umgewichtung bezüglich der Frage, wann die öffentlichen Belange im erforderlichen Ausmaß als betroffen gelten, und es ist eine differenziertere Betrachtung der Amtspflichten der einzelnen Beamten erfolgt.
Die hier nicht erfolgte Ausweitung vermag indes nicht zu überraschen, da neben der bereits angesprochenen Strukturgleichheit mit den Pflichten kraft Übernahme die Ordnungsbeamten gleich welcher Gesellschaftsform in einem besonderen und engen Verhältnis zum Staat gestanden haben und stehen. Die Abhängigkeit der Entwicklung von der der jeweiligen Gesellschaftsform zugrundeliegenden ideologischen Untermauerung ist aus diesem Grunde wie gesehen geringer als in den anderen Bereichen. Nichtsdestotrotz bleibt daneben aber eine Ausweitung auf dem Gebiet der Garantenpositionen kraft hoheitlicher Stellung zu konstatieren: Im Laufe der Zeit sind zusätzliche Positionen entstanden, die gleichfalls Garantenpflichten erzeugen konnten. Dies wird im folgenden Abschnitt deutlich, wenn die Garantenstellungen von Beamten der Umweltbehörden Gegenstand der Untersuchung sind.

---

[383] Insofern ist BGHSt 38, 388 über BGH NJW 1989, 914 hinausgegangen, vergleiche dazu *Bergmann*, in: StV 1993, 518 (Fußnote 1). In der älteren Entscheidung fand eine stärkere Berücksichtigung der Trennung von präventiven und repressiven Pflichten statt.

2. Beamte der Behörden aus dem Umweltschutzbereich, z. B. Wasserämter

Den Garantenstellungen von Amtswaltern wie den oben angesprochenen Polizisten und Zollbeamten ist in der jüngeren Zeit eine neue Gruppe zur Seite getreten: Die der mit dem Umweltschutz betrauten Amtsträger, Beamte der Umweltbehörden wie den Wasserämtern. Hierbei geht es im Kern um die Frage, inwieweit ein Amtsträger sich wegen Unterlassung bestimmter Maßnahmen auf dem Gebiet des Umweltverwaltungsrechts strafbar machen kann[384].

Seit Ende der siebziger Jahren ist der Aspekt der Umweltgefährdung und -zerstörung und damit auch des Umweltschutzes stärker in den Blickwinkel der Öffentlichkeit gelangt, zur Vergegenwärtigung seien die Schlagworte aus dieser Zeit vom „Waldsterben" und vom „Fischsterben" in deutschen Flüssen angeführt[385]. Infolgedessen hat sich die Einsicht durchgesetzt, daß zur Wahrung der ökologischen Belange ein juristisches Instrumentarium erforderlich sei, das auch (general-) präventive Mittel des Strafrechtes einschließt[386]. Zwar existierten auch vor 1980 bereits Vorschriften im deutschen Strafrecht, deren Rechtsgut die Umwelt im weiteren Sinne darstellte[387], im StGB fanden sich allerdings noch keine Normen, die speziell dem Schutz der Umwelt dienten.
Dem Bedürfnis nach verbesserten strafrechtlichen Möglichkeiten wurde unter anderem dadurch Rechnung getragen, daß durch das 18. Strafrechtsänderungsgesetz, das „Gesetz zur Bekämpfung der Umweltkriminalität" vom 28. März 1980[388], der 28. Abschnitt („Straftaten gegen die Umwelt" (§§ 324 - 330 d StGB)) in das StGB eingefügt worden ist.
Hinsichtlich des Amtsträgerunterlassens erscheinen Sachverhalte als typische Fallgestaltungen, in denen Umweltbeamte es versäumen, gegen die unerlaubte Einleitung von Schadstoffen in Gewässer einzuschreiten, eine fehlerhafte Einleitungserlaubnis zurückzunehmen (§§ 324, 13 StGB), oder sonstwie durch das beschriebene Verhalten eine illegale Beseitigung von Abfällen oder Schadstoffen ermöglichen oder erleichtern[389]. Die Beeinträchtigungen der geschützten Umweltrechtsgüter werden zwar unmittelbar von privater Seite herbeigeführt, sind aber erst durch die Nachlässigkeit der Verwaltung möglich geworden. Durch die Einführung des Gesetzes zur Bekämpfung der Umweltkriminalität wurde also der Bereich der potentiellen Amtswaltergaranten um eine Gruppe

---

384 *Albrecht, Heine, Meinberg*, in: ZStW 96 (1984), S. 958.

385 Ausführlicher zu dieser Entwicklung mit Beispielen *Steindorf*, in: LK-StGB Vor § 324 Rn. 1, insbesondere Fußnote 1, m. w. N.

386 *Sangenstedt*, S. 28 m. w. N.

387 Nachweise bei *Steindorf*, in: LK-StGB Vor § 324 Rn. 1 f.

388 BGBl. 1980 I, S. 373.

389 Vergleiche *Sangenstedt*, S. 28.

erweitert, als Folge der veränderten ökologischen Realitäten und Wahrnehmungen.

a) Die Position der höchstrichterlichen Rechtsprechung

Infolge eines raschen zahlenmäßigen Anstiegs erlangten die Delikte der Umweltkriminalität eine bedeutende Rolle in der Rechtsprechung insgesamt[390], die höchstrichterliche Rechtsprechung erhielt bisher jedoch erst selten die Gelegenheit, zu dieser jungen Gruppe von Garantenstellungen konkret Position zu beziehen. Erstmals tat sie dies im Jahre 1992[391]. Die Frage in diesem Fall war, ob der Bürgermeister einer hessischen Gemeinde im Aufgabenbereich der Abwasserbeseitigung eine Garantenstellung hat, kraft derer ihn die Verpflichtung trifft, rechtswidrige, von ortsansässigen Grundstückseigentümern ausgehende Gewässerverunreinigungen abzuwenden; der BGH bejahte dies im Ergebnis.
In dem Ort, dem der Angeklagte als Bürgermeister vorstand, verfügte ein beachtlicher Teil der Bewohner entgegen der Abwassersatzung der Stadt über keine oder über keine taugliche Hauskläranlage zur Vorklärung der Abwässer. Dies führte dazu, daß die Abwässer, die aus den Teilortkanalisationen dann in die umliegenden Bäche gelangten, einen erhöhten Gehalt an absetzbaren Stoffen und überhöhte Sauerstoffwerte aufwiesen und die Bäche so verschmutzten. Der Angeklagte wußte dies spätestens seit dem Zeitpunkt, in dem ihm eine Verfügung durch den Landrat zuging, aufgrund der erhöhten Werte eine Untersuchung bei den bebauten Grundstücken durchzuführen. Gleichwohl unternahm er zunächst nichts, auch nach erneuter Anweisung ging der Bürgermeister nur zögerlich und nicht ausreichend gegen die Wasserverschmutzung vor.

Eine grundsätzliche Klärung der Frage, ob die Amtsträger der Wasserbehörden eine zur Verhinderung von Gewässerverunreinigungen verpflichtende Garantenstellung innehaben, hielt der BGH ausdrücklich nicht für notwendig[392]. Es stehe allein zur Entscheidung, ob der Bürgermeister einer hessischen Gemeinde für Gewässerverunreinigungen im Rahmen der Abwasserbeseitigung als Garant strafrechtlich zur Verantwortung zu ziehen sei. Dies wurde im Anschluß an die Vorinstanz bejaht. Eine Gemeinde habe im Rahmen der Abwasserbeseitigung eine besondere Pflichtenstellung, ihr sei auf diesem Gebiet ein Verantwortungs-

---

[390] Polizeilich registrierte Umweltstraftaten insgesamt 1981 : 5.151; 1989: 22.816; 1996: 39.641; Quelle: *Polizeiliche Kriminalstatistiken des Bundes 1981-1996.* Nachweise zur unterinstanzlichen Rechtsprechung bei *Albrecht, Heine, Meinberg,* in: ZStW 96 (1984), S. 958, 959 und bei *Steindorf,* in: LK-StGB § 324 Rn. 54.

[391] BGHSt 38, 325 (Urt. v. 19. August 1992).

[392] BGHSt 38, 325 (331) mit zahlreichen Nachweisen zum Meinungsstand im Schrifttum sowie zur unterinstanzlichen Rechtsprechung.

bereich zugewiesen, der als wesentlichen Teil auch den Schutz der Gewässerreinheit beinhalte.
Der Angeklagte habe als Bürgermeister und damit als für den Vollzug der Abwassersatzung verantwortlicher Leiter der Stadtverwaltung die Aufgabe gehabt, kraft seiner Dienstpflicht die Erfüllung des Handlungsgebotes, drohende Gewässerverunreinigungen abzuwenden, zu erfüllen. Aus dieser Garantenstellung erwachse ihm die Garantenpflicht, zum einen gegen die Grundstückseigentümer vorzugehen, von denen er wußte, daß sie nicht vorgereinigtes Abwasser in die Teilortkanalisationen entließen, zum anderen die Grundstückseigentümer zu ermitteln, die dies taten und ihm unbekannt waren[393].
Auch wenn das Urteil unter dem Vorbehalt der Einzelfallentscheidung gefällt wurde, so stellt es doch eine Bestätigung der unterinstanzlichen Linie dar[394]. Die mögliche Garantenstellung der Beamten und anderen Amtsträgern in der öffentlichen Verwaltung auf dem Gebiet des Schutzes der Umwelt vor Verschmutzung durch private Dritte[395] erfährt in dieser Entscheidung erstmals Bestätigung durch die höchstrichterliche Rechtsprechung.

Eine zweite Entscheidung, in der die Unterlassungsstrafbarkeit von Umweltbeamten zumindest am Rande zur Sprache kommt, stellt BGHSt 39, 381[396] dar. Auch dieses Mal hatte sich das zugrundeliegende Geschehen in Hessen zugetragen: Ein Mitarbeiter der Hessischen Landesanstalt für Umwelt hatte mittels Erteilung einer materiell fehlerhaften Genehmigung ermöglicht, daß Sondermüll vorschriftswidrig auf eine normale, nicht besonders gesicherte Hausmülldeponie verbracht werden konnte. Im Gegensatz zum *LG Darmstadt*, das als Vorinstanz dem Angeklagten ein Unterlassen vorgeworfen hatte, sah der BGH in der Abgabe der Stellungnahme, die die Ablagerung des Mülls überhaupt ermöglicht hatte, ein aktives Tun und gelangte im Ergebnis zu einer Strafbarkeit wegen umweltgefährdender Abfallbeseitigung in mittelbarer Täterschaft, §§ 326 Abs. 1 Nr. 3, 25 Abs. 1 2. Alt. StGB[397].
Die Richter lehnten zwar im Einzelfall eine Strafbarkeit wegen Unterlassens ab, machten aber keine Ausführungen, die auf eine eingeschränkte Handhabung bezüglich Garantenstellungen von Amtsträgern der Umweltbehörden hinweisen könnten.

---

393 BGHSt 38, 325 (332-338).

394 Vergleiche etwa die Nachweise bei BGHSt 38, 325 (332) zu im Ergebnis vergleichbaren Entscheidungen.

395 Für Verunreinigungen, die aus von der Gemeinde selbst betriebenen Anlagen herrühren, besteht natürlich gleichfalls eine Verantwortlichkeit wie für jeden „Sachherren", vergleiche zum Beispiel die Nachweise bei BGHSt 38, 325 (330).

396 Urt. v. 3. November 1993.

397 BGHSt 39, 381 (384 f.).

Der relativ junge Bereich der Umweltdelikte wird, wie die quantitative Entwicklung zeigt[398], in einer Gesellschaft zunehmender Umweltbelastung und schrumpfender Ressourcen in Zukunft von erheblicher Bedeutung bleiben. Der Komplex möglicher Garantenstellungen und Garantenpflichten von Amtsträgern, die in diesem Zweig tätig sind, wird damit an Gehalt gewinnen, und die höchstrichterliche Rechtsprechung steht hier sicherlich noch am Anfang ihrer Entwicklung.

b) Bewertung des Verlaufes

Daß dieser Bereich der unechten Unterlassungsdelikte zu Zeiten der Rechtsprechung des Reichsgerichtes wie überhaupt das Problem der Umweltverschmutzung insgesamt noch nicht im Problembewußtsein der Öffentlichkeit verankert war und insofern eine Ausweitung der Garantenstellungen an erster Stelle abhängig von diesem speziellen Wandel der Zeiten erfolgt ist, läßt sich aus dem angesprochenen Bewußtseinswandel heraus erklären. Selbstverständlich existierte auch in damaliger Zeit Umweltverschmutzung, nur stand dieses Problem noch außerhalb der öffentlichen Wahrnehmung. Auch die Frage schwindender Ressourcen war damals noch ohne größere Bedeutung. Daß also eine Ausweitung stattgefunden hat, steht außer Frage, nur dürfte sie kaum von dem für diese Untersuchung maßgeblichen gesellschaftlichen Wandel abhängig gewesen sein.
Zuletzt ist zu berücksichtigen, daß auch in diesem Bereich nicht zuletzt der Aspekt der Strukturgleichheit mit den Garantenpositionen aus Übernahme gilt, so daß hinsichtlich der Hypothese in diesem Bereich kein Erkenntnisgewinn ob ihrer Richtigkeit zu erwarten ist.

VII. Sachherrschaft über Gefahrenquellen

Einen klassischen Bereich innerhalb der Sicherungsgarantenstellungen stellt die Sachherrschaft über Gefahrenquellen dar. In diesen Fällen, in denen die Garanten rechtlich verpflichtet sind, Gefahren, die von einer bestimmten Gefahrenquelle ausgehen oder aus einem gefährlichen Verhalten resultieren, gegen alle potentiell betroffenen Rechtssubjekte abzuschirmen[399], stellt der Herrschaftsbereich selbst eine Gefahrenquelle dar. Hier handelt es sich um die bereits im Rahmen der Verfügungsgewalt über Räumlichkeiten kurz angesprochenen sachbezogenen Sicherungspflichten. Diese Rechtspflichten entstehen dadurch, daß derjenige, der die Verfügungsgewalt oder Kontrolle über einen Bereich oder ein Objekt ausübt, verpflichtet ist, die Gefahren zu beherrschen, die

398 Vergleiche Fußnote 390.
399 Vergleiche dazu *Wessels*, AT Rn. 722 f.

sich in oder aus diesem Bereich ergeben können. Sicherungspflichten in diesem Sinne können bei Grundstücken und Häusern, aber auch bei beweglichen Sachen entstehen.

In der höchstrichterlichen Rechtsprechung sind solche Pflichten stets in weitem Maße anerkannt worden. Bei den Grundstücken und Häusern statuierten die Richter - wie erwähnt - bereits im Jahr 1886 eine solche sachbezogene Rechtspflicht[400], bei den beweglichen Sachen (bzw. bei Tieren) sogar noch vier Jahre früher[401]. Eine Entwicklung im engeren rechtlichen Sinne hat diese Rechtsprechung nicht erfahren. Sie folgte vielmehr der jeweiligen technischen Entwicklung der Zeit; war es etwa zur Zeit des Reichsgerichtes der Regenkanal eines Zementtrockenofens, der als gefährliche Anlage seinem Besitzer eine Sicherungspflicht auferlegte[402], so kam in der heutigen Zeit der Skilift hinzu[403]. Was nach Ansicht des Gerichts früher eine gefährliche Sache - ob beweglich oder unbeweglich - darstellte oder heute eine solche darstellt, erlegt dem Inhaber eine Garantenpflicht auf. Die fortschreitende technische Entwicklung in der Gesellschaft setzt dabei den Maßstab, nicht die rechtliche.

Die immense Zunahme des motorisierten Straßenverkehrs seit ungefähr dem Ende der fünfziger Jahre[404] hat dafür gesorgt, daß die Verkehrssicherungspflichten des Kraftfahrzeughalters innerhalb des Bereiches der beweglichen Sachen praktisch die größte Bedeutung erlangt haben[405]. Dies liegt zum einen an der angesprochen weiten Verbreitung von Kraftfahrzeugen[406], zum anderen an der erheblichen Gefährlichkeit des Kfz-Verkehrs. So muß der Halter oder Eigentümer eines Fahrzeuges zum einen dafür Sorge tragen, daß sich das Fahrzeug selbst in ordnungsgemäßen Zustand befindet[407]; zum anderen dafür, daß seinen Wagen weder ein Fahruntüchtiger noch jemand ohne Fahrerlaubnis steuert[408].

---

400 RGSt 14, 362 (363) (Urt. v. 19. Oktober 1886).

401 RGSt 6, 249 (250) (Urt. v. 2. Mai 1882).

402 RGSt 16, 219 (Urt. v. 15. Oktober 1887).

403 BGH NJW 1971, 1093 (Urt. v. 13. November 1970).

404 Vergleiche die Nachweise in den Fußnoten 485 f.

405 Vergleiche die zahlreichen Nachweise etwa bei *Jescheck*, in: LK-StGB § 13 Rn. 40; *Seelmann*, in: AK-StGB § 13 Rn. 123.

406 Im Jahr 1997 kamen auf 1000 Einwohner der alten Bundesländer 615 motorisierte Fahrzeuge, Quelle: *Statistische Mitteilungen des Kraftfahrt-Bundesamtes.*

407 Vergleiche etwa BGH VRS 17, 43 (46) (Urt. v. 10. April 1959); 17, 388 (390) (Urt. v. 30. September 1959) ; 22, 211 (212) (Urt. v. 12. Januar 1962); 37, 271 (Urt. v. 2. Juli 1969).

408 Vergleiche etwa BGH 14, 24 (28) (Urt. v. 25. November 1959); 18, 6 (7 f.) (Urt. v. 27. Juli 1962); 18, 359 (Leitsatz & 361) (Urt. v. 3. Mai 1963).

Im Bereich der von Immobilien ausgehenden Gefahren nehmen die Baustellen aufgrund der mannigfaltigen Gefahren eine exponierte Stellung ein[409], die Sicherungspflichten bei der Bauleitung und der Bauausführung sind hier jedoch für die verschiedenen Beteiligten abgestuft[410] und müssen aufgrund der Vielzahl der einzelnen Sachverhalte und daraus resultierenden unterschiedlichen Gefahren im Einzelfall festgestellt werden.

Abschließend soll hinsichtlich der Garantenpflichten aus der Übernahme der Verantwortlichkeit über sachliche Gefahrenquellen festgehalten werden, daß die Entwicklung der Rechtsprechung mit der - allgemein gesagt - technischen Entwicklung einhergeht. Wer Eigentümer, Inhaber oder sonstwie Verantwortlicher einer beweglichen oder unbeweglichen Gefahrenquelle ist, hat dafür zu sorgen, daß sich diese Gefahr nicht bei anderen in einem Verletzungserfolg verwirklicht, wenn diese nicht rechtswidrig in den Gefahrenbereich gelangt sind. Eine rechtliche Entwicklung, wie sie etwa in Form einer Ausweitung oder Einschränkung in den anderen Abschnitten aufgezeigt worden ist, läßt sich hier nicht beobachten. Wer immer Inhaber einer solchen Gefahrenquelle ist, ist für sie verantwortlich auch im Sinne einer Garantenstellung gegenüber anderen.

Aus diesen Gründen vermag dieser Bereich von Garantenpositionen hinsichtlich einer Verifizierung der Hypothese keine Erkenntnisse bringen. Aufgrund ihrer stets gleichen Struktur - derjenige, der in seinem Herrschaftsbereich eine Gefahrenquelle hat, ist rechtlich verpflichtet, diese zu überwachen und zu sichern - haben diese Garantenstellungen keine Entwicklung durchgemacht. Insofern sind auch sie erneut vergleichbar mit den in der Übernahme einer Verpflichtung begründeten Rechtspflichten vergleichbar. Zwar handelt es sich um unterschiedlich strukturierte Verpflichtungen - nämlich bei den in der Übernahme begründeten Positionen um Beschützer- und bei den hier untersuchten Pflichten aus der Beherrschung einer Sache um Sicherungsgarantenstellungen - in beiden Fällen gibt allerdings quasi die außerrechtliche Realität die Entwicklung vor.

VIII. Vorangegangenes, gefährliches Tun (Ingerenz)

Eine große Anzahl von höchstrichterlichen Entscheidungen, die sich mit Fällen der unechten Unterlassungshaftung und hier im speziellen mit dem Kreis der Sicherungsgaranten befassen, haben die sogenannte Ingerenz als Rechtsquelle zum Thema. Ingerenz meint ein vorausgegangenes, die Gefahr zumindest mit-

---

409 Vergleiche die zahlreichen Nachweise etwa bei *Jescheck*, in: LK-StGB § 13 Rn. 37; *Seelmann*, in: AK-StGB § 13 Rn. 122.

410 BGHSt 19, 286 (288 f.) (Urt. v. 21. April 1964); weiterführend *Gallas*, in: Die strafrechtliche Verantwortlichkeit der am Bau Beteiligten (1963), S. 32 ff.

begründendes Vorverhalten. Dahinter steht der Gedanke, daß jeder, der durch ein Tun für Rechtsgüter Dritter die nahe Gefahr eines Schadenseintrittes geschaffen hat, zur Abwendung des drohenden Erfolgs und zu entsprechenden Rettungsmaßnahmen verpflichtet ist[411]. Dieser Gedanke legt die Vermutung nahe, daß den in der Ingerenz beheimateten Pflichten das Element der Solidarpflichten zu eigen ist und das aus diesem Grund die Untersuchung aufschlußreich sein wird im Hinblick auf die in dieser Arbeit aufgestellten Hypothese.

Als Entstehungsgrund einer Garantenpflicht wurde die Ingerenz von der Judikatur sehr häufig herangezogen und ist seit langem anerkannt. Im Folgenden soll nun untersucht werden, wie sich die unterschiedlichen Fallgruppen der Ingerenz im Laufe der Zeit in der Rechtsprechung entwickelt haben. Das Hauptaugenmerk soll dabei auf Bereiche gerichtet werden, die nicht nur Einzelfälle darstellen, sondern infolge ihrer quantitativen Bedeutung die Gelegenheit bieten, die Veränderungen in der Behandlung nachzuvollziehen.
Nicht immer sind diese Fallgruppen allein auf die Rechtsquelle der Ingerenz beschränkt. Das Reichsgericht wie auch die zeitlich nachfolgenden Gerichte waren nicht immer auf eine exakte Trennung der unterschiedlichen Entstehungsgründe von Rechtsgründen erpicht, sondern mehr auf die Möglichkeit, ihre Entscheidung gesichert zu begründen, des öfteren auch mittels mehrerer Rechtsquellen neben- oder miteinander. Diese „Pflichtenkumulation" ist ja bereits dargestellt worden.
Im Bereich der Meineidsbeihilfe durch Unterlassen beispielsweise hat insbesondere das Reichsgericht die Garantenpositionen entweder aus dem Gesetz (§ 1353 BGB bei Verheirateten bei Benennung eines Ehegatten als Zeugen[412]) oder aus vorangegangenem Tun gefolgert[413]. Da es bei dieser Arbeit allerdings zuerst um die Darstellung der Entwicklung der Judikatur in den einzelnen Bereichen geht, soll etwa bei der Meineidsbeihilfe durch Unterlassen nur die Ingerenz betrachtet werden, die Entwicklung zur Straftatverhinderungspflicht unter Eheleuten hat bereits eigenständige Berücksichtigung erfahren[414].

Bei den in der Ingerenz begründeten Garantenpflichten sollen zunächst eben diese Meineidsverhinderungspflichten untersucht werden. Danach werden Pflichten untersucht, die dem möglichen Garanten in Fällen fremder Selbstgefährdung die Verantwortung für das Handeln Dritter auferlegen, es sind dies die Gastwirtshaftung, die Teilnahme an einer privaten Zechgemeinschaft und die

---

411 Vergleiche statt aller *Wessels* AT S. 218 Rn. 725.

412 So zum Beispiel in RGSt 74, 283.

413 So zum Beispiel in RGSt 72, 20. Zur in diesem Zusammenhang relevanten Problematik des Schutzgutzusammenhanges vergleiche schon die Darstellung bei den Unzuchts- und Straftatverhinderungspflichten ab Seite 41 und 62.

414 Oben ab Seite 62.

Überlassung illegaler Rauschmittel. Im Anschluß wird die potentielle Garantenstellung eines Autofahrers bei einem Verkehrsunfall erörtert werden, daneben die strafrechtliche Produkthaftung, soweit sie dem Bereich der Unterlassungsdelikte angehört. Diese Komplexe weisen anschauliche Entwicklungsstränge auf, so daß sich eine Darstellung anbietet. Daneben soll noch der Problematik nachgegangen werden, wie sich die Rechtsprechung mit der Frage auseinandergesetzt hat, ob das Vorverhalten pflichtwidrig sein muß oder ob ein pflichtgemäßes Verhalten genügt, um eine Garantenpflicht auszulösen. Auch diesbezüglich steht zu erwarten, daß das Vorgehen der Rechtsprechung im Laufe der Zeit verändert hat.

1. Die Heranziehung der Ingerenz zur Begründung von Aufklärungspflichten (Meineidsbeihilfe durch Unterlassen)

Der erste Bereich von Ingerenzgarantenstellungen, der in dieser Arbeit ausführlich untersucht werden soll, ist der der Meineidsbeihilfe durch Unterlassen. In diesen Fällen geht es um die Frage, ob ein und gegebenenfalls welches Vorverhalten eines Prozeßbeteiligten eine Rechtspflicht bei diesem auslösen kann, eine andere Person an der Leistung eines Meineides zu verhindern. Es handelt sich also um Straftatverhinderungspflichten, die im vorangegangenen Tun gründen.

a) Die Entwicklung in der Rechtsprechung des Reichsgerichts

Die Frage, ob und wann eine Rechtspflicht zur Verhinderung eines Meineids besteht, wurde vom Reichsgericht erstmals im Jahre 1936 entschieden[415]. In einem vorangegangenen Zivilgerichtsverfahren wollte ein Zeuge einen Meineid leisten, woraufhin der Prozeßgegner den jetzigen Angeklagten, einen Rechtsbeistand, aufforderte, den Zeugen auf die Unglaubwürdigkeit seiner Aussage hinzuweisen. Der Angeklagte wies dieses Ansinnen schroff zurück und bestärkte den Zeugen so in dessen Entschluß, falsch zu schwören. Die Teilnahmehandlung, das schroffe Zurückweisen des gegnerischen Ansinnens nämlich, rief bei dem Zeugen den Eindruck hervor, der ihm nahestehende Angeklagte billige seine Falschaussage und bestärke ihn darin. Da es sich hierbei auch nach Meinung des Reichsgerichts um eine psychische Beihilfe in Form aktiven Tuns handelt, verwundern zunächst die Ausführungen hinsichtlich einer Erfolgsabwendungspflicht aus § 138 ZPO[416]. Warum diese Ausführungen trotzdem zu Recht an dieser Stelle erfolgten, führt *Schünemann*[417] aus, dessen Argumentati-

---

[415] RGSt 70, 82 (Urt. v. 13. Januar 1936).

[416] RGSt 70, 82 (84).

[417] *Schünemann,* S. 199, 200.

on aus Gründen der Vollständigkeit hier zusammengefaßt wiedergegeben werden soll.
Träfe den Prozeßvertreter keine prozessuale Pflicht zur Hinderung des Meineids, dann hätte er das Ansinnen der Gegenpartei - die Aufforderung, den Zeugen auf seine Unglaubwürdigkeit hinzuweisen - mit Recht zurückweisen können, eine Strafbarkeit wegen aktiven Tuns schiede aus[418]. Es handelt sich bei dieser Entscheidung also nicht, wie es zunächst den Eindruck macht, um den Auftakt einer Judikatur zur Meineidsbeihilfe durch Unterlassen, sondern um eine Einschränkung der *aktiven* psychischen Beihilfe. Vorzuwerfen ist den Richtern jedoch, daß sie den Eindruck erweckt haben, sie diskutierten eine Garantenpflicht im Sinne der unechten Unterlassungsdelikte, indem sie allgemein von einer „Rechtspflicht zur Meineidsverhinderung aus § 138 ZPO" sprachen[419]. Im Urteil bejahte das Gericht eine Strafbarkeit wegen Beihilfe zum Meineid, allerdings nicht durch Unterlassen, sondern durch aktives Tun.

Den Anfangspunkt zu einer Rechtsprechung zur Meineidsbeihilfe durch Unterlassen bildet vielmehr die Entscheidung vom 30. November 1937[420]. Dem Urteil lag grob skizziert ein Sachverhalt zugrunde, bei dem in einem Ehescheidungsverfahren die Angeklagte einen früheren Mitangeklagten, ihren Geliebten, aufforderte, das bereits im vorhergehenden Armenrechtsverfahren geleugnete ehewidrige Verhalten vor dem Landgericht erneut zu verschweigen. Dieser folgte dem Rat und beschwor später seine falsche Aussage.
Bei der Begründung einer Rechtspflicht zur Meineidsverhinderung gelangten die Richter zunächst erneut zu § 138 ZPO, welcher von der Vorinstanz als Pflichtenquelle ausgemacht worden war. Sie hatten allerdings Bedenken gegen eine so weitgehende Wirkung der Wahrheitspflicht aus der verfahrensrechtlichen Norm des § 138 ZPO, so daß sie sich der Argumentation der Vorderrichter nicht anschlossen, sondern auf eine andere Begründung überwechselten, zur Ingerenz[421].
Das pflichtbegründende Vorverhalten fußte nach dem Verständnis des Reichsgerichtes auf zwei Verhaltensweisen der Angeklagten: Zum einen habe sie den Entschluß des Zeugen, falsch auszusagen, dadurch gefördert, daß sie ihm gesagt hatte, vor dem Landgericht könne man nicht anders aussagen, als man es zuvor bereits im Armenrechtsverfahren getan habe; zum anderen habe sie, und hierin

418 Vergleiche dazu ausführlicher *Schünemann* a. a. O., der auch die Kritik an der mißverständlich formulierten Begründung darstellt.

419 *Schünemann*, S. 200. Zudem sahen sich wiederholt Gerichte genötigt, sich mit dieser mißverständlichen Formulierung auseinanderzusetzen, vergleiche beispielsweise die Entscheidungen RGSt 72, 20 hier im Anschluß und in der jüngeren Zeit noch BGHSt 4, 327.

420 RGSt 72, 20 (Urt. v. 30. November 1937).

421 RGSt 72, 20 (22).

sahen die Richter den Schwerpunkt des Vorwurfes[422], ihn als „jugendlichen Liebhaber“ so stark in ein ehebrecherisches Verhältnis gezogen, daß dieser bereit war, alles für sie zu tun[423].
Die Frage, inwieweit denn Prozeßbeteiligte dadurch verpflichtet werden, sich im Verfahren selbst zu belasten und unter Umständen einer eigenen strafrechtlichen Verfolgung auszusetzen, beantwortete das Gericht in folgenden Ausführungen unter Hinweis auf die ständige Rechtsprechung:

„Diese Verpflichtung, die schädlichen Folgen einer selbstgeschaffenen Gefahr zu verhindern, wurde im vorliegenden Fall nicht deshalb beeinträchtigt, weil sie nur dadurch zu erfüllen gewesen wäre, daß sich die Angeklagte selbst einem Strafverfahren wegen des von ihr zu offenbarenden Ehebruchs ausgesetzt hätte. Denn die Rechtsordnung muß verlangen, daß man eher die Sühne für begangenes eigenes Unrecht auf sich nimmt als tatenlos neues Unrecht von einem anderem Volksgenossen begehen läßt, das man in seinem Ursprunge schon selbst gefördert hat.“[424]

Diese Ausführungen, die nicht im Rahmen einer Zumutbarkeitserwägung, sondern im Zusammenhang mit dem objektiven Tatbestandmerkmal der Rechtspflicht erörtert wurden, machten deutlich, daß das Reichsgericht dem Gehilfen eine weitreichende Verantwortung gegenüber dem Tun des Haupttäters, dem meineidigen Zeugen also, auferlegt hat. Wie weit diese Verpflichtung reicht, wird offenkundig, wenn man das Geschehen hypothetisch in den Bereich des aktiven Tuns verlagert[425]: Stellt man sich vor, die Angeklagte habe ihren jugendlichen Liebhaber absichtlich so eng an sich gebunden, daß er „alles für sie täte“, um später gegebenenfalls einen ihr treu ergebenen Zeugen zur Verfügung zu haben, könnte dieses Verhalten wohl kaum als (dann aktive) Teilnahme gewertet werden; um es etwa als Beihilfe einordnen zu können, müßte es eine - hier fehlende - unmittelbare Gefährlichkeit aufweisen. Mit anderen Worten: Die Haftung für Unterlassen wird in den Bereich hinein ausgedehnt, der beim aktiven Tun noch als *straflose* Vorbereitungshandlung behandelt würde, wenn es sich dabei nicht sogar einfach um sozialadäquates Verhalten handelte.
Daß dieses Ergebnis möglicherweise auch den Richtern suspekt erschien, zeigt, daß sie zwar den objektiven Tatbestand der Meineidsbeihilfe durch Unterlassen als erfüllt angesehen haben, im Ergebnis jedoch das Urteil der Vorinstanz trotzdem aufhoben. Es mangele am inneren Tatbestand der Beihilfe, so die Argumentation im Urteil, es sei nicht ausreichend gesichert, daß die Angeklagte gewußt habe, durch ihr Verhalten das Vorhaben des Haupttäters zu fördern[426, 427].

---

422 RGSt 72, 20 (23).
423 RGSt 72, 20 (22, 23).
424 RGSt 72, 20 (23).
425 Vergleiche dazu ausführlicher *Schünemann*, S. 203.
426 RGSt 72, 20 (24).

Trotz dieses Versuches, eine allzu schrankenlose Verantwortlichkeit zumindest zum Teil wieder einzugrenzen, sollten der Entscheidung RGSt 72, 20 bald zahlreiche ähnlich gelagerte Entscheidungen nachfolgen[428]. Allerdings schränkte das Reichsgericht in späteren Urteilen seine Aussage dahingehend ein, daß von einer garantenpflichtbegründenden Gefahrschaffung nur dann gesprochen werden könne, wenn zu der falschen Prozeßbehauptung etwas hinzutrete, das geeignet sei, die Entschließung des Zeugen zum Meineid hin zu beeinflussen, wenn sich dieser etwa durch eine wahre Aussage strafbar mache oder in eine ehrenrührige Situation gerate. Die bloße Veranlassung der Vernehmung des Zeugen genüge nicht[429]. Hierdurch kamen dann praktisch nur Ehescheidungsprozesse in Betracht. Eine „allgemeine Pflicht jedes Volksgenossen, der unrichtigen Aussage eines Zeugen entgegenzutreten, die er als solche erkennt", lehnten die Richter ausdrücklich ab[430].

Es mag verwundern, warum das Reichsgericht auch in den Entscheidungen, in denen Täter und Teilnehmer miteinander verheiratet waren, vornehmlich auf die Ingerenz als Entstehungsgrund der Hinderungspflicht abgestellt haben und eine Pflicht aus Gesetz (insbesondere §§ 1354, 1365 BGB a. F., § 1353 BGB) - wenn überhaupt - nur kurz miterwähnten[431], schließlich hatte sich bei der eingangs der Arbeit wiedergegebenen Entwicklung der Unzuchts- und Straftatverhinderungspflichten ein vollkommen anderes Bild geboten. Dort stellte das Reichsgericht zur Begründung einer Garantenstellung vornehmlich auf die ehelichen Pflichten ab, was - anders als hier bei der Begründung durch die Ingerenz - einen unrichtigen Schutzsubjektzusammenhang nach sich führte. Womöglich ging es den Richtern tatsächlich zuerst darum, den korrekten Rechtsgutsbezug zu wahren, es stellt sich aber doch die Frage, inwieweit der damalige Zeitgeist eine Rolle auch bei den Urteilen des Gerichts gespielt haben mag. In einer An-

427 Dies erscheint schwer nachvollziehbar zu sein: Zum einen kann es bei einer Beihilfe durch Unterlassen nicht auf ein *Förderungsbewußtsein*, sondern nur auf ein *Nichthinderungsbewußtsein* ankommen (so auch *Schünemann*, S. 204), zum anderen wußte die Angeklagte sicherlich, daß sie durch das Bekennen der Wahrheit den Meineid hätte verhindern können, es lag also mindestens Mitbewußtsein vor.
Des weiteren hat das Reichsgericht in nachfolgenden Entscheidungen deutlich geringere Anforderungen an den inneren Tatbestand gestellt, vergleiche etwa RGSt 75, 271 (276) (Urt. v. 26. Juni 1941), RG DR 1942, 1782 (Urt. v. 10. Juli 1942). Das erweckt den Eindruck, die Richter wollten dadurch der sehr weitgehenden Verpflichtung im objektiven Tatbestand ein Korrektiv im subjektiven Tatbestand entgegensetzen; ebenfalls kritisch *Schünemann*, S. 204.

428 Vergleiche etwa RGSt 74, 38; 74, 283; 75, 271; RG DR 1942, 1782; DR 1943, 577, 748, 893.

429 RGSt 75, 271 (274, 275).

430 RG DR 1940, 2234 (2235).

431 Vergleiche etwa RGSt 74, 283 (285).

merkung zum Urteil vom 16. September 1940[432] schreibt zum Beispiel *Schikkert*:

„Die Rechtspflicht zum Handeln entnimmt das Reichsgericht nicht etwa aus der sich aus der Ehe ergebenden Beistandspflicht (§1353 BGB (...)), sondern entnimmt sie dem viel weiteren Gedanken, daß derjenige, der einen Zeugen in eine gefährliche Lage gebracht hat und der Bestrafung wegen Meineides ausgesetzt hat, verpflichtet ist, noch vor Gericht die drohende Gefahr wieder abzuwenden. Und hier liegt wohl die Bedeutung dieser Entscheidung, die sich nicht in erster Linie auf positive Normen, die ein Handeln gebieten, stützt, sondern auf den allgemeinen Gedanken einer sittlichen Verpflichtung zurückgeht. Die gesamte Rechtsprechung des Reichsgerichtes arbeitet auch auf vielen anderen Gebieten den Gedanken einer sittlichen Verpflichtung nach der völkischen Sittenordnung heraus und löst sich von den positiven Gebots- oder Verbotsnormen, die die Forderungen eines ethischen und sittlichen Verhaltens in der Volksgemeinschaft niemals ganz erschöpfend behandeln können."[433]

Eine Ausdehnung auf das Gebiet des ungeschriebenen Rechts, weg von den vergleichsweise starren Normen des geschriebenen Rechts, entsprach dem Geist der Zeit. Hier ließen sich leichter sittliche, „völkische" Pflichten einbringen, die in jener Zeit offensichtlich einen höheren Stellenwert genossen als präzisere geschriebene Normen.

b) Die Entwicklung der Rechtsprechung des BGH

In der Nachkriegsrechtsprechung sollte die Problematik der Meineidsbeihilfe früh wieder Gegenstand einer letztinstanzlichen Entscheidung sein, sie lag dem Obersten Gerichtshof in der Britischen Besatzungszone am 20. September 1949 zur Urteilsfindung vor[434]. Neue Erkenntnisse bezüglich der Entwicklung der Judikatur sind diesem Urteil nicht zu entnehmen, so daß im folgenden die Rechtsprechung des Bundesgerichtshofes untersucht werden soll. Der BGH hielt zunächst an der Rechtsprechung des Reichsgerichtes fest[435], indem er in seiner hierzu ersten feststellbaren Entscheidung vom 9. Januar 1951 ausführte:

„Eine Prozeßpartei, die einen Zeugen für eine unwahre Tatsache wider besseres Wissen benannt hat und trotz der Erkenntnis, der Zeuge werde falsch aussagen, die Aussage nicht durch das Bekenntnis der Wahrheit verhindert, kann wegen Beihilfe nur bestraft werden, wenn sie den Zeugen in eine ihr erkennbare ernste Gefahr, falsch auszusagen, gebracht hat."[436]

---

432 RG a. a. O.

433 *Schickert*, in: DR 1940, 2057 (2058). Zur ablehnenden Haltung der nationalsozialistischen Jurisprudenz dem positiven Recht gegenüber vergleiche des weiteren die Darstellung bei § 330 c.

434 OGHSt 2, 161.

435 Ausdrücklich BGHSt 3, 18 (Leitsatz).

436 BGHSt 1, 22 (Leitsatz 2).

Auch in der Entscheidung BGHSt 3, 18[437] wurde noch einmal eine weitgehende Verantwortung des potentiellen Garanten festgeschrieben, als das Gericht feststellte, eine Garantenstellung bestehe auch dann, wenn durch das wahrheitswidrige Bestreiten einer Tatsache, die die Vernehmensperson bezeugen soll, dieser in die Gefahr einer Meineidsleistung gebracht werde. Hierdurch entstehe eine Rechtspflicht zur Verhinderung dieses Falscheids. In der zeitlich nachfolgenden Entscheidung (BGHSt 2, 129)[438] deutete sich allerdings eine erste einschränkende Tendenz an. Während der BGH im Urteil vom 11. Oktober 1951[439] eine Beihilfe zum Meineid noch annahm, indem er ohne das Hinzutreten besonderer Umstände allein das wahrheitswidrige Bestreiten, durch das die Vernehmung eines Zeugen veranlaßt wurde, genügen ließ, stellten die Richter nunmehr auf die Intensität und die Fortsetzung eines Liebesverhältnisses[440], also auf das Hinzutreten weiterer Umstände ab[441]. Dies mag unter anderem auch als Reaktion auf die kritischen Stimmen im Schrifttum geschehen sein[442]. Doch auch in den Urteilen unterinstanzlicher Gerichte mehrte sich Kritik an der Auffassung des BGH. In diesen Urteilen wurde die Meinung vertreten, daß eine falsche Prozeßbehauptung und die zu ihrer Unterstützung erfolgende Zeugenbenennung keine ausreichende Meineidsgefahr schüfen und so überhaupt nicht „gefährlich" im Sinne der Ingerenz sein könnten[443].

Im Laufe der folgenden Jahre sollte dann auch der BGH auf diese Richtung einschwenken. Zunächst stellten die Richter fest, daß die Benennung eines Zeugen für eine wahre oder zumindest für wahr gehaltene Prozeßbehauptung deshalb keine Meineidsverhinderungspflicht auslöse, weil der Zeuge hierdurch keiner gesteigerten, prozeßinadäquaten Gefahr ausgesetzt werde[444]. In dieser Entscheidung setzen sich die Richter unter anderem auch mittelbar mit dem Urteil RGSt 70, 82 auseinander, dem Urteil, in welchem erstmals eine Mein-

---

437 Urt. v. 11. Oktober 1951.

438 Urt. v. 21. Dezember 1951, die Veröffentlichung des zeitlich vorhergehenden Urteils in BGHSt 3, 18 ist später erfolgt.

439 BGHSt 3, 18.

440 BGHSt 2, 229 (234).

441 Kritisch *Schmidt-Leichner*, in: NJW 1952, 512 (513), der eine grundsätzliche Linie des BGH vermißt. So stellt er m. E. nach zu Recht die Frage, was denn etwa bei tiefen Freundschaften oder verpflichtenden Geschäftsverhältnissen zu gelten habe. Die Beschränkung der Aussage des BGH auf Liebesverhältnisse erscheint in der Tat für die Praxis unfruchtbar.

442 Vergleiche etwa BGHSt 2, 129 (133) mit Nachweisen zur Kritik aus der Literatur.

443 LG Göttingen NJW 1954, 731 (Urt. v. 24. Juli 1953); OLG Köln NJW 1957, 34 (Urt. v. 14. August 1956); OLG Bremen NJW 1957, 1246 (Urt. v. 14. Juni 1957). Gegen die „deduktive Begriffsjurisprudenz des Reichsgerichtes" LG Essen NJW 1952, 116 (Urt. v. 6. November 1951).

444 BGHSt 4, 327 (329) (Urt. v. 20. August 1953).

eidsverhinderungspflicht diskutiert wurde. Bezüglich einer Verpflichtung aus § 138 ZPO heißt es in den Urteilsgründen:

„Die (...) Entscheidung (der Vorinstanz, d. Verf.) (...) ist abzulehnen. Sie beachtet die verfahrensrechtliche Stellung des Prozeßbevollmächtigten (eines Rechtsanwalts, d. Verf.) nicht genügend; die darin ausgesprochene Ansicht würde ihn häufig in einen unzumutbaren Interessenwiderstreit versetzen. Aus § 138 ZPO ergibt sich kein Rechtssatz, der das angefochtene Urteil stützen könnte."[445]

Hier erscheint zumindest möglich, daß die Richter den mißverständlichen Wortlaut des Reichsgerichtsurteils fehlinterpretiert haben: Es handelte sich bei der Bezugnahme auf § 138 ZPO ja nicht um die Grundlage einer Garantenstellung, sondern vielmehr um eine mögliche verfahrensrechtliche Pflicht im Zusammenhang mit der aktiven psychischen Beihilfe[446].
Die in BGHSt 2, 129 begonnene und in BGHSt 4, 327 fortgeführte Beschränkung der Meineidsbeihilfe durch Unterlassen erfuhr eine Fortsetzung dahin, daß bei einer gutgläubigen[447], später auch bei einer bösgläubigen Zeugenbenennung eine Garantenstellung nur dann bejaht werden könne, wenn der Zeuge in eine gesteigerte, dem Prozeß nicht mehr eigentümliche Gefahr gebracht werde[448]. Im Jahr 1960 schrieb das Gericht die in BGHSt 2, 129 begonnene Entwicklung fest[449]; auch dieser Entscheidung lag eine Rechtspflicht zugrunde, die ihren Ursprung in einer Liebesbeziehung hatte.

Einen vorläufigen Abschluß fand die Rechtsprechung zur diesbezüglichen Unterlassungshaftung schließlich in der Entscheidung BGHSt 17, 321[450], der lange Zeit keine weitere aus diesem Komplex der Unterlassungsjudikatur nachfolgen sollte. In der Begründung dieses Urteils ging das Gericht ausdrücklich auf Distanz zu seinem Urteil vom 11. Oktober 1951[451] und damit auch zur Rechtsprechung des Reichsgerichtes. Während der erkennende Senat damals noch entschieden hatte, daß eine Prozeßpartei, die durch ihr wahrheitswidriges Bestreiten die Vernehmung eines vom Prozeßgegner benannten Zeugen veranlaßt hätte, auch ohne das Hinzutreten weiterer Umstände schon dadurch Beihilfe zum Meineid leiste, daß sie bei der in ihrer Gegenwart stattfindenden Beweisaufnahme eine vorsätzliche Eidesverletzung des Zeugen nicht durch das Bekennen

445 BGHSt 4, 327 (330).
446 Vergleiche oben Fußnote 419.
447 BGH bei Dallinger MDR 1957, 267 (Urt. v. 8. Januar 1957).
448 BGH NJW 1953, 1399 (1400) (Urt. v. 26. Juni 1953); vergleiche auch BGHSt 4, 217 (218, 219) (Urt. v. 28. Mai 1953); BGHSt 6, 322 f. (Urt. v. 15. Oktober 1954).
449 Dezidiert BGHSt 14, 229 (Leitsatz) (Urt. v. 29. April 1960).
450 Urt. v. 6. April 1954.
451 BGHSt 3, 18.

der Wahrheit verhindere, nahm er nunmehr einen anderen Standpunkt ein. Jene Auffassung sei mit den in späteren Entscheidungen ausgesprochenen Gedanken, daß noch eine prozeßinadäquate, besondere Gefahr hinzukommen müsse (etwa die Fortsetzung eines ehebrecherischen Verhältnisses noch während des Ehescheidungsverfahrens), nicht vereinbar und deshalb aufzugeben[452]. Wer also einen Zeugen benenne oder die Vernehmung eines von der Gegenseite benannten Zeugen veranlasse, gefährde die Rechtspflege nicht unmittelbar, noch schränke er den Handlungsspielraum des Zeugen zu seinen Gunsten ein, auch wenn der Zeuge später einen Meineid leiste. Er sei dann also nicht (mehr) verpflichtet, diesen zu verhindern.

Die Verwendung des Ingerenzprinzips im Zusammenhang mit der Meineidsbeihilfe durch Unterlassen ist in weiten Teilen des Schrifttums auf heftige Kritik gestoßen[453]. Nach der Änderung des Familien- genauer des Scheidungsrechts im Jahr 1976[454] sind kaum noch Entscheidungen zu diesem Thema ergangen. Die Frage, wer von den Ehegatten „schuldig geschieden" war, mochte Ansporn gewesen sein, den neuen Liebespartner zu einem Meineid anzuhalten oder ihn in seinem Entschluß dazu zu fördern; durch die Einführung des Zerrüttungsprinzips und den Wegfall der Scheidungsschuld (und damit einer anderen Aufteilung der finanziellen Folgen der Trennung, was zuvor durchaus einen Anreiz dargestellt haben mag) entfielen die zahlenmäßig dominierenden Scheidungsfälle, so daß diese Garantenstellung nunmehr seltener in Erscheinung treten sollte. Wie oben ausgeführt, hielten die Richter grundsätzlich an der Möglichkeit fest, aus dem Ingerenzgedanken eine Aufklärungs- und Verhinderungspflicht bei der Teilnahme am Meineid herzuleiten, sofern der Zeuge durch den Teilnehmer in eine Gefahr gebracht werde, die über das normale, dem Prozeß innewohnende Maß hinausgehe.
In einer späteren Entscheidung, der zwar ein anderer Sachverhalt als in den oben dargestellten Fällen zugrunde lag, deutete sich jedoch eine grundlegend andere Richtung an. In diesem Fall knüpften die Richter mit der strafrechtlichen Verantwortlichkeit früher an: Ein Prozeßbeteiligter, der vor dem gerichtlichen Verfahren dem (später meineidigen) Zeugen deutlich mache, er werde im Prozeß hinsichtlich der Vorwürfe keine Aussage abgeben und den Zeugen auf diese Weise in dessen feststehenden Entschluß bestärke, zu seinen Gunsten einen Meineid zu leisten, unterstütze diesen *aktiv* und schaffe nicht lediglich eine für

---

452 BGHSt 17, 321 (323, 324).

453 Vergleiche dazu nur *Schünemann*, S. 205 m. w. N.

454 Das Zerrüttungsprinzip trat - auch für Altehen - an die Stelle des Schuldprinzips, 1. EheRG vom 14. Juni 1976 (BT-Drucks 7/650 S. 75). Vergleiche *Diederichsen*, in: Palandt Einf. vor § 1564 Rn. 2.

diesen gefährlichen Situation[455]. Die Konsequenz daraus wäre eine Bestrafung wegen Beihilfe durch aktives Tun und damit das Ende der Meineidsbeihilfe durch Unterlassen in den dargestellten Konstellationen.
Doch obwohl sich hierin eine grundsätzliche Änderung der Rechtsprechung anzudeuten schien[456], sollte es auch in jüngerer Zeit wieder Fälle geben, in denen die Meineidsbeihilfe durch Unterlassen Thema höchstrichterlicher Rechtsprechung ist.
In den neunziger Jahren traten derartige Fälle vereinzelt wieder in Erscheinung. Den Anfang machte zunächst ein Beschluß des OLG Köln aus dem Jahre 1990[457]. Der meineidige Zeuge in diesem Fall hatte wahrheitswidrig über die Bestimmung eines zwischen der Angeklagten und deren Ehemann ausgetauschten Schecks ausgesagt, um so der Frau zu einem Vermögensvorteil zu verhelfen. Er hatte ausgesagt, Zeuge eines Gespräches geworden zu sein, in dem der Mann seiner Frau die Möglichkeit eingeräumt habe, den Blankoscheck zu Darlehenszwecken zu verwenden. Dies entsprach nicht der Wahrheit. Im Prozeß hatte die Ehefrau ihn als Zeugen benannt und war auch nicht eingeschritten, als er auf seine Falschaussage vereidigt wurde.
Die Vorinstanz hatte diese Umstände ausreichen lassen, um eine Garantenstellung der Angeklagten anzunehmen; die Richter des OLG hoben diese Entscheidung allerdings auf. Unter Verweis auf und in Anknüpfung an die Rechtsprechung des BGH führten sie aus, ein garantenpflichtbegründendes Vorverhalten würde heutzutage nur noch dann angenommen, wenn der Prozeßbeteiligte in eine dem Prozeß inadäquate Gefahr gebracht würde. Ein bloßes stillschweigendes Übereinkommen zwischen Partei und Zeugen - wie hier der Fall - genüge nicht.

Auch der BGH hatte es in einem Urteil noch einmal mit der Meineidsbeihilfe durch Unterlassen zu tun[458]. Der Angeklagte hatte bei einem Unfall noch am Unfallort einen Bekannten als Zeugen angegeben, obwohl dieser nicht am Ort des Geschehens gewesen war. Später überredete er diesen, im Zivilprozeß als angeblicher Zeuge zu seinen Gunsten auszusagen. Er rechnete dabei nicht mit einer Vereidigung seines Bekannten. Als es dennoch dazu kam, schritt er nicht ein, obwohl er die Möglichkeit dazu hatte, da vor der Vereidigung eine mehrminütige Pause eintrat. In dieser standen der Angeklagte und der Zeuge auf dem Flur, ohne miteinander zu sprechen. Im Anschluß daran leistete der Zeuge einen

---

[455] BGH bei Dallinger MDR 1974, 14 (Urt. v. 4. September 1973); *Otto*, NJW 1974, 528 (535).
[456] So noch *Brammsen*, S. 310, 311.
[457] OLG Köln NStZ 1990, 594 (Urt. v. 10. Juli 1990).
[458] BGH NStZ 1993, 489 (Urt. v. 18. Mai 1993).

Meineid. Das *LG München I* als Vorinstanz hatte den Angeklagten unter anderem wegen Anstiftung zum Meineid verurteilt.
Zunächst setzte sich der BGH damit auseinander, daß der Angeklagte der Anstiftung zum Meineid für schuldig befunden worden war. Dem schlossen sich die Richter nicht an, der Angeklagte habe nicht mit einer Vereidigung des Zeugen gerechnet und sein Vorsatz habe sich deshalb lediglich auf eine Anstiftung zur uneidlichen Falschaussage erstreckt. Nachdem der Senat zuerst dies festgestellt hatte, kam er danach zur Frage der tateinheitlich begangenen Meineidsbeihilfe durch Unterlassen. Im Ergebnis bejahten die Richter eine Garantenpflicht. Der Angeklagte, der den Zeugen selbst benannt und ihn zu der Falschaussage überredet hatte, war anwesend, als dieser vereidigt werden sollte. Nach Meinung des Gerichts bestand bei dieser Sachlage eine Rechtspflicht des Angeklagten, den Zeugen von der Leistung des Meineids abzuhalten, Gelegenheit dazu habe er während der Verhandlungspause gehabt[459].
Von den oben angeführten älteren Entscheidungen, von denen sich der BGH inzwischen gelöst hatte, unterschied sich dieser Fall in einem wesentlichen Punkt: Handelte es sich dort um Personen, die die Gegenpartei in den Prozeß eingebracht hatte, so war hier der Zeuge vom Angeklagten selbst benannt und zur Falschaussage angestiftet worden. Die gesteigerte, prozeßinadäquate Gefahr, die das Gericht seit BGHSt 2, 129 zur Begründung einer Rechtspflicht fordert, ist hier darin zu finden, daß es der Angeklagte selbst war, der den Zeugen in den Verlauf des Verfahrens miteinbezog. Sein Unterlassen während des Prozesses, nämlich das Nichteinschreiten trotz der Möglichkeit während der Unterbrechung, hätte allein keine Rechtspflicht auslösen können, wenn man die Entwicklung in diesem Bereich betrachtet. Maßgeblich erscheint, daß der Angeklagte selbst den Zeugen in die Situation als Prozeßteilnehmer gebracht hat, *damit* dieser zu seinen Gunsten uneidlich falsch aussage. Durch dieses Verhalten hat er ihn auch in die Gefahr eines möglichen Meineids gebracht. Damit muß sich, wer einen anderen mit dem Ziel einer uneidlichen Falschaussage angestiftet hat, unter Umständen zusätzlich eine in Tateinheit stehende Beihilfe zum Meineid durch Unterlassen zurechnen lassen, wenn er den Meineid zwar nicht gewollt, trotz Möglichkeit dazu aber nicht verhindert hat.

Während in den älteren Urteilen mitunter das bloße „bekräftigende Schweigen" zur Begründung einer Gehilfenstrafbarkeit ausreichte, verlangen die Richter heute einen höheren Beitrag. Ein vom möglichen Garanten eigens um einer Falschaussage willen eingebrachter Zeuge weist eine höhere Abhängigkeit und Beeinflußbarkeit vom diesem auf, weshalb auch dann, wenn der „Hintermann" nicht zum Meineid, sondern nur zu einer uneidlichen Falschaussage anstiften wollte, diesen eine Mitverantwortung trifft.

---

459 BGH a. a. O.

c) Bewertung des Verlaufes

Das geschützte Rechtsgut der Aussagedelikte ist grundsätzlich die staatliche Rechtspflege, die durch falsche Aussagen gefährdet wird[460]. Entsprechend dienen die Garantenstellungen, die Meineidsverhinderungspflichten zum Inhalt haben, gleichfalls der Bewahrung der Rechtspflege. Aus diesem Grund handelt es sich bei den dargestellten Pflichten nicht um Solidarpflichten zugunsten Dritter, die vor einer möglichen Straffälligkeit geschützt werden sollen, sondern um Rechtspflichten, die der Sicherung eines staatlichen Rechtsgutes dienlich sind. Dies ist auch stets in den richterlichen Entscheidungen deutlich geworden, so hieß es beim Reichsgericht, die Rechtsordnung verlange, daß man entsprechende Pflichten auf sich nähme[461], auch der BGH sah durch derartige Verpflichtungen die Rechtspflege vor Gefährdungen geschützt[462].

Das Element der Solidarität konnte, zumindest in der Art, in der es eingangs der Arbeit ausgeführt worden war, aufgrund des geschützten Rechtsguts bei dieser Entwicklung keine unmittelbar nachweisbare Rolle spielen. Der erfolgte Verlauf hingegen steht im Einklang mit der Vermutung: Im Liberalismus war diese Pflicht noch unbekannt, aufgekommen ist sie in der Zeit des Nationalsozialismus und erreichte dort den Höhepunkt ihrer Bedeutung, weitergeführt wurde sie von der Rechtsprechung der Bundesrepublik in im Verhältnis zur Zeit des Dritten Reichs abgeschwächter Form.

Bis in das Jahr 1937 hinein waren in der Ingerenz begründete Meineidsverhinderungspflichten der Judikatur also unbekannt, es liegen zumindest keine entsprechenden Urteile aus der Zeit von Kaiserreich und Weimarer Republik vor. Daß diese Neuschöpfung einer Garantenposition in der Zeit des Dritten Reiches mit der Ingerenz begründet wurde, ist sicher nicht als Beleg für eine Entformalisierung in der Rechtsprechung zu werten, denn eine Begründung etwa allein in der ehelichen Beistandspflicht hätte wiederum die Problematik des Schutzgutzusammenhanges aufgeworfen, die schon zuvor bei den nicht durch ein gefährliches Vorverhalten verursachten (Straftatverhinderungs-) Garantenpositionen thematisiert worden war. Die Anmerkung *Schickerts* allerdings zeigt deutlich, wie diese Tendenz vor dem Hintergrund der damaligen Zeit einzuordnen ist: Das Bestreben ging weg von den positiv geregelten Gebots- und Verbotsnormen und hin zu sittlich begründeten Verpflichtungen. Um dieses Ziel zu erreichen, bot sich das vorangegangene gefährliche Tun besser an als eine präzisere

---

460 *Tröndle*, Vor § 153 Rn. 1.

461 Vergleiche RGSt 72, 20 (23).

462 Vergleiche BGHSt 17, 321 (323 f.).

Norm des positiven Rechts[463]. Wesensmerkmale entformalisierender Natur lassen sich hier durchaus erkennen.
Der BGH hat nach anfangs weitgehender Übernahme der reichsgerichtlichen Linie zwar an der prinzipiellen Möglichkeit stets festgehalten, aber er hat zusätzliche, strengere Voraussetzungen an die Begründung einer Garantenpflicht gestellt. Dies war erforderlich, um eine allzu uferlose Ausdehnung der Haftung, wie sie bei vollständiger Beibehaltung der reichsgerichtlichen Linie gedroht hätte, zu verhindern.

In der Gesamtschau hat die Rechtsprechung den Kreis der Garantenstellungen im Laufe der Zeit um die oben dargestellten Pflichtenstellungen erweitert. Seit 1937, und damit im Zeitalter des ausgehenden Liberalismus noch unbekannt, besteht heute grundsätzlich die Möglichkeit, unter entsprechenden Umständen eine einschlägige Rechtspflicht auferlegt zu bekommen. Die an die Begründung einer solchen Garantenstellung geknüpften Anforderungen freilich sind in der Zeit vom Nationalsozialismus bis heute strengere geworden.
Festhalten läßt sich damit soviel: Die Entwicklung der Rechtsprechung zu den Meineidsverhinderungspflichten entspricht zwar in ihrem Verlauf der in der Hypothese behaupteten, die hinter dieser stärkeren Inpflichtnahme der Bürger stehende Triebfeder findet sich aufgrund der Struktur dieser Rechtspflicht jedoch nicht im Gebiet der Solidaritätsgarantie. Sie läßt sich vielmehr aus dem Verhältnis des Bürgers zum Staat erklären, daß sich in den unterschiedlichen Gesellschaftssystemen zu einem engeren gewandelt hat.

2. Die Heranziehung der Ingerenz zur Begründung der Verantwortlichkeit für das Handeln Dritter

Die Frage nach Eigen- und Fremdverantwortung spielt in den Fällen eine bedeutende Rolle, in denen es darum geht, ob einem möglichen Garanten die Verantwortung für das Handeln Dritter auferlegt werden kann. Wenn dic Entwicklung der Rechtsprechung auf dem Gebiet der Garantenstellungen tatsächlich nach dem in der Hypothese vermuteten Schema erfolgt ist, dann werden sich insbesondere auf dem Gebiet der Verantwortlichkeit für das Handeln Dritter diesbezüglich Rückschlüsse ziehen lassen: Verantwortung für jemand anderen zu tragen bedeutet auch, (mit)verantwortlich für dessen Wohl und Wehe zu sein; diese Fremdverantwortung, die auch eine Haftung für das Verhalten des

---

[463] Für diese vermutete Intention spricht insbesondere auch, daß das Reichsgericht in seinen Entscheidungen keine Rücksicht auf einen etwaig fehlerhaften Schutzsubjektzusammenhang genommen hat. So führte es etwa auch die eheliche Beistandsverpflichtung neben der Ingerenz als Pflichtenquelle an, vergleiche beispielsweise RGSt 74, 283.

anderen begründen kann, vermag dem Verantwortlichen Solidarpflichten abzuverlangen.
Typisch sind dabei Fälle, in denen der potentielle Garant die Gefährdung Dritter durch einen anderen oder aber eine fremde Selbstgefährdung ermöglicht. Ein Musterbeispiel für die erstgenannte Möglichkeit stellen die Fälle dar, in denen ein Gastwirt Alkohol an einen Kraftfahrer ausschenkt und dieser später im Zustand der Trunkenheit einen Unfall verursacht; die zweite Alternative (das Ermöglichen der Selbstgefährdung eines Dritten) stellen die Fälle der Überlassung von illegalen Rauschgiften dar.

a) Die Haftung des Gastwirtes bei Ausschank alkoholischer Getränke

aa) Die Entwicklung der Rechtsprechung

In der Judikatur sind recht häufig Fälle anzutreffen, die die Frage behandeln, ob und welche Garantenpflichten einem Gastwirt obliegen können. Dabei sind unterschiedliche mögliche Verhinderungspflichten des Gastwirtes festzustellen, etwa die Pflicht, Sittlichkeitsvergehen der Angestellten zu verhindern[464], Gäste vor Straftaten im Lokal zu schützen oder die Pflicht, Kraftfahrer, die sich in der Gaststätte betrunken haben, aus Gründen der Sicherheit an der Weiterfahrt zu hindern[465]. Diese Pflichten können auf unterschiedlichen Quellen beruhen, etwa der Stellung als „Betriebsinhaber", der Herrschaft über die Räumlichkeiten[466] oder aber auch der Ingerenz. Hier sind vor allem die Fälle der Ingerenz von Interesse, die in der höchstrichterlichen Rechtsprechung in den oben bereits angesprochenen „Kraftfahrer-Fällen" als Pflichtgrund herangezogen wird.
Der Sachverhalt gestaltet sich dabei regelmäßig so, daß ein Gast sich in einem Lokal betrinkt und im Anschluß daran Anstalten macht, die Fahrt mit einem Kraftfahrzeug aufzunehmen. Fraglich ist dann, ob und unter welchen Umständen der Gastwirt für Unfälle oder Schäden, die im Verlaufe dieser Trunkenheitsfahrt durch den Gast verursacht werden, strafrechtlich haftet. Diese Konstellation findet sich in der Jurisdiktion des Reichsgerichtes erstmals 1938. Hier stellten die Richter im Leitsatz des Urteils fest:

> „Ein Gastwirt darf einem auf Fahrt befindlichen Kraftfahrer nicht mehr alkoholische Getränke verabreichen, wenn er erkennt, daß der Kraftfahrer nicht mehr die eigene Beherrschung besitzt."[467]

---

[464] Vergleiche RG JW 1914, 365 (Urt. v. 20. November 1914); RG JW 1929, 1467 (Urt. v. 8. November 1928).

[465] Vergleiche nur BGHSt 4, 20.

[466] Dazu genauer im Rahmen der Darstellung zur Verfügungsgewalt über Räumlichkeiten ab Seite 92.

[467] RG JW 1938, 1241 (Urt. v. 31. März 1938).

Schon in dieser ersten Entscheidung wird deutlich, daß dem Gastwirt eine gewisse Verantwortung hinsichtlich des Tuns des Autofahrers auferlegt werden sollte, eine Beschränkung der Verantwortlichkeit des motorisierten Gastes für eigenes Tun zum Nachteil des Wirtes fand statt. Anknüpfungspunkt der Strafbarkeit des Wirtes war allerdings nicht die Hinderung der Weiterfahrt, sondern das Ausschenken alkoholischer Getränke, mithin ein aktives Tun. In der Nachkriegsrechtsprechung tauchte bald ein ähnlicher Sachverhalt auf, hier schwenkten die Richter dann auf eine Unterlassungsstrafbarkeit des Wirtes um:

„Ein Gastwirt, der einem länger verweilenden Kraftfahrer soviel Alkohol ausschenkt, daß dieser völlig fahrunfähig wird, hat die Pflicht, die Fortsetzung der Fahrt zu verhindern, wenn ihm dies möglich ist."[468]

Diese Pflicht sei, so die Richter, aus vorangegangenem Tun zu folgern, hier aus dem Verabreichen von zehn Schnäpsen. Zwar setzte das Urteil hinzu, daß die Verhinderung der Fahrt dem Wirt möglich und auch zumutbar sein müsse, daß also nicht regelmäßig, einem Automatismus gleich, die Stellung als Gastwirt, der an Kraftfahrzeugführer Alkohol ausschenkt, eine Garantenstellung aus Ingerenz in sich berge[469], es brachte aber doch eine Ausweitung der Garantenpositionen zum Ausdruck, da durch diese Entscheidung das Feld der Eigenverantwortlichkeit zu Lasten der Fremdverantwortung beschnitten wurde.
Dieser Fall sollte als „Rückläufer" gut ein Jahr später erneut vom BGH zu behandeln sein[470]. Die Richter bestätigten ihre Entscheidung, dem Gastwirt eine weitgehende Verantwortung aufzubürden, wiesen aber nochmals deutlich darauf hin, daß zur Strafbarkeitsbegründung zusätzliche Voraussetzungen hinzutreten müssen, daß also die Stellung als ausschenkender Gastwirt nicht per se solche Konsequenzen nach sich ziehe[471].

Nachdem in der Rechtsprechung einiger OLGe eine zumindest leicht einschränkende Handhabung des Grundsatzes von der Verantwortlichkeit des Wirtes zu bemerken war[472], sollte die Rechtsprechung des BGH zehn Jahre später

---

468 BGHSt 4, 20 (Urt. v. 22. Januar 1953) (Leitsatz). Der Druckfehler auf S. 20 (zurechnungs*un*fähig) ist in BGHSt 8, 426 korrigiert worden.

469 Vergleiche BGHSt 4, 20 (22f).

470 BGH VRS 6, 447 (Urt. v. 8. April 1954).

471 BGH VRS 6, 447 (448).

472 Vergleiche etwa OLG Oldenburg NJW 1961, 1938 (Urt. v. 22. Februar 1961), das einen die Tat deutlich fördernden Beitrag verlangt, um eine Abwendungspflicht zu begründen. Allerdings handelte es sich hier um einen selbstverantworteten, also noch im Zustand der Zurechnungsfähigkeit gefaßten Entschluß. Vergleiche aber auch OLG Karlsruhe JZ 1960, 179 (Urt. v. 15. Oktober 1959). Wie BGH OLG Düsseldorf VerkMitt 1960, 17 (Urt. v. 18. Juni 1959).

eine spürbare Korrektur erfahren. 1963 lautete der Leitsatz eines Urteils, dem ein sehr ähnlicher Sachverhalt zugrunde lag:

> „Wer als Gastwirt einem Kraftfahrer Alkohol ausgeschenkt hat, ist regelmäßig nur dann verpflichtet, das Weiterfahren des Gastes mit angemessenen und ihm möglichen Mitteln zu verhindern, wenn der Gast offensichtlich so betrunken ist, daß er sich nach verständiger Beurteilung nicht mehr eigenverantwortlich (§ 16 Abs. 1 Nr. 3 GastG) verhalten kann.“[473]

Entgegen der in BGHSt 4, 20 angenommenen Überantwortung soll der Gastwirt gerade nicht dadurch zum „Hüter“ oder „Vormund“ seiner Gäste gemacht werden, daß er allgemein für den übermäßigen Alkoholkonsum seiner Gäste verantwortlich gemacht würde[474].

Auch wenn die Begründung dieser Entscheidung in der Literatur vereinzelt auf Kritik gestoßen ist[475] bleibt festzuhalten, daß in diesem Urteil eine Betonung des Prinzips der Eigenverantwortlichkeit zu sehen ist, in Abkehr von der Entwicklung zuvor, die deutlich paternalistische Züge aufwies. Der Gastwirt, der einem Kraftfahrer Alkohol ausschenkt, begründet zwar eine Gefahr für die später am Straßenverkehr teilnehmenden Personen, insbesondere für das spätere Opfer des betrunkenen Fahrers, die unmittelbare Realisierung der Gefahr ist aber nicht dem Wirt, sondern dem Kraftfahrer selbst zuzurechnen. Eine Garantenpflicht des Wirtes seinem Gast gegenüber ist also erst ab dem Zeitpunkt denkbar, ab dem der Autofahrer infolge des Alkoholgenusses in der Gaststätte zurechnungsunfähig wird[476]. Der Gastwirt ermöglicht durch sein Verhalten die strafbare Handlung seines Gastes, doch nicht er überdehnt den Handlungsspielraum zuungunsten des späteren Unfallopfers, sondern der Gast selbst tut dies[477].

Der BGH beantwortete die mit dem Vorverhalten des Wirtes in Zusammenhang stehende Frage, ob nur ein pflichtwidriges oder auch ein pflichtgemäßes Vorverhalten eine Garantenstellung zu begründen vermag, nicht ausdrücklich. Daß er aber im vorliegenden Fall, in dem er eine Strafbarkeit des Gastwirtes verneinte, dies auch aus Gründen eines pflichtgemäßen Vorverhaltens tat, wird dadurch deutlich, daß er ausführte, ein sozial übliches und von der Gesellschaft gebillig-

---

473 BGHSt 19, 152 (Urt. v. 13. November 1963).

474 BGHSt 19, 152 (154).

475 Vergleiche etwa *Geilen*, in: JZ 1965, 469 f. zu der Frage, ob der Ausschank alkoholischer Getränke auch an *Kraftfahrzeugführer* ein sozial übliches und von der Allgemeinheit gebilligtes Verhalten darstellt, daß keine Rechtspflicht zum Eingreifen zu begründen vermag (BGHSt 19, 152 (154, 155)).

476 BGHSt 19, 152 (155).

477 *Otto*, in: NJW 1974, 528 (534).

tes Verhalten vermöge eine Garantenstellung regelmäßig nicht zu begründen[478]. Hierin ist eine Annäherung der Rechtsprechung an die Literatur zu sehen[479].

Trotz der letztgenannten Einschränkungen darf man jedoch nicht verkennen, daß die Richter bereits in der ersten Entscheidung zusätzliche Voraussetzungen an eine Strafbarkeit des Wirtes wegen Unterlassens geknüpft haben. Einen Automatismus gab es nie, so daß die Wandlung der Rechtsprechung in ihrer Wortwahl deutlicher erscheint als in ihren rechtlichen Folgen[480].

Eine weitere Entscheidung zu einer Garantenstellung des Gastwirtes aus Ingerenz erging bereits kurze Zeit später, am 5. Dezember 1974[481]. Hier hatten die Richter über einen Fall zu entscheiden, in dem zwar im Gegensatz zu den oben dargestellten Sachverhalten kein Kraftfahrer[482] als Gast in Erscheinung trat, in dem aber ebenfalls ein Gast nach dem Verzehr von alkoholischen Getränken in der Gaststätte des angeklagten Gastwirtes zu Schaden, hier zu Tode, kam. Das Opfer, bereits vor dem Betreten des Lokals angetrunken, im Anschluß bis zur Unzurechnungsfähigkeit volltrunken, wurde von dem Wirt an eine stark befahrene Straße begleitet, dort von diesem allein zurückgelassen und starb an den Folgen eines durch seine Trunkenheit entstandenen Unfalls.
Erneut führten die Richter aus, daß sie an den Grundsätzen der Eigenverantwortung und Selbstgefährdung, an ihren Aussagen zur Sozialüblichkeit und Billigung durch die Allgemeinheit festhalten. Sie zeigten aber auch deutlich die Grenzen dieser Grundsätze auf: Nur solange der Gast selbst rechtlich verantwortlich sei, und sei es auch nur in eingeschränktem Maße, obläge dem Gastwirt keine strafrechtliche Verantwortlichkeit. Das Verabreichen berauschender Getränke werde von dem Zeitpunkt an zu einer möglichen Quelle einer Garantenpflicht, in dem der Gast seine Zurechnungsfähigkeit infolge des Alkoholgenusses verlöre und so sich selbst oder andere, zum Beispiel andere Verkehrsteilnehmer, gefährde. Nach Überschreiten dieser Grenze soll der Gastwirt rechtlich verpflichtet sein, die von dem Betrunkenen ausgehende Gefahr nach Kräften abzuwenden[483], da sein Verhalten dann ein gefährliches und nicht gebilligtes werde. Anknüpfungspunkt der Haftung ist nach dieser Ansicht nicht der Beginn der Selbstgefährdung, nicht die Unterstützung derselben durch den Ausschank von Alkoholika, sondern der „Beginn des Verlustes" der rechtlichen Verantwortlichkeit; der Wirt wird also ab dem Zeitpunkt in die Verantwortung

---

478 BGHSt 26, 35 (37) unter Verweis auf BGHSt 25, 218 (220, 221).

479 Vergleiche dazu auch die Ausführungen ab Seite 161.

480 Vergleiche auch *Schünemann*, S. 311.

481 BGHSt 26, 35.

482 Diesbezüglich schränken die Richter ihre Aussagen von BGHSt 19, 152 hier wieder etwas ein, vergleiche BGHSt 26, 35 (38).

483 BGHSt 26, 35 (38).

genommen, ab dem der volltrunkene Gast neben der Kontrolle seine Zurechnungs- und Steuerungsfähigkeit einbüßt.

bb) Bewertung des Verlaufes

Daß dieser Bereich der Ingerenzgarantenstellungen erst im postliberalen Zeitalter aufgekommen ist, läßt sich im Hinblick auf die Entwicklung im Straßenverkehr leicht erklären: Die relativ späte Entstehung der höchstrichterlichen Rechtsprechung hinsichtlich einer solchen Garantenstellung des Gastwirtes gegenüber seinen betrunkenen Kunden und dadurch einer möglichen Unterlassungsstrafbarkeit hängt unmittelbar mit der Entstehung von Straßenverkehr überhaupt und infolgedessen der Zunahme des Verkehrsaufkommens und der damit verbundenen Zunahme der durch Alkohol am Steuer begründeten Unfälle zusammen. Die Entwicklung des Benzinmotors fand am Ende des 19. Jahrhundert statt, im Jahr 1879 lief der erste von Carl Benz konstruierte Zweitaktmotor, 1886 fand erstmals eine Probefahrt mit einem Viertaktmodell statt. In dieser Zeit war der Besitz von und das Fortkommen mit Automobilen einer verschwindend geringen Minderheit vorbehalten[484], von der nur ein äußerst niedriges Risiko bezüglich Verkehrsunfällen ausgehen konnte.
Eine weite Verbreitung sollten die Personenkraftwagen dann im Deutschen Reich mit dem VW-Käfer erfahren. Vorgestellt wurde dieser der Öffentlichkeit am 17. Februar 1938, dem Jahr, in dem auch die Rechtsprechung des Reichsgerichtes zum hier behandelten Thema ihren Ausgang nahm[485]. Nach dem Zweiten Weltkrieg fand infolge des „Wirtschaftswunders" eine rasche Zunahme der zugelassenen PKW[486] und damit der Verkehrsdichte statt. Mit einer Ausbreitung des Straßenverkehrs mußte es auch zwangsläufig zu einem Anstieg der Verkehrsunfälle und -delikte kommen. Um dieser Entwicklung Herr zu werden und um die gefährliche Kombination von Autofahren und Alkoholkonsum zu unterbinden, reagierte die Rechtsprechung zunächst auch mit der Möglichkeit, nicht nur den trinkenden Fahrer, sondern auch den an diesen ausschenkenden Gastwirt strafrechtlich zu belangen.
Dies mag ein Grund für die Entstehung dieser Garantenspezies sein, für ihr Ende und ihre Einschränkung kann er indes nicht verantwortlich gemacht werden, da die Verkehrsdichte heutzutage höher denn je ist. In den alten Bundesländern

---

484 1907 gab es im Deutschen Reich insgesamt 10115 PKW. 15 Jahre später belief sich diese Zahl auf 98587, was bedeutete, daß auf 1000 Einwohner rund 2 PKW kamen; Quelle: *Statistische Mitteilungen des Kraftfahrt-Bundesamtes.*

485 Vor dem Krieg, 1939, hatte sich die Zahl der PKW immerhin auf 1.426.743 (21 je 1000 Einwohner) erhöht; Quelle: *Statistische Mitteilungen des Kraftfahrt-Bundesamtes.*

486 1960: *4.489.407 (81 PKW je 1000 Einwohner);* 1975: *17.898.422 (288);* 1990 (Ohne Neue Länder): *30.684.811 (495);* 1997 (Mit neuen Ländern): *41. 371.992 (506).* Quelle: *Statistische Mitteilungen des Kraftfahrt-Bundesamtes.*

belief sich die Konzentration im Jahr 1997 auf 516 PKW je 1000 Einwohner, insgesamt waren 49.019.056 Kraftfahrzeuge angemeldet[487]. Die Gründe für die Rückführung der strafrechtlichen Haftung sind also nicht im Bereich der verkehrstechnischen Entwicklung zu suchen.
Ein Indiz mag der Zeitpunkt des Aufkommens der Rechtsprechung sein. Die Tatsache, daß dieser Gedanke, wenn auch nicht in Form einer Garantenpflicht, da die Richter des Reichsgerichtes ja noch aktives Tun angenommen hatten, erstmals zu Zeiten der nationalsozialistischen Diktatur Erwähnung fand und zu Bedeutung gelangte, spiegelt erneut das gesellschaftliche Bild der damaligen Zeit wider. Wie schon an anderen Stellen deutlich geworden ist, wurde dem Schutz der Allgemeinheit, der Volksgesamtheit mehr Bedeutung beigemessen als der individuellen Verantwortung. Oberste Pflicht war die Sorge um den „Volksgenossen", für dessen Tun oder Lassen war man ohne besonders strenge Voraussetzungen mitverantwortlich. Paternalistische Tendenzen, wie im Falle des Gastwirtes, passen offenkundig in diese Zeit.
Selbstverständlich läßt sich die Entstehung und Entwicklung der Garantenpflicht des Gastwirtes, einen betrunkenen Gast an der Weiterfahrt zu hindern, nicht auf die gesamtgesellschaftliche Situation in Deutschland zur damaligen Zeit, sprich auf den Nationalsozialismus, reduzieren und schon gar nicht allein daraus erklären. Der Geist dieser Zeit aber, der auch und insbesondere das Strafrecht erfaßt hatte - dazu sei etwa auf die Ausführungen zur Legalentwicklung bei § 323 c StGB und § 13 StGB hingewiesen[488] - war einer solchen Entwicklung aber gewiß förderlich. Wenn Gemeinschaft und Kollektiv über allem stehen, Individualität und Eigenverantwortung dagegen kaum Bedeutung erfahren, erscheint eine Ausweitung der Garantenpflichten gerade in den Bereich hinein als logische Folge, in dem es gilt, den anderen zu hindern, etwas Schädliches zu tun.

Die spätere Zeit, in der der BGH seine Linie geändert und die Fremdverantwortlichkeit, die sichtlich bevormundende Merkmale in sich trug, zurückgedrängt hat (und dies ja nicht nur auf dem Gebiete der Gastwirtshaftung), erscheint als Beleg für diese Vermutung: Ein neues Menschen- und damit Gesellschaftsbild, das das Individuum wieder mehr respektierte, verlangte neben einer Stärkung von dessen Rechten auch nach einer Beschneidung kollektivistisch motivierter, in den Bereich des nicht zeitgemäßen Paternalismus reichenden Rechtspflichten. Der Beginn einer zurückhaltenderen Richtung läßt sich schon auf die frühen sechziger Jahre datieren, so daß die Justiz eine solche Notwendigkeit schon früh gesehen hat.

---

487 Quelle: *Statistische Mitteilungen des Kraftfahrt-Bundesamtes.*

488 Vergleiche dazu die Ausführungen ab den Seiten 29 ff. hinsichtlich der Entwicklung zum § 13 StGB und ab Seiten 187 ff. zu § 323 c StGB.

Faßt man die Entwicklung entsprechend der Hypothese zusammen, so bietet sich folgendes Bild: Zu Zeiten von Kaiserreich und Weimarer Republik existierte eine entsprechende Pflicht des Gastwirtes in der höchstrichterlichen Judikatur nicht. Eine Strafbarkeit wurde, wenn auch noch auf dem Gebiet des aktiven Tuns, erstmals in der Zeit des Nationalsozialismus bejaht; der BGH schließlich hat anfänglich eine weitgehende Rechtspflicht des Gastwirtes angenommen, diese aber recht früh eingeschränkt und im Laufe der Zeit aus den oben genannten Gründen deutlich eingeschränkt und beschnitten.
Aufgrund der Tatsache, daß im erstgenannten Zeitraum kein nennenswertes Verkehrsaufkommen existierte, läßt sich nur mutmaßen, ob die Gerichte bei entsprechenden Zuständen eine Garantenpflicht anerkannt hätten oder nicht. Dies erscheint mangels Nachweisbarkeit als müßig; dem Gedanken einer liberal orientierten Gesellschaft scheint eine solch paternalistische Verpflichtung allerdings zuwider zu laufen. Auch in einer solidaristisch orientierten Gesellschaft paßt eine derartig umfassende Verpflichtung in diesem Ausmaße trotz stärker ausgeprägten Solidarverpflichtungen nicht ins Bild. Obgleich für die Epoche des Liberalismus mangels einer vergleichbaren tatsächlichen Situation nur Mutmaßungen ausgesprochen werden konnten[489], scheint die eingangs der Arbeit aufgestellte Behauptung in diesem Bereich der Ingerenzjudikatur einen Rückhalt zu finden. Ausgeschlossen haben die Richter des BGH die Möglichkeit einer solchen Figur nicht, sondern nur strengere Voraussetzungen an ihre Annahme gestellt aufgestellt. In der Gesamtsicht hat hier dennoch eine Ausweitung des Kreises möglicher Garantenpositionen stattgefunden.

b) Die Haftung innerhalb einer privaten Zechgemeinschaft

Die Rechtsprechung hat auch unter den Teilnehmern von privaten Zechgemeinschaften Rechtspflichten angenommen, die in der Ingerenz gründeten. Natürlich lassen sich solche Trinkrunden nur bedingt mit der verantwortungsvolleren Stellung eines Gastwirtes vergleichen, die Verhältnisse von Wirt und Gast und unter gleichberechtigten Zechern weisen doch erhebliche Unterschiede auf, was sich allein in den im Gaststättengesetz an den Wirt gestellten Anforderungen zeigt[490]. In beiden Fällen jedoch wird freiwillig Alkohol konsumiert und infolge dieses Konsums wird eine Gefahrenlage herbeigeführt, so daß eine gewisse strukturelle Übereinstimmung nicht zu leugnen ist. Aufgrund dieser Ähnlichkeit soll die Entwicklung dieser Fallkonstellationen hier im Anschluß an die Gastwirtshaftung erörtert werden. Unter Umständen vermag die

---

489 Vergleiche dazu auch die Ausführungen ab Seite 178.

490 Anders *Welp*, S. 316, der allein auf die Gefährlichkeit der betreffenden Vorhandlung abstellen will und so eine Unterscheidung von Gastwirt und privatem Gastgeber vermeiden möchte.

Entwicklung in diesem Bereich die oben gewonnenen Erkenntnisse weiter zu stützen.

Aufgekommen ist eine in einer privaten Zechgemeinschaft begründete Garantenstellung, wie auch im Falle der Gastwirtshaftung, erstmals in der Zeit kurz nach Ende des Zweiten Weltkrieges. Wie schon im Falle der Gastwirtshaftung bestand eine damit korrespondierende Rechtsprechung des Reichsgerichtes auch in diesen Fällen zur Zeit des Liberalismus noch nicht.
Die Karlsruher Richter stellten zwar in einer einschlägigen Entscheidung fest, daß gemeinsames Zechen nicht ohne weiteres eine Rettungs- oder Fürsorgepflicht erzeugen könne[491], aber sie führten auch aus, daß der Angeklagte sehr wohl eine Rechtspflicht hätte, den Zechkumpan aus einer Gefahrenlage zu retten. Der dem Fall zugrundeliegende Sachverhalt hatte folgenden Inhalt: Der Angeklagte war mit dem späteren Opfer in betrunkenem Zustand Motorrad gefahren und dabei verunglückt. Dem Angeklagten habe nach Auffassung des Gerichts eine Rechtspflicht oblegen, kraft derer er diese Fahrt hätte verhindern müssen. Begründet wurde diese damit, daß sich der Freund allein nicht in eine solche Gefahrenlage begeben hätte, da er die Trunkenheitsfahrt mit dem Motorrad alleine nicht durchgeführt hätte. Daß der Angeklagte selbst nicht die Initiative zu der Unternehmung ergriffen hatte, daß er sogar nur widerwillig mitfuhr, bleibt unberücksichtigt[492]. Das gemeinsame Trinken und das Ermöglichen der Fahrt durch die eigene Teilnahme daran lösten eine Rechtspflicht aus; die Eigenverantwortung wurde auch hier zum Nachteil der Fremdverantwortung beschränkt. Wie schon in den ersten Urteilen des BGH zu einer Haftung des Wirtes[493] ist auch auf diesem Gebiet eine paternalistische Tendenz in der Rechtsprechung des BGH festzustellen.

Noch kurze Zeit vorher führten die Richter des Bayerischen Oberlandesgerichts hingegen in einem gleichfalls eine Zechgemeinschaft betreffenden Fall aus[494], daß eine solche nur unter besonderen Umständen eine Garantenpflicht auslösen könne. Ingerenz als Pflichtenquelle scheide aus, wenn derjenige, der später in eine Gefahrenlage gerate, sich eigenverantwortlich hätte betrinken wollen. Denn wenn jeder Beitrag zur Entstehung einer Gefahr eine Garantenpflicht hervorriefe, selbst wenn das spätere Opfer einen maßgeblichen Beitrag zum Eintritt des Erfolges selbst beigesteuert habe, wäre eine uferlose Ausweitung der Garantenpflichten die Folge[495]. Es war dies eine andere Richtung, die die Richter ein-

---

491 BGH NJW 1954, 1047 (Urt. v. 25. Februar 1954).

492 BGH NJW 1954, 1047 (1048).

493 Vergleiche dazu BGHSt 4, 20; BGH VRS 6, 447. Die Urteile stammen gleichfalls aus den Jahren 1954 und 1953.

494 Bay ObLG NJW 1953, 556 (Urt. v. 9. Dezember 1952).

495 Bay ObLG a. a. O.

geschlagen hatten, angetrieben von der Sorge, das Feld der Garantenpflichten könnte über die Maße ausgeweitet werden.
Das Vorgehen des BGH in jener Zeit erweckt jedoch den Eindruck, daß das Gericht eine Ausweitung der Garantenpflicht aus vorangegangenem Tun betrieb[496], da hier wie schon bei den zuvor dargestellten Fällen eine Verstärkung fremdverantwortlicher Verpflichtungen mit durchaus bevormundendem Charakter zu beobachten ist[497].

Parallelen in der Handhabung beider Fallgruppen zeigten sich freilich nicht nur zu Zeiten der Ausweitung der Haftung, sondern dieselbe einschränkende Tendenz, die die Richter bei den geschilderten Gastwirtsfällen haben erkennen lassen, läßt sich auch auf dem Gebiet der privaten Zechgemeinschaften ausmachen.
In einem Fall, in dem das spätere Opfer nach gemeinsamem Zechen noch über das gemeinsame Trinken hinaus einverständlich an einer Autofahrt und einem nächtlichen Spaziergang im Wald teilgenommen hatte, wurde eine Garantenpflicht einer anwesenden Teilnehmerin der Zecherrunde abgelehnt, als das Opfer zusammengeschlagen wird, um einen Raub an ihm zu ermöglichen. Während in der oben angeführten BGH-Entscheidung eine vom späteren Opfer selbst angeregte Motorradfahrt nach Meinung des Gerichtes noch verstärkend zur Garantenposition hinzutrat, stellte es nunmehr ausdrücklich fest, eine in den oben beschriebenen Grundlagen begründete Pflicht würde die Anforderungen, die an die Entstehung einer Garantenpflicht zu stellen seien, überspannen[498]. Genügte 1954 also eine private Zechgemeinschaft mit anschließender, vom Opfer selbst gewollte Motorradfahrt, um eine Garantenstellung aus vorangegangenem gefährlichen Tun zu begründen, so soll knapp 30 Jahre später eine solche Zechgemeinschaft, aus der heraus das Opfer zusätzlich angeregt wird, an einer Autofahrt und einem Spaziergang teilzunehmen, nicht mehr ausreichen. Daß im letztgenannten Fall eine deutlich höhere Gefahrschaffung seitens der Zechgenossen vorlag (und auch intendiert war) und eine Garantenstellung trotzdem abgelehnt wurde, zeigt klar die Richtung des BGH hin zur verstärkten Berücksichtigung der Eigenverantwortung auf. Die Richter haben in diesem Bereich Rechtspflichten, die in das Feld des Paternalismus hineinreichten, zurückgeschnitten. Die Entwicklung der Judikatur bei den Fällen privater Zechgemeinschaften ist damit weitgehend deckungsgleich mit dem auf dem Gebiet der Gastwirtshaftung erfolgten Fortgang.

---

496 Hierzu kritisch *Welzel*, in: JZ 1960, 179 f., zustimmend *von Weber*, in: NJW 1953, 1072.
497 Dem BGH zustimmend auch *Geilen*, in: JZ 1965, 469 (475).
498 BGH NStZ 83, 454 (Urt. v. 27. Mai 1983).

Wie auch im Bereich der Gastwirtshaftung entspricht die Entwicklung - mit den oben dargestellten Einschränkungen - der in der Hypothese vermuteten. Darüber hinaus vermag die zuletzt dargestellte Entwicklung auch die zuvor aufgestellte Annahme zu stützen, die erörterte Garantenstellung des Gastwirts hätte zu Zeiten des liberalistischen Weltbildes nicht bestanden: Auf diesem Gebiet war die Rechtsprechung nicht so abhängig von der technischen Entwicklung des Straßenverkehrs, so daß eine Garantenstellung aus Ingerenz innerhalb von Zechgemeinschaften durchaus schon zu dieser Zeit hätte anerkannt werden können. Dies war, es sind keine entsprechenden Entscheidungen ersichtlich, jedoch nicht der Fall, so daß der BGH den Kreis der Garantenpflichten mit der Schöpfung einer in der Ingerenz verankerten Pflicht unter Teilnehmern einer privaten Zechgemeinschaft um eine solidaristisch motivierte Rechtspflicht erweitert hat. Aufgrund der bezeichneten Parallelität zu den Gastwirtsfällen stärkt dieser Aspekt auch die Vermutung, im Rahmen der Gastwirtshaftung sei die Zurückhaltung des Reichsgerichts nicht allein aus der verkehrstechnischen Entwicklung heraus zu erklären, sondern durchaus beeinflußt vom gesellschaftlich-ideologischen Wandel.

c) Die Haftung bei der Überlassung illegaler Rauschgifte

Ein weiterer Komplex, der mit den zuvor dargestellten Garantenstellungen verwandt ist - insbesondere unter Berücksichtigung des genannten Anknüpfungspunktes der Verantwortlichkeit und damit des Entstehens einer Rechtspflicht zum Handeln - ergibt sich aus der Überlassung illegaler Rauschmittel. Damit handelt es sich um einen weiteren Sonderfall der Verantwortung für das Handeln anderer: Falls die Verabreichung von Rauschgiften zur Folge hat, daß deren Genuß den Empfänger in eine Gefahr für dessen Gesundheit oder Leben bringt, kann den Überlasser eine Rechtspflicht treffen, diesen Gefahren entgegenzutreten. Auch in diesen Fällen geht es um eine Haftung für einem anderen ermöglichtes Handeln.

aa) Die Position der Rechtsprechung

Das Prinzip der Eigenverantwortung, aus dem die Grundsätze der Straflosigkeit bei einer Ermöglichung oder Beteiligung an einer Selbstgefährdung oder Selbstverletzung folgen, gilt nach Einschätzung der Richter zunächst auch auf dem Gebiet der Überlassung von Rauschgiften im Sinne des Betäubungsmittel-Gesetz (BtMG) wie etwa Heroin. Denn wer durch die Aushändigung des Betäubungsmittels lediglich eine eigenverantwortlich gewollte und verwirklichte Selbstgefährdung veranlasse, ermögliche oder fördere, mache sich, auch wenn sich das Risiko dann realisiere, nicht eines Tötungsdeliktes schuldig[499]. In diesem Zusammenhang heißt es ausdrücklich:

„(...) wer die eigenverantwortlich gewollte und verwirklichte Selbstgefährdung eines anderen ermöglicht, kann nicht ohne weiteres wegen eines Tötungsdeliktes strafbar sein, wenn sich das mit der Gefährdung durch den anderen bewußt eingegangene Risiko verwirklicht. Denn die Selbstgefährdung, die Selbstverletzung und auch die Selbsttötung erfüllen nicht den Tatbestand eines Tötungs- oder Körperverletzungsdelikts.“[500]

Diese Urteile aus der jüngeren Zeit erinnern durchaus an den Standpunkt, den der BGH heute auch bei den beiden vorab behandelten Zweigen der Fremdverantwortlichkeit einnimmt. In früheren Entscheidungen hatten die Richter zur Frage der Strafbarkeit bei einer Beteiligung an einer Selbstgefährdung noch einen anderen Standpunkt eingenommen. So führten sie etwa aus, daß die Annahme des Ursachenzusammenhangs nicht dadurch in Frage gestellt werde, daß das Opfer der Selbstgefährdung sich die zum Tode führende Heroininjektion selbst verabreicht und hierdurch seinen eigenen Tod herbeigeführt habe. In derartigen Fällen verbotener Heroinabgabe mit tödlichem Ausgang stünde der Gesichtspunkt der bewußten Selbstgefährdung der Anwendung des § 222 StGB nicht entgegen[501,502].

Trotz der vom Schrifttum überwiegend positiv aufgenommenen Kehrtwendung hin zu einer stärkeren Bedeutung der Grundsätze bei Selbstgefährdungen in der jüngeren Zeit[503] gelangte der BGH dennoch in vielen Fällen zu einem pflichtwidrigen Vorverhalten, mithin zu einer Garantenposition. Denn der Handlungspflicht eines wegen Überlassung von Betäubungsmitteln Angeklagten stünde nicht entgegen, daß er zunächst durch sein Verhalten dem Opfer mit dessen Einverständnis nur eine (straflose) Selbstgefährdung ermöglicht habe. Die Straflosigkeit dieses Tuns im Hinblick auf die Herbeiführung des Risikos schlösse nicht aus, Garantenpflichten für den Zeitpunkt zu begründen, in dem sich das Risiko erkennbar verwirkliche. Das folge schon daraus, daß das Opfer, also der Empfänger und Konsument des Rauschgiftes, nicht etwa seinen eige-

---

499 BGH NJW 1985, 690 (691) (Urt. v. 9. November 1984) unter Anknüpfung an das Grundsatzurteil BGHSt 32, 262.

500 BGHSt 32, 262 (264 f.) (Urt. v. 14. Februar 1984). Vergleiche dazu auch Fußnote 502.

501 Vergleiche für Entscheidungen kurz vor der Änderung in der Rechtsprechung BGH MDR bei *Holtz*, 1980, 985 (Urt. v. 31. Juli 1979 und v. 3. Juni 1980), BGH NStZ 1981, 350 (Urt. v. 28. April 1981), BGH NStZ 1983, 72 (Urt. v. 28. Oktober 1982), jeweils m. w. N.

502 Zwar handelt es sich bei den letztgenannten Entscheidungen nicht (immer) um Fälle strafbaren Unterlassens, sondern um teilweise aktives (fahrlässiges) Tun, beiden Bereichen liegt jedoch die gleiche Problematik von Selbstverantwortung und Selbstschädigung/-tötung zugrunde.

503 Vergleiche nur *Stree*, in: JuS 1985, 179 (180, 181).

nen Tod wollte, sondern nur damit einverstanden gewesen wäre, daß sein Heroingenuß ihn in diese Gefahr brächte. Sobald er sich in dieser Gefahr, auf deren Nichteintritt er gehofft hätte, befunden habe, hätte sich der Angeklagte, der ihn durch das strafbare Überlassen des Heroingemischs mit in diese Lage gebracht hatte, um einen Notarzt bemühen müssen. Die Anforderungen an den Garanten würden damit nicht überspannt[504].
Wer durch das pflichtwidrige und strafbare Überlassen von Heroin die mit der Bewußtlosigkeit des Opfers eingetretene Gefahrenlage herbeigeführt habe, sei gemäß § 13 StGB unter dem Gesichtspunkt des vorhergegangenen Tuns verpflichtet, den Tod des Opfers zu verhindern. Tut er dies nicht, dann macht er sich unter Umständen der fahrlässigen Tötung durch Unterlassen strafbar. Dieser Handlungspflicht stünde auch nicht entgegen, daß der Angeklagte zunächst durch sein Verhalten dem Opfer - mit dessen Einverständnis - nur eine eigenverantwortliche Selbstgefährdung ermöglicht habe. Die Straflosigkeit dieses Verhaltens im Hinblick auf die Herbeiführung des Risikos ändere nichts daran, daß für den Täter Garantenpflichten in dem Zeitpunkt entstünden, in dem aus dem allgemeinen Risiko eine besondere Gefahrenlage erwachse[505].
An dieser Verlagerung des Anknüpfungspunktes vom Zeitpunkt der Übergabe des Rauschgiftes zum Eintritt der Bewußtlosigkeit hält der BGH bis in die heutige Zeit fest. Die Vorgehensweise, eine straflose Beteiligung an einer Selbstgefährdung oder Selbstverletzung in eine strafbare Unterlassung umzumünzen, wenn das Opfer das Bewußtsein - und damit Willen und mögliche Tatherrschaft - verliert, stellt zweifelsohne eine Einschränkung des oben dargestellten Prinzips der Selbstverantwortung und der Grundsätze zur bewußten Selbstgefährdung dar. Begründet wird dies damit, daß für den Bereich des Betäubungsmittelstrafrechts, in dem der Tod eines Menschen oder die Gefahr von Gesundheitsbeschädigungen infolge des Genusses von Betäubungsmitteln Grund für die erhöhte Strafe sind (zum Beispiel die §§ 29 Abs. 3 Nr. 2; 30 Abs. 1 Nr. 3 BtMG), eine mittels der Regeln über die bewußte Selbstgefährdung eingeschränkte Verantwortung des Täters keinen Raum beanspruchen könne. Denn der Schutzzweck des BtMG verlange eine Einschränkung des Prinzips der Selbstverantwortung und damit auch der Grundsätze über die bewußte Selbstgefährdung: Zuvörderst seien nicht Leben und Gesundheit des einzelnen Schutzgut der Vorschriften des Betäubungsmittelrechts, sondern die „Volksgesundheit“ und damit die Allgemeinheit[506]. Aus diesen Gründen sieht der BGH nach eigenem Bekunden bis heute keine Veranlassung, von seiner Rechtsprechung

504 BGH NStZ 1984, 452 (Urt. v. 27. Juni 1984).

505 BGH NJW 1985, 690 (691) (Urt. v. 9. November 1984).

506 BGHSt 37, 179 (Urt. v. 25. September 1990), vergleiche dazu auch BT-Drucksachen 8/3551, S. 37 zur Position der Legislative. Nicht unproblematisch erscheint überdies in diesem Zusammenhang erneut – wie schon bei den Unzuchtsverhinderungspflichten – die Frage des Schutz- oder Rechtsgutszusammenhangs.

abzuweichen, wonach der Überlasser von Betäubungsmitteln bei einer durch eine unbeabsichtigte Überdosis herbeigeführten Todesgefahr nach § 13 StGB aufgrund vorangegangenen Tuns rechtlich verpflichtet sei, diese Gefahr abzuwenden[507,508].

Bei den nichtlegalen Rauschmitteln steht der BGH wie gesehen auf einem deutlich anderen Standpunkt als bei den legalen Drogen, auch wenn das Prinzip der eigenverantwortlichen Selbstgefährdung grundsätzlich in diesem Raum Geltung beanspruchen dürfen. Da bei der Überlassung etwa von Alkohol wie auch bei der Überlassung von Heroin eine vergleichbare Struktur nicht zu übersehen ist - Ermöglichung der Selbstgefährdung durch Überlassen berauschender Mittel - stellt sich die Frage, wie es zu dieser Ungleichbehandlung kommen kann.
Den wohl wichtigsten Grund für die unterschiedliche Behandlung hat der BGH selbst geliefert, indem er die unterschiedlichen Rechtsgüter benannt hat. Wenn der Schutz der Allgemeinheit, der Volksgesundheit hinter der Rechtsprechung steht, dann setzt sich die Strafbarkeit nach dem BtMG für Abgabe von Betäubungsmitteln über die im allgemeinen Strafrecht bestehenden Grenzen einer Strafbarkeit wegen Beteiligung an einer bewußten Selbstgefährdung bzw. -verletzung hinweg[509].
Auch die kulturelle Behandlung unterschiedlicher Rauschmittel[510] in einer Gesellschaft wird eine Rolle spielen. Die deutlich andere Einstellung großer Teile der Bevölkerung gegenüber legalen, gesellschaftlich wenigstens gebilligten Rauschmitteln wie Alkohol und Nikotin und die ablehnende Haltung gegenüber illegalen Rauschmitteln wie etwa Heroin, Ecstasy und sogar Haschisch und Marihuana ist sicher nicht ohne Einfluß auf die Situation in der Rechtsprechung. Einen weiteren Unterschied stellt die Tatsache dar, daß die Gefahr der Überdosierung und damit der akuten Lebensgefährdung etwa bei Heroin deutlich größer ist als beispielsweise bei den „kultivierten Rauschmitteln“ wie Alkohol oder gar Nikotin.

Zuletzt machen die Ausführungen zu Volksgesundheit und Allgemeinheit deutlich, daß der Gedanke der Generalprävention im Bereich der illegalen Rauschmittel eine entscheidende Rolle spielt. Die Strafrechtspolitik zeichnet hier den repressiven Weg vor.

---

507 Zuletzt BGH NStZ 1994, 581 (Urt. v. 24. August 1994).

508 Dieser Auffassung stehen weite Teile der Literatur ablehnend oder zumindest kritisch gegenüber, vergleiche *Stree*, in: Schönke-Schröder § 13 Rn. 40 m. w. N.

509 *Loos*, in: JR 1982, 342.

510 Man denke nur an das Reinheitsgebot für Bier aus dem Jahr 1516, welches die Rolle dieses Getränks in unserer Gesellschaft verdeutlicht.

bb) Bewertung des Verlaufes

Auch wenn es sich bei den Fällen der Gastwirtshaftung, den privaten Zechgemeinschaften und der Überlassung nichtlegaler Rauschmittel um vergleichbar strukturierte Sachverhalte handelt, ist der Standpunkt der Rechtsprechung auf dem letztgenannten Feld ein anderer. Auch die Entwicklung verläuft unterschiedlich. So weisen die den Garanten vom BGH auferlegten Pflichten dem (durch Rauschgifte) Berauschten gegenüber heute noch deutlich bevormundendere Eigenschaften auf als auf den vorgenannten Gebieten; die Gründe für diese Differenz sind bereits dargestellt worden. Faktisch hat der BGH den Kreis der Garantenstellungen im Vergleich zur vorhergehenden Rechtsprechung des Reichsgerichtes, von dem hierzu keine Entscheidungen vorliegen, ausgedehnt. Bei diesen Rechtspflichten handelt es sich auch um zumindest solidarisch mitmotivierte Verpflichtungen, denn trotz des abstrakten Begriffs der „Volksgesundheit“ wird ja zusätzlich dem betroffenen Individuum wenigstens von objektiver Warte aus geholfen.

Es läßt sich damit festhalten, daß dieses strafbewehrte Bemühen des Staates um „Volksgesundheit“ - und damit auch um die des Einzelnen - gut in das Bild der heutigen Gesellschaft paßt, besser zumindest als in das eines in erster Linie freiheitlich ausgerichteten Systems. Der abstrakte Begriff der „Volksgesundheit“ vermag auch die deutlich paternalistischen Züge in der Rechtsprechung erklären, die den wesentlichen Unterschied zu den zuvor dargestellten Bereichen ausmacht. Wenn nicht konkret und individuell auf das subjektiv empfundene Wohl des Einzelnen abgestellt wird, sondern statt dessen ein umfassender Begriff für das objektive Wohl aller Gesellschaftsmitglieder durchgesetzt werden soll, dann stellen die bevormundenden Züge in der Jurisdiktion keine Überraschung dar.

3. Der Charakter des Vorverhaltens bei der Ingerenz

Maßgeblicher Anknüpfungspunkt bei den in der Ingerenz begründeten Garantenstellungen ist das Vorverhalten des möglichen Garanten. Die Tatsache, daß ein bestimmtes Verhalten unter Umständen eine strafrechtlich relevante Pflicht zu begründen vermag, läßt insbesondere die Frage entscheidend werden, wie dieses Verhalten auszusehen hat, unter welchen Umständen es zu einer Garantenposition führt. Ein wesentliches Kriterium ist dabei der rechtliche Charakter des Vorverhaltens. Hier geht es darum, ob das vorangegangene Tun pflichtwidrig gewesen sein muß, um eventuell eine Garantenpflicht zu erzeugen, oder ob nicht auch ein pflichtgemäßes Tun ausreicht. Diese Frage hat vor allem in den Fällen der strafrechtlichen Produkthaftung und der rechtlichen Verpflichtung eines Kraftfahrzeugführers, einem Unfallopfer zu helfen, eine wichtige Rolle gespielt. Doch bevor die Entwicklung in diesen beiden Fallgruppen nachgezeichnet werden soll[511], wird zunächst fallgruppenübergreifend der Frage nachgegangen, wie sich die Rechtsprechung von Reichsgericht und BGH insgesamt, über alle Sachverhaltskonstellationen hinweg also, entwickelt hat. Hierdurch wird die angesprochene Problematik deutlicher und läßt sich bei den nachfolgenden Darstellungen besser nachvollziehen.

Um die Frage nach dem rechtlichen Charakter des Vorverhaltens ist zwischen Rechtsprechung und Strafrechtsdogmatik seit langem gestritten worden, ohne das es zu einer Übereinstimmung gekommen wäre. Der BGH hat sich zu diesem Thema bisher noch nicht eindeutig geäußert. Während die Literatur zu einem weiten Teil seit längerem ein pflichtgemäßes Verhalten nicht ausreichen lassen will[512], läßt die Judikatur solche Klarheit vermissen. Anhand einiger Urteile, in denen die wechselhafte Linie des BGH besonders deutlich wird, soll deshalb diese Entwicklung nachgezeichnet werden. Zwar wird sich diese rein rechtliche Entwicklung, unbeeinflußt von den tatsächlichen Begebenheiten des jeweils zugrundeliegenden Sachverhaltes also, nicht direkt in Einklang mit der anfangs aufgestellten Hypothese bringen lassen, ein Erkenntnisgewinn erscheint jedoch auch in dieser Richtung möglich. Genügt nämlich ein pflichtgemäßes Verhalten, um eine Garantenstellung aus der Ingerenz zu begründen, dann ist ein deutlich größeres Gebiet an Verhaltensweisen unter Umständen dazu geeignet, eine Ingerenzgarantenstellung auszulösen. Auch hier läßt sich so eventuell eine quantitative Entwicklung auf dem Gebiet der Garantenstellungen aufzeigen.

a) Die Entwicklung der Rechtsprechung

Das Reichsgericht verlangte in seiner Rechtsprechung zu keinem Zeitpunkt, daß das Vorverhalten pflichtwidrig sein mußte, um eine Garantenpflicht aus Ingerenz auszulösen[513]. Auch der BGH hielt zunächst an dieser Linie fest: Ursprünglich hat er das erforderliche Vorverhalten nicht auf ein pflichtwidriges beschränkt. So sollte etwa der Alkoholausschank des Gastwirtes[514] eine Garantenposition begründen, da, so die Richter, derjenige, der die Gefahr für die Begehung einer Straftat schaffe, verpflichtet sei, den aus dieser Lage drohenden Erfolg abzuwenden[515]. Die Frage, *wie*, also ob rechtswidrig oder rechtmäßig

---

511 Ausführungen zur Produkthaftung und zur Rechtspflicht des Kraftfahrzeugführers im Anschluß an dieses Kapitel.

512 Vergleiche dazu *Wessels*, in: AT, Rn. 725 ff, zu den Gegenstimmen vergleiche die Nachweise bei *Lackner/Kühl* § 13 Rn. 13.

513 Vergleiche beispielsweise RGSt 45, 210 (213) (Urt. v. 19. Oktober 1911); 51, 9 (12) (Urt. v. 4. Juni 1917); 72, 52 (57) (Urt. v. 20. Dezember 1938).

514 Vergleiche dazu oben auf Seite 147.

515 BGHSt 4, 20 (22) (Urt. v. 22. Januar 1953).

diese Gefahr (mit-)geschaffen wurde, fand keine Berücksichtigung. Gleiches galt in einem Fall, in dem die Richter das arglose Verleihen eines Messers, mit dem dann eine Körperverletzung begangen wurde[516], als Vorverhalten zur Begründung einer Garantenposition genügen ließen. Hier handelte der Angeklagte nicht nur schuldlos (schuldhaftes Handeln war ja auch nicht erforderlich), sondern er hatte die Gefahr sogar nur unbewußt heraufbeschworen. Rechts- oder pflichtwidrig handelte er damit kaum. In dieser Entscheidung blieb das Problem des Charakters der Vorhandlung unerörtert.

Nachdem der BGH somit in seinen Entscheidungen ein pflichtgemäßes Verhalten zur Begründung einer Rechtspflicht hatte genügen lassen, hat er seinen Standpunkt in der Folge modifiziert, ohne allerdings grundsätzlich zur Frage nach der Eigenschaft des Vorverhaltens Stellung zu beziehen[517]. So wurde eine Rechtspflicht im Sinne des § 13 StGB von den Richtern in Fällen verneint, in denen beispielsweise der wegen Totschlags durch Unterlassen Angeklagte zuvor von dem späteren Opfer angegriffen worden war und im Rahmen der Notwehr, der eigenen Verteidigung also, gehandelt hatte[518], oder aber, wenn ein sich verkehrsgerecht verhaltender Kraftfahrzeugführer einen Betrunkenen überfuhr, der über die Fahrbahn torkelte[519].
Auch in den bereits angesprochenen Gastwirtsfällen schwächte der BGH seine Auffassung in späterer Zeit diesbezüglich ab[520]. Er lehnte eine Ingerenzgarantenstellung des Gastwirtes nunmehr ab, wenn der Wirt beim Ausschank der Alkoholika im Rahmen des sozial Adäquaten geblieben war[521]. Nachdem die Richter damit zunächst entgegen der verbreiteten Ansicht im Schrifttum das Merkmal der Pflichtwidrigkeit des Vorverhaltens nicht berücksichtigt hatten, näherten sie sich diesem in der Folge an, indem sie rechtmäßiges und sozial übliches Verhalten nun nicht mehr ausreichen ließen. Auch wenn der BGH damit nicht ausdrücklich und allgemein festgeschrieben hat, daß ein pflichtgemäßes Tun zur Pflichtbegründung nicht genüge, ist er mit seiner Argumentation der verbreiteten Meinung der Literatur gefolgt.

---

516 BGHSt 11, 353 (355) (Urt. v. 1. April 1958).

517 Vergleiche etwa BGHSt 23, 327: „Die Frage, ob das gefährdende Vorverhalten rechtswidrig sein muß, braucht hier nicht allgemein beantwortet zu werden." Vergleiche auch BGHSt 25, 218 (221).

518 BGHSt 23, 327 (327, 328) (Urt. v. 29. Juli 1970).

519 BGHSt 25, 218 (221) (Urt. v. 19. Juli 1973).

520 Zu den Fällen der Haftung des Gastwirtes aus Ingerenz vergleiche ausführlich ab S. 148.

521 BGHSt 19, 152 (Urt. v. 13. November 1963); diese Position wurde allerdings in BGHSt 26, 35 (38).

Einige Jahre später sollte dann der 4. Senat für eine erneute Wende in diesem Zusammenhang sorgen. Der Entscheidung BGH 34, 82[522] lag die Frage zugrunde, ob und gegebenenfalls wann ein Autofahrer einem allein schuldigen Unfallopfer gegenüber eine Garantenstellung innehabe. Im Ergebnis bejahten die Richter eine solche Pflicht: Da sich der Kraftfahrzeugführer verkehrswidrig verhalten habe[523], konnte sein Verhalten (hypothetisch) zum Unfall beigetragen haben. Deshalb, so die Argumentation, stünde die Verkehrsordnungswidrigkeit in einem unmittelbaren Zusammenhang mit dem Unfall. Und daher wäre der Angeklagte auch rechtlich verpflichtet gewesen, den drohenden schädlichen Erfolg vom Unfallopfer abzuwenden[524]. Der BGH bejahte auf diesem Wege eine Garantenstellung aus Ingerenz wegen eines Handelns auch dann, wenn dem Unterlassenden die nicht abgewendete Gefahr aufgrund der Vorhandlung nicht zugerechnet werden konnte. Diese Ausweitung der Verantwortlichkeit stellt gewissermaßen einen Umweg dar: Eine Vorhandlung, die zwar rechts- bzw. pflichtwidrig war, aufgrund derer der Erfolg dem Täter aber nicht zugerechnet werden kann, wird nun doch zu eben diesem Zwecke herangezogen[525], damit dem Aspekt der Pflichtwidrigkeit Genüge getan wird. Im Ergebnis wird dadurch das rechtswidrige Vorverhalten weitgehend als Voraussetzung aufgegeben, da es an einem Pflichtwidrigkeitszusammenhang fehlt[526,527].

Auf dem Gebiet der strafrechtlichen Produkthaftung[528], insbesondere im grundlegenden „Lederspravfall“[529], schlug der 2. Strafsenat eine ähnliche Richtung ein. Hier glaubten die Richter, die Streitfrage offen lassen zu können, da jedenfalls die Pflegemittel pflichtwidrig in Verkehr gebracht worden seien. Das ergab sich für den Senat der Sache nach schon aus deren Gefährlichkeit. Er stützte sich dabei auf das Verbot, Gefahren für die Gesundheit anderer zu schaffen, und insbesondere auf dessen Spezifizierung in § 30 Nr. 3 LMBG. Es genüge nach Auffassung des Gerichts die rechtliche Mißbilligung des Gefährdungserfolges[530]. Doch wenn man auf den rechtlich mißbilligten Gefährdungs*erfolg* abstellt, so drängt sich die Vermutung auf, daß dadurch das Erfordernis des pflichtwidrigen Vorverhaltens fallengelassen wird. Denn wenn die objektive

---

522 Urt. v. 6. Mai 1986.

523 Er fuhr mit einer Geschwindigkeit von 120 km/h zu schnell - erlaubt waren 80 km/h - und verstieß so gegen § 3 Abs. 3 Nr. 2 c S. 1 StVO.

524 BGHSt 34, 82 (84).

525 Dazu sehr kritisch weite Teile der Literatur, vergleiche nur *Rudolphi*, in: SK-StGB § 13 Rn. 39b m. w. N.; *Herzberg*, in: JZ 1986, 987.

526 *Seelmann*, in: AK-StGB § 13 Rn. 114.

527 Ausführlicher zur Garantenstellung des Kraftfahrzeugführers unten ab Seite 173.

528 Ausführlich unten ab Seite 166.

529 BGHSt 37, 106 (Urt. v. 6. Juli 1990).

530 BGHSt 37, 106 (119).

Pflichtwidrigkeit so verstanden wird, ist sie im wesentlichen im Erfordernis der im nachhinein zu beurteilenden Gefahrschaffung enthalten und fügt diesem allenfalls hinzu, daß die hervorgerufene Gefahr außerhalb des erlaubten Risikos liegen muß[531]. Um aber eine Rechtspflicht aus Ingerenz begründen zu können, muß die Pflichtwidrigkeit ex ante erkennbar sein, muß eine Risikoverursachung vorher rechtlich mißbilligt werden. Aufgabe einer Rechtspflicht im Rahmen der Unterlassungshaftung ist es ja, den Adressaten von einem bestimmten Unterlassen zu einem Tun hin zu motivieren. Ein Verhalten kann deshalb nur dann objektiv pflichtwidrig sein, wenn es mit einer objektiv erkennbaren rechtlich mißbilligten Risikoschaffung verbunden ist. Entscheidend dabei ist, daß die Möglichkeit der Erkennbarkeit im Handlungszeitpunkt vorliegen muß[532].
Im konkreten Fall bedeutet dies, daß das Inverkehrbringen des Ledersprays nur dann pflichtwidrig erfolgen konnte, wenn die Gefährlichkeit zur Zeit dieses Inverkehrbringens erkennbar war. Dies war allerdings nicht der Fall[533]. Wenn der BGH nichtsdestotrotz eine Garantenstellung aus Ingerenz annimmt, so rückt er faktisch weiter vom Erfordernis des objektiv pflichtwidrigen Vorverhaltens ab.
Zusammengefaßt bietet sich damit folgendes Bild: Nachdem die Richter in früherer Rechtsprechung keinen Wert auf die *Pflichtwidrigkeit* des Vorverhaltens gelegt hatten, führten sie in den siebziger Jahren in einer Annäherung an die Forderungen der Strafrechtslehre dieses Erfordernis in ihre Entscheidungen ein. Keine 15 Jahre später aber, mit der Entscheidung BGHSt 34, 82 aus dem Jahr 1986, entfernten sich die Richter wieder von dem Erfordernis. Der Begriff blieb zwar erhalten, durch den fehlenden Pflichtwidrigkeitszusammenhang wurde er jedoch zu einer bloßen Formel reduziert. Auch die recht junge „Lederspray-Entscheidung" mißt dem *pflichtwidrigen* Vorverhalten keine große Bedeutung bei, so daß der Eindruck besteht, aus Gründen rein kasuistischer Einzelfallgerechtigkeit läge den Richtern nicht übermäßig viel an einer einheitlichen dogmatischen Lösung. Um zu einer „gerechten" Entscheidung zu gelangen, werden die Voraussetzungen der Ingerenz recht dynamisch behandelt[534].

b) Bewertung des Verlaufes

Eine Ausweitung der Garantenstellungen durch ein Absenken der Voraussetzungen, wie es der Hypothese entsprechen würde, läßt sich hier nicht nachweisen: Da das Reichsgericht zu keiner Zeit darauf Wert gelegt hatte, daß das Vorverhalten pflichtwidrigen Charakter aufweisen müsse, konnte der BGH in diese

---

531 *Kuhlen*, in: NStZ 1990, 566 (568).

532 *Kuhlen*, a. a. O.

533 Dazu ausführlich Seite 170 f.

534 Wobei zumindest fraglich ist, ob gerade im Lederspray-Fall überhaupt der Weg über die Ingerenz gegangen werden mußte, vergleiche dazu etwa ausführlich *Brammsen*, in: GA 1993, 97.

Richtung keine Erweiterung mehr vornehmen. Er hat vielmehr in Annäherung an die Position des Großteils der Lehre das Merkmal der Pflichtwidrigkeit in seine Rechtsprechung aufgenommen. Daß diesem allerdings konsequent nachgefolgt worden wäre, läßt sich angesichts der oben ausgeführten Entwicklung schwerlich behaupten. Eine Ausweitung konnte der BGH nicht mehr vornehmen, die Einschränkung ist höchstens halbherzig erfolgt. Im Grunde hat der BGH sich trotz Übernahme des Merkmals der Pflichtwidrigkeit nicht wesentlich von der Betrachtungsweise des Reichsgerichtes entfernt; einer Betrachtungsweise, die aufgrund des im Ergebnis tatsächlichen Verzichts auf den Pflichtwidrigkeitszusammenhang die Möglichkeit der Bejahung von Garantenpositionen erleichtert.

4. Die Heranziehung der Ingerenz zur Begründung strafrechtlicher Produkthaftung

Innerhalb der verschiedenen Garantenpositionen, die sich auf vorangegangenem Tun gründen, verdient das jüngere Gebiet strafrechtlicher Produkthaftung nicht nur wegen der zuvor behandelten Frage des rechtlichen Charakters des Vorverhaltens besondere Beachtung, sondern auch im Hinblick auf die zu untersuchende Hypothese. Die Produkthaftung umfaßt die Haftung des oder der verantwortlichen Geschäftsführer(s) eines Unternehmens, wenn Kunden durch gefährliche oder mangelhafte, in Verkehr gebrachte Produkte einen Schaden wie zum Beispiel eine Gesundheitsbeschädigung erleiden. Ein besonderes Merkmal dieser Fälle ist, daß der Angeklagte, zumeist ein Geschäftsführer oder ein in einer vergleichbaren Position Beschäftigter, das Produkt weder „eigenhändig" hergestellt hat, noch im Vertrieb oder Verkauf in persönlichen Kontakt zum Endabnehmer und „Opfer" getreten ist. Anknüpfungspunkt der Vorwerfbarkeit ist quasi eine Generalverantwortung und Allzuständigkeit der Geschäftsleitung[535].

a) Die Entwicklung der Rechtsprechung

Die einschlägige Rechtsprechung ist erst in unserer Zeit entstanden[536], also innerhalb der Entwicklungsgeschichte der Unterlassungsjudikatur noch recht jung. Grund für dieses späte Aufkommen der Judikatur ist die Intensivierung der industriellen Massenproduktion. Die fortschreitende Automatisierung der Fertigungsmethoden seit Erfindung des produktionstechnisch genutzten Fließbands durch Henry Ford im Jahr 1913 hat seit den ersten Jahrzehnten des zwan-

---

535 Vergleiche *Schmidt-Salzer*, in: NJW 1990, 2966.

536 Vergleiche aber auch die vereinzelten Entscheidungen des Reichsgerichtes zu diesem Zweig: RGSt 57, 148 (Urt. v. 4. November 1922); 75, 296 (Urt. v. 8. August 1941).

zigsten Jahrhunderts die Entwicklung, daß die Bürger dieser Industriegesellschaft die Möglichkeit haben, ihre individuellen Bedürfnisse nicht länger im Wege zeitaufwendiger Selbstherstellung, sondern einfach und kostengünstig mittels der am Markt angebotenen Fremdherstellungen zu befriedigen, weiter beschleunigt. Nach Zusammenbruch des Dritten Reichs fand Ende der fünfziger, Anfang der sechziger Jahre in Deutschland das sogenannte „Wirtschaftswunder" statt, in dessen Folge sich die Bundesbürger Verbrauchsgüter jeder Art leisten konnten. Grund dafür war auch die Massenproduktion, die auf der einen Seite vielen Menschen die Möglichkeit zur Beschäftigung bot, auf der anderen Seite Produkte hervorbrachte, die für die breite Masse erschwinglich waren[537]. Diesen Vorteilen der Produktionsweise standen und stehen aber auch stets Nachteile gegenüber: Eine lückenlose Kontrolle jedes einzelnen Produktes ist angesichts der hohen Zahl nicht möglich, so daß immer wieder mangelhafte, in ihrer Gebrauchstauglichkeit beschränkte oder für den Endverbraucher sogar gefährliche Produkte in Umlauf gelangen können[538]. Dabei muß es sich nicht um sogenannte „Ausreißer" handeln, da aufgrund der hohen Stückzahlen sowie der problematischen Prognostik hinsichtlich möglicher Gefahren durch das Produkt durchaus ganze Produktionsreihen gefährlich im Sinne der Produktverantwortung sein können. Der Verbraucher hat zudem nicht die Möglichkeit, Einblick in den Produktionsvorgang zu nehmen. Demzufolge kam im Zuge der Massenproduktion vor allem im Bereich des Zivilrechts eine Rechtsprechung auf, die sich mit fehlerhaften Produkten und den durch diese hervorgerufenen Folgen und Schäden auseinandersetzte[539].

Wenn die Produkthaftung auch für lange Zeit eine Domäne des Zivilrechts war und sich die Zahl der Entscheidungen im Strafrecht im Vergleich zur Judikatur des Privatrechts bis heute recht bescheiden ausnimmt, so gibt es doch auch im Bereich des Strafrechts einige wichtige Entscheidungen zur Frage der Produktverantwortung. Die wohl bedeutendste Entscheidung in diesem Bereich stellt die sogenannte „Lederspray-Entscheidung" vom 6. Juli 1990 dar[540], wenn sie auch nicht den Beginn einer strafrechtlichen Produktverantwortung markiert. Vielmehr hatte der BGH schon 1959 in der sog. „Zwischenstecker-Entscheidung"[541] ausgeführt, unter welchen Voraussetzungen sich der Inhaber einer elektrotechnischen Fabrik durch die Verletzung von Konstruktionspflichten strafbar machen könne; in der einige Jahre später ergangenen sogenannten

---

537 Vergleiche beispielsweise nur die Zunahme der Kraftfahrzeuge in dieser Zeit, Fußnoten 485 f.

538 Vergleiche auch *Brammsen*, GA 1993, 96.

539 Vergleiche die Nachweise bei *Thomas*, in: Palandt § 823 Rn. 201 f.

540 BGHSt 37, 106. Vergleiche hierzu auch die Ausführungen auf Seite 164.

541 BGH, ES Nr. IV.4 -Zwischenstecker- (Urt. v. 17. Februar 1959).

„Vorzugsmilch-Entscheidung“[542] schließlich ging es um Verstöße gegen Fabrikations- und Produktbeobachtungspflichten.
In den sechziger und siebziger Jahren behandelten dann das „Contergan-Verfahren“[543] und die „Monza Steel“-Entscheidung[544] die strafrechtliche Verantwortung von Mitgliedern der Geschäftsleitung und Abteilungsleitern. In einer neueren Entscheidung des BGH (der „Mandelbienenstich-Entscheidung“[545]) hatten sich die Richter dann nicht nur mit der strafrechtlichen Produktverantwortung als solcher, sondern erstmals konkret mit einer Strafbarkeit durch Unterlassen auseinanderzusetzen. Dort hatte der BGH die Verurteilung eines Angeklagten wegen Körperverletzung bestätigt, der es als Geschäftsführer einer Großhandelsfirma der Lebensmittelbranche versäumt hatte, den Rückruf einer verdorbenen, bereits ausgelieferten Ware zu veranlassen, weshalb es bei einer Reihe von Konsumenten zu gesundheitlichen Beeinträchtigungen gekommen war. Im letztgenannten Fall wies sowohl der zugrundeliegende Sachverhalt als auch der Rechtssatz, aufgrund dessen die Richter zur Bejahung einer Garantenstellung (Ingerenz) gelangten[546], Parallelen zu der angesprochenen grundlegenden „Lederspray-Entscheidung“ auf.
Es bleibt im Rückblick also festzuhalten, daß die Rechtsprechung[547] (auch) des BGH bereits vor Jahren das anerkannt hatte, was man heute als strafrechtliche Produktverantwortung bezeichnen kann.

Die grundlegende Entscheidung aber ist der erwähnte „Ledersprayfall“[548], welchem grob skizziert folgender Sachverhalt zugrunde lag: Gegen sieben Mitarbeiter des mittleren und oberen Managements dreier an der Herstellung und Verbreitung eines Ledersprays beteiligten Firmen war ein Strafverfahren anhängig. Auslöser waren im Herbst des Jahres 1980 bei der Firmengruppe eingehende Meldungen, in denen berichtet wurde, daß bei Personen, die das besagte Spray erworben und angewendet hatten, zum Teil erhebliche gesundheitliche Beeinträchtigungen aufgetreten waren. Firmeninterne Untersuchungen, die daraufhin angeordnet worden waren, brachten keine Klärung, ein Fehler in der Fabrikation war nicht feststellbar. Die Schadensmeldungen setzten sich jedoch fort.
Am 12. Mai 1981 wies der Leiter des Zentrallabors, einer der Angeklagten, auf einer Sondersitzung darauf hin, daß nach allen Untersuchungen kein An-

---

542 BGH, ES Nr. IV.1.5 –Vorzugsmilch- (Urt. v. 26. November 1963).
543 LG Aachen JZ 1971, 507 –Contergan- (Urt. v. 18. Dezember 1970).
544 LG München II, ES Nr. IV.28 -Monza Steel-.
545 BGH, NStE § 223 StGB Nr. 5 -Bienenstich II- (Urt. v. 4. Mai 1988).
546 Vergleiche dazu BGHSt 37, 106 (116 unten).
547 Weitere Nachweise zu Urteilen, die die strafrechtliche Beurteilung von Produktschäden betreffen, bei *Schmidt-Salzer*, in: NJW 1990, 2966, Fn. 12.
548 Dazu auch schon oben auf Seite 164.

haltspunkt für toxische Eigenschaften und daraus resultierend für eine Gefährlichkeit des Sprays erkennbar sei. Die Geschäftsführung faßte daraufhin den Beschluß, von einem Vertriebsstopp und einer Rückrufaktion abzusehen und die Behälter lediglich mit einem entsprechenden Warnhinweis zu versehen. In der Folgezeit kam es auch weiterhin zu Gesundheitsbeschädigungen der Endverbraucher, die sich unter anderem in Fieber, Schüttelfrost und Atembeschwerden äußerten, bei notwendig gewordenen stationären Krankenhausaufenthalten wurden mitunter lebensbedrohliche Lungenödeme festgestellt.
Erst nachdem sowohl das Bundesgesundheitsamt als auch das Bundesgesundheitsministerium gegen die Untätigkeit des Unternehmens interveniert hatten, entschloß sich die Geschäftsführung zu einem Vertriebsstopp und einer Rückrufaktion.
Im anschließenden Strafverfahren wurden zwei Geschäftsführer der Herstellerfirma und die beiden Geschäftsführer der Vertriebsfirmen wegen fahrlässiger Körperverletzung in mehreren Fällen durch das Inverkehrbringen des Sprays sowie wegen vorsätzlicher gefährlicher Körperverletzung durch Unterlassen eines Rückrufes verurteilt.

Im Rahmen dieser Arbeit soll das Augenmerk natürlich nicht auf die Aspekte der fahrlässigen Körperverletzung und auch nicht auf die Fragen der Kausalität diesbezüglich gerichtet werden[549], sondern ausschließlich auf den Bereich der Garantenstellungen von Unternehmensangehörigen. Die garantenpositionsbegründende Rechtspflicht sahen die Richter, wie oben bereits angedeutet, im vorangegangenen Tun. Ausdrücklich hieß es dazu in dem Urteil:

„Wer dadurch, daß er solche ("gefährliche", d. Verf.) Produkte in den Verkehr bringt, pflichtwidrig eine Gefahr für deren Verbraucher herbeiführt, muß prinzipiell dafür einstehen, daß sich diese Gefahr nicht in einem entsprechenden Schaden verwirklicht. Das gilt namentlich für die Herstellung und den Vertrieb von Konsumgütern, die derart beschaffen sind, daß deren bestimmungsgemäße Verwendung für die Verbraucher - entgegen ihren berechtigten Erwartungen - die Gefahr des Eintritts gesundheitlicher Schäden begründet; insoweit haftet nicht nur, wer den Schaden durch positives Tun verursacht (...), sondern auch derjenige, der die Abwendung des drohenden Schadens unterläßt.“[550]

Die Vorinstanz, das *Landgericht Mainz*, hatte die Rechtspflicht der Geschäftsführer zur Schadensabwendung noch aus den zivilrechtlichen Verkehrssicherungspflichten, namentlich der Pflicht zur Produktbeobachtung abgeleitet. Es hatte sich dabei unmittelbar auf die Grundsätze der höchstrichterlichen Rechtsprechung für den Bereich der privatrechtlichen Produkthaftung gestützt[551].

---

549 Vergleiche dazu etwa *Meier*, in: NJW 1992, 3193 ff., *Samson*, in: StV 1991, 182 ff.
550 BGHSt 37, 106 (116) (Urt. v. 6. Juli 1990).
551 Vergleiche BGHSt 37, 106 (114, 115).

Die Richter des BGH äußerten Bedenken gegen eine Verquickung von schadensorientierten Haftungsprinzipien des Zivilrechts mit der Bestimmung strafrechtlicher Verantwortlichkeit und gelangten so zur Ingerenz als Quelle der Schadensabwendungspflicht[552].
Hinter dem oben zitierten, scheinbar einfachen Rechtssatz verbirgt sich die Problematik der strafrechtlichen Produktverantwortung allgemein und damit der Garantenpositionen der Beschäftigten im speziellen: Durch fehlerhafte Produkte ausgelöste Schäden werden fast immer Sachverhalte betreffen, die arbeitsteilig strukturiert waren; in der modernen industriellen Massenproduktion wird dies der Regelfall sein. Und da das Unternehmen in seiner Gesamtheit als solches nicht strafbar sein kann, muß das Strafrecht innerhalb der juristischen Person „Unternehmen" denjenigen identifizieren, der für den Fabrikations-, Vertriebs- oder wie immer gearteten Fehler (mit-) verantwortlich ist[553].
Diesem Problem, den „Richtigen" herauszufinden und für den Schaden haftbar zu machen, ist die Rechtsprechung entgegen der Strafrechtsdogmatik nicht mit der Unterscheidung von primären (innerbetrieblicher, unmittelbarer Letztverursacher) und sekundären Garantenpflichten (Mitverantwortung von Vorgesetzten oder Kollegen als Sondersachverhalt) begegnet[554]. Sie stellte vielmehr fest, daß innerhalb eines Unternehmens die Verantwortung für die innerbetrieblichen Geschehnisse - und damit auch für deren außerbetriebliche Folgen - bei der Geschäftsführung liegt. Handelte es sich um eine Krisen- oder Ausnahmesituation, die das Unternehmen als Ganzes beträfe, so greife nach Ansicht der Richter der Grundsatz der Generalverantwortung und Allzuständigkeit der Geschäftsleitung ein[555]. Die Mitglieder der Geschäftsleitung stellen demnach mögliche Garanten dar.

Ein weiteres Problem wirft die Frage nach der Beschaffenheit des Vorverhaltens auf, wenn man den Aspekt der Pflichtwidrigkeit betrachtet[556]. Als die gesundheitsgefährdenden Wirkungen des Sprays offenkundig wurden, befand es sich bereits seit Jahren im Handel. Die den Endverbrauchern drohenden Gefahren konnten also nur noch durch eine Rückrufaktion oder aber durch entsprechende Warnhinweise auf den Behältnissen abgewendet werden. Im Zeitpunkt des relevanten Vorverhaltens - dem Inverkehrbringen des Sprays - war objektiv nicht erkennbar, ob und welche Gefahren davon ausgehen würden. Wenn die Gefährlichkeit eines Verhaltens jedoch nicht einmal objektiv die

---

552 BGHSt 37, 106 (115).

553 *Schmidt-Salzer*, in: NJW 1990, 2966 (2967).

554 Dazu genauer *Cramer*, in: Schönke-Schröder § 15 Rn. 223.

555 BGHSt 37, 106 (124).

556 Zu der Entwicklung der Rechtsprechung bezüglich der Frage, ob das vorangegangene Tun pflichtwidrig sein muß oder ob auch ein pflichtgemäßes Tun genügt, vergleiche schon die Ausführungen im vorangegangenen Kapitel ab Seite 161.

Grenzen erlaubter Tätigkeit überschreitet, so fehlt es doch augenscheinlich an einem Anknüpfungspunkt für eine Haftung aus Ingerenz[557]. Hier behalf sich der BGH, indem er die Frage nach einem pflichtwidrigen Vorverhalten wie folgt bejahte[558]: Die Gefährlichkeit des Sprays sei zwar nicht zum Zeitpunkt des erstmaligen Inverkehrbringens erkennbar gewesen, in der folgenden Zeit, in der die Schadensmeldungen bekannt geworden seien, die Firma von Vertriebsstopp und Rückrufaktion aber abgesehen hätte, hingegen schon. Es handelte sich folglich, für jedermann erkennbar, um ein gefährliches Produkt. Da die Rechtsordnung es grundsätzlich verbiete, Gefahren zu schaffen, aus denen sich körperliche Schäden für Dritte entwickelten, sei das Verhalten - der weiterhin erfolgende Vertrieb und Verkauf - objektiv pflichtwidrig. Die rechtliche Grundlage dafür bilde bereits der generelle Schutz der körperlichen Unversehrtheit[559]. Das Verhalten der Geschäftsführer wurde auf diesem Weg als objektiv pflichtwidrig eingestuft.
Mittels des Grundsatzes der Generalverantwortung und der Einstufung des Vorverhaltens als pflichtwidrig, auch weil die Angeklagten durch den Vertrieb gegen das Lebensmittel- und Bedarfsgegenständegesetz (LMBG)[560] verstoßen und damit jene Gefahr verursacht hätten, zu deren Vermeidung die Bestimmungen des LMBG dienten, bejahte das Gericht im Ergebnis eine Garantenposition und bestätigte die von der Vorinstanz verhängten Strafurteile wegen Körperverletzung durch Unterlassen.

Vor der „Lederspray-Entscheidung“ stellte der Bereich der strafrechtlichen Produkthaftung ein Gebiet dar, in dem zwar vereinzelte Entscheidungen vorlagen, eine wissenschaftliche Systematisierung hatte jedoch kaum stattgefunden[561]. Diese Situation sollte sich mit Erscheinen der „Lederspray-Entscheidung“ grundlegend ändern. Sowohl die Veröffentlichung in der Amtlichen Sammlung als auch der Begründungsaufwand[562] weisen darauf hin, daß der Senat eine Grundsatzentscheidung treffen wollte. Die Resonanz im Schrifttum war ent-

---

557 *Meier*, in: NJW 1992, 3193 (3196).

558 Dazu ausführlicher oben ab Seite 164.

559 BGHSt 37, 106 (117, 118), zur Kritik am Vorgehen des BGH vergleiche statt aller *Brammsen*, GA 1993, 97 ff., der die Rückrufpflicht in den Bereich der Überwachungsgarantenpflichten des Betriebsinhabers bzw. des Geschäftsherrn einordnen möchte.

560 §§ 5 Abs. 1 Nr. 7a und b; 7 Abs. 1, 30 Nr. 2 LMBG, vergleiche BGHSt 37, 106 (117, 118).

561 Vergleiche die Nachweise bei *Meier*, in: NJW 1992, 3193, Fn. 4.

562 Die Entscheidung umfaßt in der Amtlichen Sammlung immerhin fast 29 Seiten. Zudem spricht die intensive Auseinandersetzung mit abweichenden Stimmen in der Literatur gleichfalls dafür, daß der Senat bewußt eine Grundsatzentscheidung treffen wollte.

sprechend groß[563], der Praxis war fortan ein Leitfaden an die Hand gegeben. Verbraucherschutz durch Strafrecht in Form des Schutzes der Verbraucher vor den von mangelhaften Produkten ausgehenden Gefahren - dies sind wohl unstrittig der Hintergrund und die Motivation gewesen, die zu dieser Entscheidung geführt haben und Motor der gesamten Produkthaftung sind. Natürlich stellt auch heute noch das Zivilrecht kraft Natur der Sache die vornehmliche Heimat der Produktverantwortung dar (man denke nur an das Produkthaftungsgesetz vom 15. Dezember 1989[564]), da in den meisten Fällen keine strafrechtlichen Rechtsgüter betroffen sein werden; es wird in den seltensten Fällen etwa zu einer Körperverletzung kommen. Das Zivilrecht kann aber nicht allein die Folgen mangelhafter Produkte auffangen. Finanzielle Wiedergutmachung mittels privatrechtlichen Vorgehens, Verfolgung und Sanktionierung individuellen Verschuldens durch die strafrechtliche Haftung, so werden auch in Zukunft die Zuständigkeiten auf diesem Gebiet aussehen. Das Feld der Produkthaftung und damit auch der strafrechtlichen Produktverantwortung wird in Zukunft weiter wachsen[565]. Eine weitergehende Anonymisierung des Handels mit Waren aller Art - das Einkaufen über das Internet, der sogenannte „E-Commerce“, ist da nur ein Beispiel für die kommenden Veränderungen auf diesem Sektor - und die weiter zunehmende Automatisierung und Spezialisierung werden auch zukünftig eine verbraucherschützende Rechtsprechung erfordern. Die im Rahmen dieser Arbeit besonders interessante Rückrufpflicht etwa ist auch in Deutschland schon seit längerem von Interesse, es ist immer wieder gerade im Bereich der Automobilindustrie von groß angelegten Aktionen der Industrie zu lesen[566]. Welche Ausmaße die Produkthaftung annehmen kann, zeigt beispielhaft die gegen die Tabakkonzerne gerichtete Rechtsprechung der letzten Jahre in den USA, in denen die Zigarettenkonzerne zu horrenden Schadensersatz- und auch Strafzahlungen verurteilt werden[567]. Die Herstellung, der Verkauf von und die Werbung für Zigaretten, deren Konsum - wie allgemein bekannt - gesundheitsschädliche Folgen haben kann: sollte dies etwa eines Tages als ein vorangegangenes, pflichtwidriges Tun, das eine Garantenstellung der verantwortlichen Unternehmensangehörigen erzeugt, behandelt werden? Es ist zu hoffen, daß derartige Auswüchse bei uns nicht Einzug in die Rechtsprechung hal-

---

[563] Vergleiche die Nachweise bei *Meier*, in: NJW 1992, 3193 (3194) und *Schmidt-Salzer*, in: NJW 1990, 2966 (2967).

[564] BGBl. 1989 I, 2198.

[565] Vergleiche etwa BGHSt 41, 206 (Urt. v. 2. August 1995), den sog. „Holzschutzmittelprozeß“.

[566] Vergleiche etwa *Handelsblatt* vom 7./8. Juni 1989, S. 7 und v. 16./17. Februar 1990, S. 21 und *Der Spiegel*, 30/1998 S. 135.

[567] Vergleiche zum Beispiel *Süddeutsche Zeitung* vom 12. Juni 1998, S. 10. Ausführlich zur Situation in den USA mit dem Versuch einer Erklärung *Süddeutsche Zeitung* vom 29. Juli 1999, S. 13.

ten, denn Eigenverantwortung heißt immer auch mögliche bewußte Selbstschädigung. Die Grundsätze der Produktverantwortlichkeit ziehen die Grenze der Eigenverantwortlichkeit dort, wo der Verbraucher mangels Einblick in die Produktionsabläufe das Risiko nicht abschätzen kann; es ist nicht Aufgabe der Produkthaftung, mittels einseitiger Überantwortung potentieller Gefahren dem Verbraucher alle Risiken abzunehmen.

b) Bewertung des Verlaufes

Wenn auch einige Entscheidungen des Reichsgerichtes zur Produkthaftung im weiteren Sinne bestehen[568], dann ist doch der oben dargestellte Aspekt deutlich jüngeren Datums. Da die Massenproduktion erst in den letzten Jahrzehnten zu der Bedeutung gelangt ist, die ihr heute beizumessen ist, konnte in früheren Zeiten keine entsprechende Rechtsprechung entstehen. Sie war schlicht nicht notwendig. So bleibt festzuhalten, daß der BGH faktisch den Kreis der Garantenstellungen in der Nachfolge des Reichsgerichts zwar ausgedehnt hat, es handelt sich dabei aber nicht zwangsläufig um eine Entwicklung, die ihre Gründe vornehmlich in den hinter unterschiedlichen Begriffen wie Liberalismus oder Solidarismus, in diesem Bereich der soziokulturellen Entwicklung also, findet. Selbstverständlich ist in der Pflicht zur strafrechtlichen Produkthaftung auch das Element einer Solidarpflicht enthalten. Aufgrund der, verglichen mit der Situation ab Mitte des zwanzigsten Jahrhunderts, völlig unterschiedlichen, aber hier maßgeblichen industriellen Situation in Kaiserreich und Weimarer Zeit gilt allerdings: Eine Vermutung anzustellen, wie sich die Judikatur in der vergangenen liberalistischen Epoche ausgenommen hätte, entbehrte jeglicher Grundlage und hätte deshalb rein spekulativen Charakter.

Es zeigt sich wieder einmal, daß die Begründung des Verlaufs durch den Wandel in der Gesellschaft allein nicht jede Erweiterung zu erklären vermag, sondern daß der technische Fortschritt gleichfalls eine wichtige Rolle spielt. Die Reaktion der Judikatur auf diesen Fortschritt läßt sich jedoch wiederum sehr wohl im Sinne der Hypothese erklären.

5. Die Heranziehung der Ingerenz zur Begründung der Garantenstellung des Kraftfahrzeugführers nach einem Unfall

In diesem Kapitel soll der Frage nachgegangen werden, wie die Rechtsprechung von Reichsgericht und BGH die Position von Autofahrern bewertet hat, die nach einem von ihnen unverschuldeten Unfall das Opfer unversorgt zurückgelassen haben. In Fällen, in denen einem sich pflichtgemäß verhaltenden

[568] Vergleiche die Nachweise in Fußnote 536.

Menschen eine Garantenpflicht auferlegt wird, einem „schuldlosen Garanten" also, scheint das Element der Solidarverpflichtung von besonderer Bedeutung zu sein. Wenn nämlich jemand, der sich hinsichtlich des eingetretenen schädlichen Erfolges nicht pflichtwidrig verhalten hat, dennoch als Garant verpflichtet sein soll, diesen Erfolg abzuwenden, findet diese Pflicht ihre Wurzel eher in einer erzwungenen Solidarität zugunsten des Opfers als im vorangegangenen Tun des Garanten. Dieses Gebiet der Judikative scheint damit prädestiniert, die vermutete Entwicklung zu bestätigen.

a) Die Position des Reichsgerichtes

Die Rechtsprechung hat erst in jüngerer Zeit entsprechende Garantenstellungen angenommen. Bevor der BGH Ingerenz und damit eine mögliche Garantenstellung eines Kraftfahrzeugführers erstmals bejaht hat, hat das Reichsgericht nichts dergleichen getan. Im Gegenteil: In Fällen, denen ein Sachverhalt der Entscheidung zugrunde lag, in dem ein Kraftfahrer nach einem Unfall das Opfer unversorgt an der Unfallstelle seinem Schicksal überließ und selbst Fahrerflucht beging, sich also unerlaubt von der Unglücksstätte entfernte, haben die Richter des Reichsgerichts eine Garantenstellung weder aus der Herrschaft über das Kraftfahrzeug noch aus der Ingerenz überhaupt in die Diskussion mit eingebracht, obwohl etwa die Grundsätze der Ingerenz schon anerkannt waren[569]. Derartige Konstellationen wurden entweder nach § 22 Abs. 2 KFG[570] behandelt[571] oder aber, nach dessen Einführung im Jahre 1935[572], über den § 330 c StGB a. F. entschieden[573,574]. Hierbei spielte es für die Richter offenbar keine

---

569 Vergleiche etwa RGSt 10, 100 (Urt. v. 14. Februar 1884).

570 Der Wortlaut der Vorschrift war:
„Verläßt der Führer des Kraftfahrzeuges eine bei dem Unfall verletzte Person vorsätzlich in hilfloser Lage, so wird er mit Gefängnis bis zu sechs Monaten bestraft."
Zur Legalentwicklung in diesem Bereich vergleiche *Welzel*, in: JZ 1958, 494 (494, 495).

571 So zum Beispiel RG JW 1911, 514 (Urt. v. 3. Januar 1911); RG JW 1936, 3472 (Urt. v. 19. Oktober 1936).

572 Vergleiche dazu unten Seite 189 ff.

573 So zum Beispiel RGSt 71, 200 (Urt. v. 26. April 1937); 74, 199 (Urt. v. 20. Mai 1940); RG DR 1940, 2063 (Urt. v. 16. September 1940); RG DR 1940, 2062 (Urt. v. 3. Oktober 1940); in RG JW 1937, 2645 f. (Urt. v. 2. August 1937) sowohl § 22 Abs. 2 KFG als auch § 330 c StGB a. F.

574 Es soll dabei nicht verschwiegen werden, daß die Richter des Reichsgerichtes in RGSt 74, 199 (201 f.) ein weiteres unrühmliches Kapitel der Rechtsprechung unter dem Nationalsozialismus aufgeschlagen haben. In diesem Urteil weiteten die Richter den Anwendungsbereich der sogenannten Volksschädlingsverordnung auf das Gebiet der (echten) Unterlassungsdelikte aus, was zur Folge hatte, daß der wegen § 330 c StGB a. F. angeklagte Beifahrer als Volksschädling zum Tode verurteilt wurde, ausführlicher dazu *Müller*, S. 140 f.

Rolle, ob der Führer des Kraftfahrzeuges den Unfall selbst pflichtwidrig herbeigeführt hatte oder ob er „schuldlos“ an dem Geschehen war und sich ordnungsgemäß verhalten hatte. Den Bereich der unechten Unterlassungsdelikte betraten die Richter in beiden Fällen nicht, sie hielten sich an die vom Gesetzgeber eröffneten Möglichkeiten, die Strafbarkeit im Komplex der echten Unterlassungsdelikte zu begründen. Die Strafrahmen waren dementsprechend niedrig, bei § 22 Abs. 2 KFG bis zu sechs Monate Freiheitsentzug, später, bei § 330 c StGB a. F., bis zu zwei Jahre. Nicht nur im Ansatz, auch in der Rechtsfolge unterschied sich die Judikatur des Reichsgerichtes so deutlich von der ihr nachfolgenden des BGH, denn durch das Hinzuziehen der Grundsätze der unechten Unterlassungsdelikte eröffneten sich nun die Strafrahmen auch der §§ 211, 212 StGB.

b) Die Entwicklung in der Rechtsprechung des BGH

Die Rechtsprechung des BGH steht mithin offensichtlich nicht in der Tradition der Judikatur des Reichsgerichts, sondern stellt eine Kehrtwendung oder einen Neubeginn dar. Einer Entscheidung aus dem Jahr 1957 lagen folgende Erwägungen zur Verantwortlichkeit des Fahrzeugführers zugrunde:

„Wer durch sein Tun einen anderen, sei es auch schuldlos, in schwere Gefahr gebracht hat, ist selbst dann zur Abwendung des diesem drohenden Schadens verpflichtet, wenn das mit erheblichen Nachteilen für ihn selbst verbunden ist. So ist in der Rechtsprechung anerkannt, daß der Kraftfahrer, der einen Fußgänger angefahren und schwer verletzt hat, sich - gegebenenfalls neben fahrlässiger Tötung und neben Verkehrsunfallflucht - des (versuchten) Totschlags schuldig macht, wenn er weiterfährt und den Verletzten seinem Schicksal überläßt, obwohl er mit der Möglichkeit rechnet und sie in seinen Willen aufnimmt, der Fußgänger habe lebensgefährliche Verletzungen erlitten und werde daran sterben, wenn ihm nicht umgehend Hilfe gebracht wird.“[575]

Offensichtlich erschien den Richtern das Risiko des Autofahrens als so hoch, daß jedwede Realisierung der Gefahr stets zu Lasten des Autofahrers gehen sollte. Der Ansatz, daß in Fällen, in denen beide Beteiligte, der Autofahrer als auch das spätere Opfer, fahrlässig im Hinblick auf die Verursachung des Unfalles gehandelt haben[576], die Verantwortlichkeit im Sinne einer Rechtspflicht zum Helfen beim Autofahrer liegt, findet sich schon in einer zeitlich vorausgehenden Entscheidung[577]. Die gleichen Rechtsgrundsätze lagen auch der Entscheidung vom 16. Mai 1957[578] zugrunde, nach der ein Kraftfahrer, der einen anderen durch sein vorangegangenes Tun in Lebensgefahr gebracht hatte, ver-

---

575 BGH 4 StR 397/56 (Urt. v. 31. Januar 1957), zitiert nach BGHSt 11, 353 (355, 356).

576 Bei einer solchen Risikoverteilung muß dann die gleiche Verantwortlichkeit logischerweise auch in den Fällen gelten, in denen sich beide ordnungsgemäß verhalten haben.

577 BGHSt 7, 286 (Urt. v. 31. März 1955).

578 BGH VRS 13, 120.

pflichtet sei, den Tod abzuwenden, und bei Nichterfüllung der Pflicht und bei billigender Inkaufnahme des Erfolges sich des Totschlags oder des Totschlagsversuches schuldig mache[579]. Die umfassende Haftung, die der BGH den Kraftfahrern auferlegte, nahm ihren Anfang damit in diesen Urteilen aus dem Jahr 1957.

Eine andere Bewertung, nun erneut als echtes Unterlassungsdelikt, fand in der Rechtsprechung des BGH im Jahr 1973 statt. Vorangegangen war diesem Wandel ein Urteil des *Oberlandesgerichts Celle*, welches anders als der BGH in Fällen, in denen ein Fußgänger durch einen ordnungsgemäß fahrenden Kraftfahrer verletzt wurde, grundsätzlich nur eine allgemeine Hilfspflicht aus § 330 c StGB n. F. und nicht eine garantenpositionsbegründende Rechtspflicht im Sinne des § 13 StGB als einschlägig erachtete[580]. In der Entscheidung vom 19. Juli 1973[581] hatte der BGH in einem ähnlich gelagerten Fall erneut darüber zu befinden, ob einem Kraftfahrer eine Garantenstellung aufgrund vorangegangenen, gefährlichen Verhaltens obliege oder ob er nur gemäß § 330 c n. F. StGB strafrechtlich zur Verantwortung gezogen werden könne. Die Richter gingen in der Ablehnung der Garantenposition nicht so weit wie das OLG, was dadurch erkennbar wird, daß sie explizit die Verantwortlichkeit des Unfallopfers betonten und so deutlich machten, daß in anders gelagerten Fällen durchaus Raum sei für gegenteilige Ergebnisse[582].
Allerdings schränkten sie die zuvor gemachten Darlegungen dahingehend ein, daß ein Kraftfahrer, der ordnungsgemäß gefahren sei, darüber hinaus nicht gegen sonstige, dem Schutz anderer Verkehrsteilnehmer dienende Regeln verstoßen und in keiner irgendwie gearteten Weise schuldhaft zum Unfall beigetragen habe, nicht zum Hüter eines Verkehrsteilnehmers bestellt werden könne, der, wie hier das Opfer, durch sein verkehrswidriges Verhalten allein schuldhaft die Ursache für den Verkehrsunfall und damit die eigentliche Gefahr gesetzt habe.
Zur Begründung ihrer Entscheidung griffen die Richter auf die Rechtsprechung ihres Senates zur Haftung des Gastwirtes aus Ingerenz zurück[583]. Der dort aufgestellte Grundsatz, daß ein sozial übliches und von der Allgemeinheit gebilligtes Verhalten, wie es der Ausschank von Alkoholika sei, per se keine Garantenstellung aus der Ingerenz begründen könne, sei auf die motorisierte Teilnahme am Straßenverkehr zu übertragen. In beiden Fällen handele es sich zwar um ein potentiell gefährliches Verhalten, welches aber bis zu einem gewissen Grad von

---

579 BGH VRS 13, 120 (122).
580 OLG Celle NJW 1973, 773 (Leitsatz).
581 BGHSt 25, 218.
582 Vergleiche *Otto*, in: NJW 1974, 528.
583 Namentlich auf BGHSt 19, 152 (4. Senat), dort weitere Nachweise zu vergleichbaren Entscheidungen hinsichtlich des Grundsatzes der Billigung und Duldung bestimmter Verhaltensweisen. Zur Haftung des Gastwirtes Näheres ab Seite 148.

der Gesellschaft toleriert werde. Auf die Gastwirtshaftung bezogen, heißt es: Solange der Ausschank von Alkohol auch an Kraftfahrer im Rahmen des sozial Üblichen bliebe, träfe den Wirt keine Verantwortlichkeit bezüglich später möglicherweise auch durch den Alkoholkonsum mitverursachten Unfällen. Es sei kein Argument gegen eine Analogie ersichtlich, denn zu den allgemein gebilligten Verhaltensweisen gehöre die Benutzung des öffentlichen Verkehrsraumes mit einem Kraftfahrzeug ebenso wie der Alkoholausschank in Gaststätten. Ihre Grenzen erfahre die Sozialverträglichkeit im erstgenannten Fall dort, wo Fahrzeug oder Fahrzeugführer mit Mängeln behaftet seien, die andere Verkehrsteilnehmer über die dem Straßenverkehr immanenten Gefahren hinaus gefährden würden, und auch da, wo das Fahrzeug nicht mehr verkehrsgerecht gehandhabt würde[584,585]. Das verkehrswidrige Nutzen oder die Nutzung eines verkehrsuntauglichen Fahrzeuges stellt in diesem Analogieschluß dementsprechend das Überschreiten der Grenze der Sozialverträglichkeit dar, die beim Gastwirt beim Ausschank an einen zurechnungsunfähigen oder offensichtlich fahruntüchtigen Gast gezogen wurde.

Ergänzt wird die Auffassung des BGH durch die Entscheidung BGHSt 34, 82 vom 6. Mai 1986[586]. Hier führten die Richter aus, wann ihrer Meinung nach die soziale Billigung entfiele und das Verhalten als pflichtwidrig einzustufen sei. Dem 4. Senat lag erneut ein Fall zur Entscheidung vor, in dem ein Autofahrer, diesmal mit überhöhter Geschwindigkeit, einen anderen Verkehrsteilnehmer - bei dem Opfer handelte es sich in diesem Fall um einen Kleinkraftradfahrer - anfuhr, dadurch verletzte und unversorgt zurückließ. Zwar war der Fahrzeugführer an diesem Unfall schuldlos, da das Opfer in der Fahrbahnmitte fuhr, er verhielt sich allerdings aufgrund des Fahrens mit zu hoher Geschwindigkeit nicht verkehrsgerecht, also pflichtwidrig. Obwohl der Unfall auch bei Einhaltung der erlaubten Höchstgeschwindigkeit durch den Angeklagten nicht hätte vermieden werden können, gelangten die Richter unter Bezugnahme auf die Begründung der Entscheidung BGHSt 25, 218 zu einer Garantenstellung des Autofahrers aus Gründen der Ingerenz:

„Nur solange der Fahrer ordnungsgemäß gefahren sei und auch nicht gegen sonstige, dem Schutz anderer Verkehrsteilnehmer dienende Regeln verstoßen habe, in seinem Gesamtverhalten bis zum Unfall also nichts von der Allgemeinheit mißbilligt werden könnte, könne von einem sozialüblichen Verhalten gesprochen werden.“[587]

---

584 BGHSt 25, 218 (221, 222).

585 Kritisch zu diesem Analogieschluß *Otto*, in: NJW 1974, 528 (529 f.), im Ergebnis aber zustimmend.

586 Vergleiche dazu auch oben Seite 164.

587 BGHSt 34, 82 (84).

Um im vorliegenden Fall zu einer in der Ingerenz begründeten Garantenstellung zu gelangen, mußte das Gericht das Erfordernis des Pflichtwidrigkeitszusammenhanges preisgeben. Der Unfall hätte sich, wie festgestellt, auch bei Einhaltung der Höchstgeschwindigkeit, mithin bei verkehrsgerechtem und damit nicht pflichtwidrigen Verhalten ereignet. Aber, so die Vorgehensweise der Richter: Da das verkehrswidrige Verhalten des Angeklagten zum Unfall beigetragen haben konnte und die begangene Verkehrsordnungswidrigkeit deshalb in unmittelbaren Zusammenhang mit dem Unfall stünde, sei er rechtlich verpflichtet gewesen, den drohenden schädlichen Erfolg abzuwenden[588]. Der BGH schrieb den Grundsatz fort, daß derjenige, der, ob schuldhaft oder schuldlos, durch sein Verhalten die Gefahr eines Schadens geschaffen hat, rechtlich verpflichtet ist, den Eintritt dieses Schadens nach Kräften abzuwenden[589]. Einerseits will er an der in BGHSt 25, 218 aufgestellten Voraussetzung festhalten, ein sich in jeder Hinsicht pflichtgemäß und rechtmäßig verhaltender Kraftfahrzeugführer habe einem allein schuldigen Unfallopfer gegenüber keine Garantenstellung inne, auf der anderen Seite soll aber eine Verkehrswidrigkeit, die nur möglicherweise zum Unfall beigetragen haben könnte, genügen, eine solche Garantenstellung zu begründen[590].
Diese Entscheidung erweckt den Eindruck, daß in den Augen der Richter ein Verstoß gegen die Sozialverträglichkeit, die Mißbilligung durch die Allgemeinheit, das Erfordernis der Verursachung ersetzen könne, da auf einen tatsächlichen Pflichtwidrigkeitszusammenhang verzichtet wird. Das dem Fahrzeugführer vorgeworfene Verhalten, das *zu schnelle* Fahren, war nicht ursächlich für den Unfall, da auch ein ordnungsgemäßes Fahrverhalten zu diesem Ereignis geführt hätte. In jedem Fall aber bedeutet der hier offensichtliche Verzicht auf einen Pflichtwidrigkeitszusammenhang eine Entfernung von den Positionen der Literatur[591].

c) Bewertung des Verlaufes

Das Reichsgericht ist in keiner vergleichbaren Entscheidung zu dem Ergebnis gelangt, daß eine Garantenpflicht des Kraftfahrzeugführers bestünde. Diese Linie hat erst der BGH eingeschlagen und so den Kreis möglicher Garantenstellungen und -pflichten weiter ausgedehnt. Wenn das Reichsgericht also in seinen Urteilen auf dem Gebiet der echten Unterlassungsdelikte mit seinen regelmäßig deutlich niedrigeren Strafrahmen geblieben ist und der BGH mittels

---

588 BGH a. a. O.

589 Ständige Rechtsprechung, vergleiche schon RGSt 24, 339; 74, 283 (285); BGHSt 2, 279 (283); 11, 353 (355); 19, 152 (154); 23, 327.

590 Kritisch *Ranft*, in: JZ 1987, 859 (864).

591 Vergleiche etwa *Schünemann*, S. 311.

Einführung einer entsprechenden Garantenstellung die erreichbaren Strafrahmen der Begehungsdelikte eröffnet hat, dann bleibt eine deutliche Haftungsausweitung festzuhalten. Wie bereits eingangs dieses Kapitels angesprochen, handelt es sich bei den dem Autofahrer auferlegten Pflichten um Solidarpflichten, so daß auf dem untersuchten Gebiet eine Ausweitung vom liberalistisch geprägten Zeitalter in die heutige Zeit erfolgt ist, die auch auf der vermuteten Motivation beruht.

Im Falle der Garantenpflicht des Gastwirtes, der einen betrunkenen Gast an der Fahrt mit dem Kraftfahrzeug hindern soll, war gemutmaßt worden, daß das Reichsgericht in Zeiten des Liberalismus keine Garantenstellung angenommen hätte, selbst wenn die Entwicklung des Straßenverkehrs bereits zu dieser Zeit weiter fortgeschritten wäre. Es war aufgrund fehlender Entscheidungen und der tatsächlichen, außerrechtlichen Verkehrssituation nur eine solche Vermutung denkbar, die sich auf den Gehalt liberaler oder liberalistischer Ideen stützte, ein Beleg erschien nicht möglich. Zum vorliegenden Bereich liegen dagegen einige vereinzelte Urteile des Reichsgerichtes vor, und die Richter der damaligen Zeit hatten, wie gesehen, die Existenz solcher Garantenstellungen nicht anerkannt. Wenn nun in diesen Fällen ein (rechtmäßiges) Verhalten nach Ansicht des Reichsgerichtes keine Garantenpflicht auszulösen vermag, erscheint wahrscheinlich, daß auch in den Gastwirtsfällen, der Vermutung entsprechend, keine Rechtspflicht bestanden hätte. Die Entwicklung in diesem Bereich stützt so die Annahme, daß auch bei den oben dargestellten Rechtspflichten im Wandel der Zeit eine Ausweitung aufgrund eines Mehr an Solidarpflichten stattgefunden hat. Der BGH selbst hat ja - wie in den Ausführungen deutlich wurde - eben jene Gastwirtshaftung analog herangezogen, um seine Vorgehensweise zu untermauern. Überträgt man nun denselben Analogieschluß gewissermaßen auf die reichsgerichtliche Jurisdiktion zur Haftung des Gastwirtes, dann liegt letztgenannte Schlußfolgerung nahe.

IX. Zusammenfassung der Erkenntnisse

In der eingangs der Arbeit aufgestellten Hypothese war vermutet worden, daß der Kreis der Garantenstellungen im Laufe der Zeit vom Beginn der Rechtsprechung des Reichsgerichts bis heute insgesamt ausgeweitet worden ist. Als Ursache dafür wurde die wachsende Bedeutung des Solidarismus und damit der Solidarpflichten in den wechselnden gesellschaftlichen Systemen und bestimmenden Ideologien vermutet.

Bei einer Betrachtung der Entwicklung im Ganzen, unter Außerachtlassung der Unterschiede in den einzelnen Bereichen, bleibt zunächst festzuhalten, daß eine deutliche Ausweitung der potentiellen Garantenstellungen tatsächlich stattge-

funden hat. Auch wenn in vielen Zweigen die Voraussetzungen zur Bejahung einer Garantenstellung strenger geworden sind, als sie es zum Zeitpunkt ihrer Entstehung noch waren - man denke an die Gastwirtshaftung oder die Meineidsbeihilfe durch Unterlassen -, so bleibt doch zu konstatieren, daß die Zahl möglicher Garantenpositionen insgesamt zugenommen hat.
Aber nicht nur die erwartete Richtung, auch der Hintergrund, der zu Beginn als Ursache erwartet worden war, findet breite Bestätigung. Wie die Analyse etwa der Entwicklung bei den Selbstmordverhinderungspflichten, den Garantenstellungen innerhalb nichtehelicher Lebensgemeinschaften, dem Grundsatz von Treu und Glauben und einem großen Teil der in der Ingerenz begründeten Rechtspflichten gezeigt hat, war der Bedeutungszuwachs der Solidarpflichten im untersuchten Zeitraum maßgebliche Antriebsfeder der Entwicklung. Waren diese Pflichten in der Rechtsprechung des Reichsgerichts in der Zeit von Kaiserreich und Weimarer Republik noch unbekannt oder spielten sie zumindest nur eine untergeordnete Rolle, dann haben sie in der Folge an Bedeutung gewonnen. Wie angenommen worden war, stellt sich die Zeit des Nationalsozialismus als ein Bruch dar, der (auch) in diese Entwicklung nicht „eingeordnet" werden kann. Die kollektivistische Übersteigerung der Bedeutung der Gemeinschaft zu Lasten des Individuums haben zu einer deutlichen Haftungsausweitung geführt, die das Element der Solidarität, zu verstehen natürlich nach nationalsozialistischer Diktion, überbewertete. Doch trotz dieses Bruchs hat in der Gesamtbetrachtung vom Zeitalter des Liberalismus bis zum heute prägendem Solidarismus eine Ausweitung der Garantenpositionen stattgefunden.

Die Vermutung, daß diese Ausweitung durch eine Entformalisierung der an die Begründung einer Rechtspflicht gestellten Anforderungen indiziert werde, hat sich, wie in den einzelnen Analysen deutlich geworden ist, gleichfalls bestätigt. Um eine solidaristisch motivierte Ausweitung vornehmen zu können, mußte sich die Rechtsprechung von der engen Rechtspflichttheorie lösen und hat dies auch getan. Als Beispiele seien hier nochmals die Garantenstellungen aus nichtehelicher Lebensgemeinschaft, aus Treu und Glauben und auch der Bereich der Herrschaft über Räumlichkeiten genannt, es handelt sich dabei um Garantenstellungen, die mit der Rechtspflichttheorie nicht zu begründen und dem frühen Reichsgericht deshalb noch unbekannt waren. Auf dem Gebiet der Verfügungsbefugnis über Räumlichkeiten ist die sogenannte Pflichtenkombination erörtert worden. Auch diese ist dem Begriff der Entformalisierung zuzuordnen, da die Möglichkeit, Garantenstellungen gewissermaßen „zusammenzusetzen", zwangsläufig eine Entfernung von den alten Positionen bedeutet.

Zu großen Teilen bestätigt damit der tatsächliche Verlauf der Entwicklung den vermuteten. Beide Aspekte der Präsumtion, sowohl der Gang der Jurisdiktion als auch der für diese Entwicklung maßgebliche Hintergrund, werden von der

Rechtsrealität widergespiegelt. Allerdings sind bei dieser Feststellung Einschränkungen zu machen, denn einige Bereiche haben eine andere oder sogar gegenläufige Entwicklung hinter sich. Manche Garantenstellungen sind in Laufe der Zeit im Zuge eines Bedeutungsverlustes untergegangen. So spielt zum Beispiel das gesamte Gebiet der Unzuchtsverhinderungspflichten entgegen dem behaupteten Verlauf in Form einer allgemeinen Ausweitung tatsächlich seit ungefähr dem Ende der sechziger Jahre des zwanzigsten Jahrhunderts keine Rolle mehr. Ähnliches hat für die allgemeinen Straftatverhinderungspflichten unter Eheleuten zu gelten. Auch diese Pflicht war zu Zeiten des Reichsgerichts von erheblicher Bedeutung, in jüngerer Zeit hingegen ist sie nahezu bedeutungslos geworden. Allein diese beiden Beispiele zeigen, daß sich der Verlauf der Entwicklung in der Rechtsprechung zu den Garantenstellungen nicht allein mit dem Gedanken an Solidarismus und Solidarpflicht nachvollziehen und beschreiben läßt. Den Ansatz der Hypothese, die Frage nach der Bedeutung der Solidarpflicht in den Mittelpunkt zu stellen, bestätigt dieser Verlauf dagegen sehr wohl: Wenn etwa die Kuppeleijudikatur, bedingt durch damalige Sittlichkeits- und Moralvorstellungen, nicht aber von dem Gedanken der Garantie der Solidarität getragen, zunächst an Bedeutung und letztendlich ihre Existenz verloren hat, entspricht dies doch im Kern der These. Die Bedeutung von Solidarpflichten auf dem Gebiet der unechten Unterlassungsdelikte wird nicht dadurch geschmälert, wenn anders motivierte Pflichten verschwinden. Dies zeigt nur, daß etwa Garantenstellungen, die dem Schutz der öffentlichen Moral und Sittlichkeit dienten und deshalb nicht solidarisch, sondern anders moralisch motiviert waren, im Vergleich mit der heutigen Zeit an Einfluß verloren haben.

Auch bei anderen Bereichen, deren Entwicklung durchaus in der vermuteten Art verlief, hat sich im Laufe der Untersuchung gezeigt, daß andere Gründe und Ursachen gleichfalls von Bedeutung für den Fortgang sein können. Der Gang der Entwicklung deckt sich in diesen Fällen zwar vom Verlauf her mit dem behaupteten, ihre Entstehung und ihr Werden weist aber zumindest noch andere Wurzeln auf. Diese haben meist einen außerrechtlichen, aber auch „ideologiefreien" Charakter. Das Aufkommen und die Verbreitung des Automobils als Massenverkehrsmittel etwa macht diese Einflüsse außerrechtlicher Fortschritte deutlich. Ohne eine quantitativ spürbare Zunahme des Straßenverkehrs und der damit verbundenen Gefahren im strafrechtlichen Sinne erschien etwa die Inpflichtnahme des Autofahrers oder des an den Fahrzeuglenker Alkohol ausschenkenden Wirtes nicht als erforderlich. Mit Anstieg der Verkehrsdichte und damit einhergehend der Unfallzahlen änderte sich dies, die Entstehung der entsprechenden Garantenstellungen war die Konsequenz. Auf der anderen Seite spricht indes die Tatsache, daß das Reichsgericht in den entsprechenden Fällen mit den § 330 c StGB oder § 22 KFG einer möglichen Strafbarkeit begegnet ist, während der BGH das Gebiet der unechten Unterlassungsdelikten mit seinen

unter Umständen erheblich schwereren Strafandrohungen betreten hat, klar für den behaupteten Verlauf und die dahinter stehenden Gründe. Die Entwicklung läßt sich insofern nicht mit einem einzelnen Ansatz erklären, sondern wird aus einem Zusammenspiel unterschiedlicher Faktoren nachvollziehbar.
Weitere Folgen der fortschreitenden Technisierung und Automatisierung unserer Gesellschaft insbesondere im Bereich der Wirtschaft und Industrie waren unter anderem auch die Gefahren, die etwa die maschinelle Massenproduktion in sich birgt; ebenso wie sich eine Belastung der Umwelt als Konsequenz dieser Faktoren darstellt. Das Aufkommen der strafrechtlichen Produktverantwortung und damit der entsprechenden Garantenstellungen und -pflichten liegt hierin ebenso begründet wie die noch recht junge Haftung Beamter auf dem Gebiet des Umweltschutzes. Auch hier gilt: Das Ziel der Solidaritätsgarantie war sicherlich nicht der alleinige oder wesentliche Grund für die Entstehung dieser Felder der Garantenproblematik.

Auf dem zuvor bereits angesprochenen Gebiet der Unzuchtsverhinderungspflichten wird deutlich, wie stark andere Einflüsse den Gang der Rechtsprechung geprägt haben. So hatte beispielsweise der schon angesprochene Wandel auf dem Gebiet der Moralvorstellungen auch und insbesondere auf dem Gebiet der Sexualität Ende der Sechziger Jahre maßgeblichen Anteil am Ende der zuvor weitverbreiteten Kuppeleijudikatur. Mindestens gleichbedeutend mit den skizzierten Änderungen der Moralvorstellungen war jedoch auch hier, wie schon bei den Komplexen Straßenverkehr und Industrie zuvor, wieder einmal ein technischer Fortschritt: die Entwicklung und Verbreitung der Antibabypille, mit der der Frau erstmals ein wirkungsvolles Verhütungsmittel an die Hand gegeben war. Der Möglichkeit, ungewollt schwanger zu werden und damit unter Umständen ein uneheliches Kind zu bekommen, konnte so wirkungsvoll begegnet werden. Wie in den einschlägigen Urteilen deutlich geworden ist, diente die Strafbarkeit auf diesem Sektor insbesondere der Verhinderung unehelicher Kinder, denen zur damaligen Zeit eine sowohl rechtlich als auch sozial schlechte Stellung eingeräumt wurde. Durch die Antibabypille wurden die Gerichte ihrer Aufgabe entledigt, die überkommenen Garantenstellungen waren nicht mehr notwendig. Diese Entscheidungen waren sicherlich zu keiner Zeit durch die Aufstellung von Solidarpflichten motiviert.

Festzuhalten bleibt demnach: Entwicklungen und Veränderungen auf dem Gebiet der Wertvorstellungen haben ebenso wie der Aspekt neuer technischer und faktischer Möglichkeiten direkten Einfluß auf Garantenstellungen in der höchstrichterlichen Rechtsprechung, gleiches muß für den industriellen Fortschritt und dessen Folgen gelten. Festzuhalten bleibt damit aber auch, daß sich ein monokausaler Erklärungsansatz für das gesamte Gebiet der Garantenstellungen im Ergebnis stets als zu eng erweisen wird. Die dem jeweiligen gesellschaftlichen

System immanente Bedeutung der Solidarpflichten bildet sich auch in der Rechtsprechung zu den unechten Unterlassungsdelikten ab. Ihr Rang spielt zwar eine wesentliche Rolle bei der Judikatur zu Entstehung und Verlauf der einzelnen Garantenstellungen, eine umfassende Begründung für diesen Verlauf vermag die vorgestellte Hypothese jedoch ebensowenig geben, wie sie eine konkrete und sichere Prognose für die Zukunft leisten kann. Es spielen dabei zu viele Faktoren eine Rolle, als daß die Frage nach dem Bedeutungswandel von Solidarpflichten hier abschließende Antworten geben kann.

Dieses Ergebnis verwundert freilich auch nicht über die Maßen: Unter Berücksichtigung des Charakters der unechten Unterlassungsdelikte als Spiegelbilder der Begehungstaten liegt es nahe, daß auch Erfolgsabwendungspflichten existieren, die nicht in dem Gedanken der Solidarität wurzeln oder wenigstens durch diese in ihrem Bestehen beeinflußt werden. Dies ist insbesondere dann der Fall, wenn sie nicht an solidaritätsgarantierende Institutionen wie etwa die Ehe oder das Eltern-Kind-Verhältnis gebunden sind[592]. Ihr Grund und auch ihr Umfang lassen sich in diesen Fällen deshalb mit der Frage nach der Verpflichtung zu solidarischem Handeln nicht nachweisen. Aber auch die Erfolgsabwendungspflichten, die die institutionell abgesicherte Solidarität garantieren sollen, sind als von Verboten abgeleitete Gebote nicht unbedingt *allein* im Gedanken der Solidarpflicht begründet. Trotz des Ursprungs der unechten Unterlassungsdelikte auf dem Gebiet der Verbote mißt die Rechtsprechung allerdings der Solidarsicherung durch die Unterlassungsverantwortlichkeit offenkundig steigenden Wert bei. Auch wenn ein „monokausaler" Ansatz also nicht geeignet ist, den Verlauf genau zu begründen, so macht er in Anbetracht der wichtigen Rolle der Gewähr des Gemeinsinn auf diesem Gebiet doch deutlich, daß von einem bloßen Wildwuchs[593] in der Rechtsprechung nicht gesprochen werden kann. Die Bedeutung der Garantenpflichten als Solidarpflichten hat in der untersuchten Zeitspanne deutlich zugenommen und mit ihr die Zahl der Garantenpositionen.

---

592 Vergleiche dazu *Jakobs*, S. 644, 645.

593 Vergleiche dazu auch *Seelmann*, in: GA 1989, 241 ff.

Zweiter Teil: Die unterlassene Hilfeleistung, § 323 c StGB

Die bisherige Untersuchung hat gezeigt, daß die Hypothese den Verlauf der Entwicklung bei den solidarisch mitbestimmten Garantenstellungen zu einem großen Teil wiedergibt, während die nicht-solidarisch motivierten Rechtspflichten sich nicht in den behaupteten Gang einordnen lassen. Doch auch bei den erstgenannten Garantenpositionen ist deutlich geworden, daß der Einfluß der Solidarpflichten nicht der einzige Grund für ihr Entstehen und ihren Verlauf gewesen ist. Andere Faktoren waren daneben von Bedeutung für den Werdegang einzelner Rechtspflichten.

Auf dem Gebiet der echten Unterlassungsdelikte sind zwei Straftatbestände zu nennen, die die Pönalisierung der Verletzung einer allgemeinen Mindestsolidarität bei der Verletzung höchst wichtiger Güter beinhalten[594]. Es sind dies die § 138 (Nichtanzeige geplanter Straftaten) und § 323 c StGB (Unterlassene Hilfeleistung). Im Folgenden soll das Augenmerk auf die unterlassene Hilfeleistung gerichtet werden. Mit ihr hat schon vor langer Zeit eine tatsächliche Solidarpflicht Eingang in deutsche Strafgesetzbücher gefunden[595]. Anders als bei den unechten Unterlassungsdelikten, bei denen es sich ja um aus Verboten abgeleitete Gebote handelt, stellt diese Norm ein reines Gebot im strafrechtlichen Sinne dar. Da die Vorschrift der unterlassenen Hilfeleistung zumindest in ihrer heutigen Form quasi eine rechtliche Verpflichtung zur Nächstenliebe darstellt, läßt sie sich als Solidarpflicht „reinsten Wassers“ bezeichnen. Eben aus diesem Grund soll die entsprechende Entwicklung von Gesetz und Rechtsprechung nachgezeichnet und bewertet werden. Denn wegen des zuletzt beschriebenen Charakters der Vorschrift erscheint es als wahrscheinlich, daß die Entwicklung hier weitgehend abhängig vom gesellschaftlichen Bedeutungswandel der Solidarpflichten und relativ unbeeinflußt von anderen Faktoren erfolgt ist. In diesem Fall ließe sich der erfolgte Verlauf mittels einer Hypothese, der der gleiche Ansatzpunkt zugrundegelegt wird, wie es im ersten Teil der Fall war, und die der zu untersuchenden Vorschrift angepaßt ist, nachvollziehen und begründen.

Dieses Vorgehen ermöglicht einen Vergleich der Geschichte der verrechtlichten Solidarpflicht der unterlassenen Hilfeleistung mit dem Werdegang der zahlreichen solidaristisch motivierten Garantenstellungen. Eine solche Nebeneinanderstellung erlaubt es, Rückschlüsse auf die Bedeutung der Solidarpflichten bei den Garantenpositionen zu ziehen. Sollte sich etwa erweisen, daß die

---

594 *Jakobs*, AT 28. Abschn. Rn. 11.

595 Vergleiche zu Entstehung und Entwicklung der Nothilfevorschrift die Darstellung ab S. 187 und die dortigen weiterführenden Nachweise.

Judikatur sowohl hinsichtlich der Garantenstellungen als auch im Hinblick auf die unterlassene Hilfeleistung ähnliche oder sogar übereinstimmende Richtungen eingeschlagen hat, dann wäre hierin ein starkes Indiz dafür zu sehen, daß das Element der Solidaritätsgarantie bei den unechten Unterlassungsdelikten nicht lediglich eine Ursache unter vielen darstellt. Eine übereinstimmende Entwicklung bedeutete damit eine Stärkung der im vorangegangenen Abschnitt ausgesprochenen Vermutung, wodurch die Bewertung der Rechtsprechung weiter gestärkt werden könnte.
Korrespondierend mit der Hypothese für die unechten Unterlassungsdelikte muß die Vermutung entsprechend der zu untersuchenden Vorschrift wie folgt lauten:

Im Laufe der gesellschaftlichen Entwicklung vom Liberalismus zum Solidarismus hat die Verpflichtung, anderen im Falle eines Unglücksfalles zu helfen, an Bedeutung gewonnen. Sowohl der Gesetzgeber als auch die Rechtsprechung haben Umfang und Bedeutung dieses Gebots aufgrund des Vordringens der Solidarpflichten ausgedehnt. Die Ära des Nationalsozialismus wird sich auch in diesem Bereich aufgrund der kollektivistischen Ideale und der Übersteigerung des „Völkischen“ nicht einfach in die Entwicklung einordnen lassen, sondern in ihrer Radikalität herausfallen.

Im Rahmen dieser Ausführungen soll erneut zunächst die Legalentwicklung im Bereich der unterlassenen Hilfeleistung, der Weg zum heute geltenden § 323 c StGB, nachgezeichnet werden. Dabei soll untersucht werden, ob sich die Veränderung der Bedeutung der Hilfeleistungspflicht schon der Ausgestaltung der einzelnen Normen entnehmen läßt. Im Anschluß daran wird abermals die Entwicklung der Judikatur untersucht. Dabei soll ein besonderes Augenmerk darauf gerichtet werden, wie sich der Begriff des Unglücksfalles und der Umfang der Hilfeleistungspflicht im Wandel der Zeit entwickelt haben, denn anhand dieser Merkmale läßt sich die Entwicklung und die Veränderung der Bedeutung nachvollziehen. Dabei wird in gleicher Weise vorgegangen wie im ersten Teil der Arbeit. Nach einer Darstellung des erfolgten Verlaufs wird dieser unter dem vorgenannten Aspekt bewertet. Den Abschluß bildet dann erneut eine Zusammenfassung der Erkenntnisse.

1. Kapitel: Die Legalentwicklung im Bereich der unterlassenen Hilfeleistung

A. § 360 Ziffer 10 RStGB

Eine Pflicht zur gegenseitigen Hilfeleistung existiert im deutschen Recht bereits seit dem Mittelalter, seit jeher gibt es auch entsprechende Nothilfevorschriften in den jeweiligen Gesetzbüchern. Die Darstellung beginnt auch hier wiederum mit der Zeit der Gründung des deutschen Kaiserreiches im Jahr 1871, ältere Nothilfevorschriften sollen aus diesem Grunde außer Betracht bleiben[596]. Die erste Vorschrift, die für diese Arbeit von Interesse ist, ist deshalb § 360 Ziffer 10 RStGB. Diese wurde mit der Reichsgründung aus dem vorangehenden Strafgesetzbuch des Norddeutschen Bundes in das Reichsstrafgesetzbuch übernommen. Der Wortlaut der Vorschrift war:

> „Mit Geldstrafe bis 150 RM oder Haft wird bestraft, wer bei Unglücksfällen oder gemeiner Gefahr oder Not von der Polizeibehörde oder deren Stellvertreter zur Hilfe aufgefordert, keine Folge leistet, obgleich er der Aufforderung ohne erhebliche eigene Gefahr genügen könnte."

Eingestuft wurde dieses Nothilfedelikt nicht als Vergehen oder gar Verbrechen, sondern es wurde lediglich dem Bereich der Übertretungen zugeordnet, welche aufgrund des erfaßten polizeilichen und nicht kriminellen Unrechts[597] heute am ehesten mit den Ordnungswidrigkeiten vergleichbar sind. Dieses erste Anzeichen, daß dem damaligen Gesetzgeber, der unter dem Einfluß des liberalistischen Gedankenguts der damaligen Zeit und den Auswirkungen des Revolutionszeitalters als Wegbereiter des Liberalismus stand[598], die Verletzung einer Nothilfepflicht nicht als ein Delikt von besonderem Gewicht erschien, wird verstärkt durch die Tatsache, daß die Strafbarkeit an die Bedingung einer vorherigen polizeilichen Aufforderung geknüpft war. Nicht das Nichthelfen als solches, sondern der Ungehorsam gegen staatliche/obrigkeitliche Befehle sollte geahndet werden[599]. Rechtsgut des § 360 Nr. 10 RStGB war also nicht etwa die körperliche Integrität oder das Leben des vom Unglück Betroffenen, sondern vielmehr die öffentliche Ordnung[600]. Deshalb nimmt es auch wunder, daß dieses ethisch neutrale Delikt[601] weit verbreitet als „Liebesparagraph"[602] bezeichnet

---

596 Zu diesen Vorschriften eingehender *Vermander*, S. 2 ff.

597 *Lange*, in : GA 1953 S. 1.

598 Vergleiche dazu *Kreuzer*, S. 16 m. w. N.

599 *Binding* S. 741.

600 *Kreuzer*, S. 16.

601 *Lange*, in: GA 1953, S. 5.

wurde: Bestraft wurde ja nicht das Nichthelfen, nicht die Verletzung der „Pflicht zur Nächstenliebe". Bestraft wurde der Ungehorsam des Individuums gegen die Obrigkeit. Der Schutz des Unglücksopfers war offensichtlich nicht unmittelbar bezweckt und konnte deshalb nicht das Rechtsgut des § 360 Nr. 10 RStGB sein, sondern wurde nur reflexartig, als Nebenfolge quasi, mit geschützt[603].
Die Fassung und auch die Auslegung des Übertretungstatbestandes hinsichtlich des geschützten Rechtsgutes machen deutlich, daß der Gesetzgeber Moral und Recht voneinander trennen wollte, eine Verrechtlichung sozialethischer Pflichten sollte nicht stattfinden. Wäre dem nicht so, dann hätte verstärkt der Schutz der Unversehrtheit der Mitmenschen und potentiellen Unglücksopfer im Mittelpunkt dieser Norm gestanden.

Dieser Richtung blieben auch die Entwürfe aus der Zeit des Kaiserreichs treu. Weder der *Vorentwurf* zu einem Deutschen Strafgesetzbuch aus dem Jahr 1909 noch der *Gegenentwurf* von 1911 brachten inhaltliche Neuerungen mit sich[604]. Auch für die Entwürfe aus der Zeit der Weimarer Republik gilt im wesentlichen das gleiche. § 220 des Amtlichen *Entwurfs* eines *Allgemeinen Deutschen Strafgesetzbuches* aus dem Jahr 1925 etwa hatte zur Regelung der unterlassenen Hilfeleistung folgenden Wortlaut:

„Wer bei einer Gemeingefahr der polizeilichen Aufforderung zur Hilfeleistung nicht nachkommt, obwohl er der Aufforderung ohne erhebliche eigene Gefahr und ohne Verletzung sonstiger wichtiger Interessen genügen kann, wird mit Gefängnis bis zu sechs Monaten oder mit Geldstrafe bestraft."[605]

Der *Entwurf* eines *Allgemeinen Deutschen Strafgesetzbuchs* von 1927 war in seiner Ausgestaltung dem § 360 Nr. 10 RStGB gleichfalls sehr ähnlich, auch hier blieb die Nichtbefolgung der polizeilichen Aufforderung das tatbestandliche Verhalten; zudem wurde der Strafrahmen dahingehend geändert, daß nur Geldstrafe als Rechtsfolge vorgesehen war. Daneben war zwar noch in einem gesondertem Paragraphen die schwerere Tat der Lebensgefährdung geregelt,

602 Vergleiche zum Beispiel *Frank*, § 360 Nr. 10 RStGB Anm. X, S. 608 (8.-10. Auflage 1911), *Georgakis*, S. 2. Treffender erscheint die Bezeichnung der Vorschrift als „Trotzdelikt" zu sein, wie sie *Binding*, S. 741, vornahm.

603 Zum „Liebesparagraphen" ist die Verletzung der Nothilfepflicht - wenn überhaupt - erst später geworden, als sich das Rechtsgut geändert hatte, vergleiche dazu die Ausführungen unter B. und C.

604 Vergleiche *Spendel*, in: LK-StGB § 323 c Rn. 3 f., dort finden sich noch weitere Entwürfe aus dieser Zeit, die allerdings gleichfalls keine Neuerungen enthielten.

605 Zitiert nach *Olshausen*, § 360 Nr. 10 RStGB Anm. i, S. 1967.

diese wurde aber schon im *StGB-Entwurf* von 1930 wieder ersatzlos gestrichen[606,607].

Das liberalistisch-individualistische Denken aus Zeiten des Kaiserreiches, das auch auf diesem Gebiet des Strafrechts deutlich geworden ist, ging in der Zeit nach dem Ersten Weltkrieg langsam zu Ende, die Zeit des „Dritten Reiches" schließlich stellt eine völlige Abkehr von ihm dar. Wie wenig die Tatsache, daß diese Vorschrift nicht hauptsächlich das Unterlassen des Helfens sanktionierte, in das nationalsozialistische Weltbild paßte, wie wenig zeitgemäß und nicht umfassend genug also das oben bezeichnete Rechtsgut dem neuen Regime erschien, zeigt, daß der Gesetzgeber bereits 1935 aktiv wurde und eine Änderung der gesetzlichen Situation herbeiführte und mit der Einführung des Tatbestandes nicht bis zur geplanten umfassenden Neuregelung des Strafrechts[608] wartete.

B. § 330 c RStGB

Am 28. August 1935 trat der § 330 c RStGB an die Stelle des nunmehr aufgehobenen § 360 Nr. 10 RStGB. Sein Wortlaut war:

> „Wer bei Unglücksfällen oder gemeiner Gefahr oder Not nicht Hilfe leistet, obwohl dies nach gesundem Volksempfinden seine Pflicht ist, insbesondere wer der polizeilichen Aufforderung zur Hilfeleistung nicht nachkommt, obwohl er der Aufforderung ohne erhebliche eigene Gefahr und ohne Verletzung anderer wichtiger Pflichten genügen kann, wird mit Gefängnis bis zu zwei Jahren oder mit Geldstrafe bestraft."

Durch die deutliche Anhebung des Strafrahmens wurde diese Nothilfevorschrift von den bloßen Übertretungen in den Bereich der Vergehen versetzt. Diese Aufwertung mag als ein erstes Indiz für die neue Betrachtungsweise dienen, die

---

606 Vergleiche *Spendel*, in: LK-StGB § 323 c Rn. 8 f., dort auch kritisch zu dem „Hin und Her" in der Entwicklung ohne wesentliche Veränderungen und zu der Tatsache, daß die Strafbarkeit der unterlassenen Hilfeleistung erst unter der nationalsozialistischen Herrschaft einen wirklichen Wandel erfuhr. Zum Charakter der echten Neuerung des § 330 c StGB a. F. auch *Vermander*, S. 2, 7. Dort finden sich noch weitere Nachweise zum Wesen auch der Entwurfsvorschläge als reine Ungehorsamsdelikte.
Auch der Bestimmung des § 22 II KFG vom 3. September 1909 (zum Wortlaut vergleiche oben Fußnote 570), die das *Verlassen* einer durch einen Unfall hilflos gewordenen Person durch den Fahrzeugführer unter Strafe stellte, ließ sich eine Hilfeleistungspflicht nicht entnehmen. Bestraft wurde allein das Verlassen, eine positive Hilfeleistung wurde nach völlig herrschender Meinung nicht gefordert, vergleiche *Welzel*, in: JZ 1958, 494 m. w. N.

607 Zu den nicht Gesetz gewordenen Vorschlägen einer Neuregelung bis 1933 vergleiche des weiteren *Frellesen*, S. 100 f.

608 Nationalsozialistische Leitsätze, 1. Teil, ausführlich zu der geplanten Umgestaltung des Strafrechts vergleiche das Buch von *Gürtner* und *Freisler* (Zit. Gürtner/Freisler).

nun vorherrschte. Auch war die vorherige polizeiliche Aufforderung nicht mehr Strafbarkeitsvoraussetzung, sondern wurde nur noch beispielhaft erwähnt[609], Pflichtquelle war nunmehr, wie der neuen Fassung zu entnehmen ist, das „gesunde Volksempfinden“.
Als aktueller Aufhänger zur Gesetzesänderung diente dem Gesetzgeber das Bedürfnis, den zur damaligen Zeit häufig auftretenden Waldbränden wirksamer entgegentreten zu können[610]. Gemäß § 360 Nr. 10 RStGB konnte ja eine unterlassene Hilfeleistung nur nach vorangegangener polizeilicher Aufforderung bestraft werden, so daß der bei einem Brand tatenlos Zusehende straffrei blieb, wenn ihn die Polizei- oder Ordnungsbehörden nicht zum Handeln aufgefordert hatten. Hatte die Polizei ihn jedoch erst einmal aufgefordert, so mußte sie zwangsläufig zuvor selbst den Brand entdeckt haben und konnte selbst, allerdings womöglich erst zu einem späteren Zeitpunkt, die rettenden Maßnahmen einleiten. § 360 Nr. 10 RStGB erschien hier wirkungslos in bezug auf eine Verhinderung und frühzeitige Bekämpfung von Waldbränden.
Die Einführung des § 330 c RStGB allerdings allein hierdurch begründen zu wollen, griffe zu kurz. Wäre eben eine solche Waldbrandverhinderung alleinige Intention des Gesetzgebers gewesen, dann hätte er durchaus speziellere Normen setzen können, was später ja - auch spezifisch in Bezug auf die Waldbrandgefahr - erfolgt ist[611]. Ein Blick in die zeitgenössische Literatur und die amtlichen Veröffentlichungen macht deutlich, was die eigentliche Motivation des Gesetzgebers war. So hieß es in den vom Reichsrechtsamt herausgegebenen nationalsozialistischen Leitsätzen zum Strafrecht:

> „Die Treuepflicht gegenüber der Volksgemeinschaft schließt in sich die Verbundenheit mit dem Volksgenossen, die Bereitschaft, ihm in der Not zu helfen, ihn in der Gefahr zu schützen und ihn als Volksgenossen zu achten.“[612]

Auch die amtliche Begründung der neuen Vorschrift macht den tiefgreifenden Wandel in der Rechtsauffassung, der nach der nationalsozialistischen Machtergreifung erfolgte, unmißverständlich deutlich, der Wandel vom Ungehorsamsdelikt des § 360 Ziffer 10 RStGB zum Gesinnungsdelikt des § 330 c StGB RStGB zeigt sich hier:

---

609 *Barth*, in: JW 1935, 2320 (2321) wollte etwa hieraus etwa eine zwingende Strafverschärfung herleiten.

610 Vergleiche *Kohlrausch*, 43. Auflage, § 330 c Anm. 1; *Schäfer*, in: DJ 1935, 998.

611 Vergleiche etwa § 1 der VO zum Schutze der Wälder, Moore und Heiden gegen Brände vom 25.6.1938 (RGBl. 1938 I, S. 700) und § 5 der 2. DurchführungsVO vom 9.10.1939 (RGBl. 1939 I, S. 2024) zum Gesetz über das Feuerlöschwesen vom 30.11.1938 (RGBl. 1938 I, S. 1662).

612 *Barth*, in: JW 1935, 2320.

„Dieser neue Tatbestand, verglichen mit Nr. 10 des § 360, macht den seit der nationalsozialistischen Erhebung eingetretenen Wandel in den Auffassungen über die Pflichten des einzelnen gegenüber der Volksgemeinschaft und sein Verhältnis zu den Volksgenossen besonders deutlich. Das Gefühl der Zusammengehörigkeit verlangt es zum Beispiel als selbstverständlich, daß ein Vorübergehender, der einen Kahn kentern sieht, dem mit dem Tode des Ertrinkens Kämpfenden einen vorhandenen Rettungsring zuwirft oder sich sonst um rasche Hilfeleistung bemüht."[613]

„Völkische" Zusammengehörigkeit, Gemeinschaft und Verbundenheit sollten also auch mit Hilfe des Strafrechts gefördert werden. Der Tatbestand der unterlassenen Hilfeleistung war vor allem deshalb bemerkenswert, weil er das „gesunde Volksempfinden" unmittelbar zum strafbarkeitsbegründenden Merkmal erhob und dadurch ein „Bekenntnis" zum Geist des nationalsozialistischen Strafrecht ablegte, wie *Freisler* meinte[614]. Vergeltung für begangenes Unrecht konnte nach dieser Diktion nicht maßgeblicher Inhalt und Intention eines nationalsozialistischen Strafrechts sein, strafenswert war zuerst und vor allem die „innere Abkehr" vom Geist des Nationalsozialismus[615].

Der Charakter des Ungehorsamsdeliktes § 360 Ziffer 10 RStGB war damit aufgehoben. Was an seine Stelle trat, läßt sich am ehesten beurteilen, wenn man, über die Vorschrift der unterlassenen Hilfeleistung hinaus, einen Blick auf Sinn und Zweck des Strafrechts unter dem Gesetzgeber des Nationalsozialismus wirft: Eine Funktion des Strafrechts war die Erziehung der Bevölkerung hin zur nationalsozialistischen Weltanschauung[616]. Es sollte das „völkische" Gemeinschaftsbewußtsein verankert und gestärkt werden[617]. Der Entwurf zu diesem neuen Strafgesetzbuch enthielt einen Vorspruch, der den Grundsatz „Gemeinnutz geht vor Eigennutz" als zentrale Aussage enthält[618]; diesem Satz sollte durch die Einführung des neuen Tatbestandes Ausdruck verliehen werden[619]. Das nationalsozialistische Strafrecht wollte kein bloß äußerlich konformes Verhalten erreichen, sondern einen Einstellungswandel. Bestraft wurde also nicht nur die Verletzung eines Tatbestandes, bestraft wurde die abweichende und bereits durch diese Abweichung fehlerhafte und verurteilenswerte Gesinnung, die hinter dem (Nicht-)Tun steht. Das Strafrecht stellt sich so als ein Gesinnungs-

---

613 Aus der Amtlichen Begründung, zitiert nach *Kohlrausch* 38. Auflage, § 330 c RStGB Anm. 1, S. 669. Vergleiche auch Amtliche Sonderveröffentlichungen der Deutschen Justiz, Nr. 10, 1935, S. 42.

614 Zitiert nach *Werle*, S. 168, dort finden sich weitere Nachweise zu dieser Tendenz.

615 Diese Richtung wurde auch in der Rechtsprechung verfolgt, wie etwa RGSt 71, 200 (Urt. v. 26. April 1937) zeigt. Ausführlicher dazu ab Seite 215.

616 Dies betont u. a. *Huschens*, S. 22 und *Freisler*, in: Gürtner/Freisler, S. 40.

617 *Schäfer-Dohnany*, Strafgesetzgebung, S. 214.

618 *Freisler*, in: Gürtner/Freisler, S. 32.

619 *Schäfer-Dohnany*, Strafgesetzgebung, S. 214.

strafrecht dar, wie auch in den nationalsozialistischen Leitsätzen deutlich wurde:

„Das nationalsozialistische Strafrecht richtet sich gegen die gemeinschaftswidrige Gesinnungsart, in welcher Form sie sich auch zeigen mag."[620]

Durch diese Subjektivierung der Begriffe „Täter" und „Verbrechen", wie sie schon zu Beginn der nationalsozialistischen Gewaltherrschaft bei *Erik Wolf* zu finden war[621], überwog in Lehre[622] und Rechtsprechung[623] die Auffassung, daß auch § 330 c RStGB als Element des erzieherisch angelegten Strafrechtes zuvörderst eine tadelnswerte Gesinnung bestrafen sollte. Ein deutliches Beispiel dafür liefert etwa *Barth*, wenn er ausführt:

„Es muß der nationalsozialistischen Bewegung gelingen, daß alle Volksgenossen immer mehr von dem Gedanken erfaßt werden, daß überall da, wo sich die Volksgemeinschaft oder der einzelne Volksgenosse in Not und Gefahr gleich welcher Art befinden - also auch über die Fälle des Strafgesetzes hinaus -, die Pflicht zum Einsatz zur Hilfeleistung jeglicher Art besteht. Die aus tiefstem Pflichtgefühl kommende Einsatzbereitschaft des Frontsoldaten, des alten Kämpfers und des SA.-Mannes muß allen zum leuchtenden Vorbild werden."[624]

Die Trennung von Sittlichkeit und Recht, von moralischer Verpflichtung und Rechtspflicht war beendet, vielmehr fand eine vollkommene Verschmelzung statt. Dies erscheint aus der damaligen Sicht nur logisch: Der Liberalismus wurde als Ursache zahlreicher, wenn nicht gar der meisten Mißstände in der Gesellschaft angesehen. Die Gesellschaft sollte eine antiliberale Wendung erhalten, hin zum Kollektivismus. Betrachtet man die Weltanschauungen, die hinter den äußerst unterschiedlichen Nothilfevorschriften des § 360 Nr. 10 RStGB und des § 330 c RStGB standen, dann wird diese radikale Umkehr deutlich. Daß § 330 c RStGB vom Wortlaut her sicherlich auch als Norm interpretiert werden kann, die nicht ausschließlich dem Bereich des Gesinnungsstrafrechts[625] zuzuordnen ist, soll hier nicht bestritten werden. Dieser Blickwinkel wurde jedoch in der damaligen Zeitpunkt zumindest vom größten Teil der Juristen nicht eingenommen: § 330 c RStGB wurde als Instrument typisch nationalsozialistischer

---

620 *Frank*, Nationalsozialistische Leitsätze, 2. Teil, S. 109.

621 So definiert *Wolf*, in: ARSP 28 (1935), 349 (355), den Täter als „ungehorsamen Rechtsgenossen, dem der Verfall seiner Rechtsgesinnung zum Vorwurf gereicht."

622 Vergleiche etwa *Georgakis*, S. 67 und *Dahm*, in: DR 1940, 1421.

623 RG JW 37, 1815 f., RG JW 37, 2646 f.; RGSt 71, 203; 74, 199.

624 *Barth*, in JW 1935, 2320 (2321 linke Spalte).

625 Daß § 330 c aus Sicht des nationalsozialistischen Gesetzgebers jedoch eine solche Funktion haben sollte, wird besonders bei *Georgakis*, S. 6 f. (mit zahlreichen Nachweisen) deutlich.

Strafrechtspolitik verstanden und benutzt[626]. Die Motivation für die Einführung dieser Norm war die, einen Schritt weiter in Richtung Ausmerzung jeglichen Liberalismus zu gehen und damit ein Schritt der Pervertierung des Rechtsstaates zum totalen Staat[627].

Mit der Befreiung Deutschlands durch die Alliierten im Mai 1945 fand auch die nationalsozialistische Gesetzgebung schließlich ein Ende; in der Phase des Übergangs zur Bundesrepublik Deutschland von 1945 bis 1949 gab es zunächst keinen nationalen Gesetzgeber, der dem Deutschen Reich unmittelbar nachfolgte.

C. § 330 c StGB n. F. und § 323 c StGB

Im Gegensatz zu zahlreichen anderen durch den nationalsozialistischen Gesetzgeber eingeführten Normen wurde § 330 c RStGB (=StGB a. F.) durch die alliierten Kontrollmächte nicht ausdrücklich außer Kraft gesetzt. Dies mag ein Hinweis darauf sein, daß die Verpflichtung zur Hilfeleistung nicht grundsätzlich als typisch nationalsozialistische Norm angesehen wurde. Das Gesetz der Militärregierung Nr. 1 (MRG 1) bestimmte aber in Art. IV Ziffer 7:

> „Anklagen dürfen nur erhoben werden, Urteile nur erlassen und Strafen nur verhängt werden, falls ein zur Zeit der Begehung der Handlung in Kraft befindliches Gesetz diese Handlung ausdrücklich für strafbar erklärt. Bestrafung von Taten unter Anwendung von Analogie oder nach angeblichem 'gesunden Volksempfinden' ist verboten."

Ähnlich lautete die kurz darauf erlassene Proklamation des Alliierten Kontrollrates Nr. 3 (KRP 3) vom 20. 10. 1945 in Art. II, Ziffer 3:

> „Kein Gericht darf irgendeine Handlung auf Grund von 'Analogie' oder im Hinblick auf das sogenannte 'gesunde Volksempfinden' für strafbar erklären, wie das bisher im deutschen Strafrecht der Fall war."

Dies schien im Hinblick auf die unterlassene Hilfeleistung ein Dilemma für die Nachkriegsjudikatur und die deutsche Strafrechtswissenschaft zu sein, denn Pflichtquelle und damit Strafbarkeitsvoraussetzung und -grund war ja eben der Begriff des „gesunden Volksempfindens". So gab es in der Nachkriegsrechtsprechung und Literatur sowohl für als auch gegen eine Weitergeltung des §

---

626 Dazu ausführlicher *Frellesen*, S. 108, 109. Vergleiche auch *Werle*, S. 168.

627 *Kreuzer*, S. 19.

330 c a. F. gleichermaßen zahlreiche Stimmen[628], die sich auch insbesondere mit der Formulierung des „gesunden Volksempfindens“ auseinandersetzten.
Der BGH setzte in seiner Entscheidung vom 28. Juni 1951[629] einen vorläufigen Schlußstrich unter diese Diskussion, indem er sich für eine Anwendbarkeit und Weitergeltung des § 330 c StGB a. F. entschied. Die Tatsache, daß der BGH den § 330 c StGB a. F. entgegen den Regelungen des MRG 1 und des KRP 3 in der „nationalsozialistischen“ Fassung für anwendbar erklärte, erscheint zunächst verwunderlich, hatten die Regelungen der Alliierten doch den verbindlichen Charakter formeller und materieller Normen[630]. Die Argumentation derjenigen, die für eine Weitergeltung der alten Norm plädierten, ging jedoch dahin, daß der alliierte Gesetzgeber nicht speziell den Begriff „gesundes Volksempfinden“, sondern die dahinter stehende Einstellung und Motivation habe beseitigen wollen[631].

Die Argumente des BGH vermögen jedoch nicht zu überzeugen. Schon die Aussage, Strafgrund des § 330 c StGB a. F. sei „nicht die rücksichtslose Gesinnung des Täters, sondern die Verletzung der Hilfeleistungspflicht bei schweren Unglücksfällen“[632] beantwortet die Frage nach dem Unrechtsgehalt und damit nach dem Strafgrund der Vorschrift nicht. Daß nach § 330 c StGB a. F. die Verletzung der Hilfeleistungspflicht bestraft wurde, ist dem Tatbestand unschwer zu entnehmen, eine solche Feststellung sagt jedoch nichts über den Grund aus, warum das so ist[633].
Bei der Auseinandersetzung mit der Formulierung „gesundes Volksempfinden“ und damit im Zusammenhang mit dem oben genannten Verbot, Urteile und Strafen hiermit zu begründen, stellte der BGH das „gesunde Volksempfinden“ als alten Grundsatz rechtsstaatlichen Strafens dar[634] und negierte so einen Zusammenhang zwischen der Begrifflichkeit und nationalsozialistischer Ideologie. Hierdurch sollte eine Weitergeltung der Norm gerechtfertigt werden, da die alliierten Gesetzgeber ja vorgeblich nicht den Begriff des „gesunden Volksempfindens“ haben beseitigen wollen, sondern die dahinter stehende Ideologie. Wenn

---

628 Nachweise im einzelnen bei *Frellesen* S. 110 Fußnoten 75 und 76, sowie ausführlich *Storsberg*, S. 10 f.

629 BGHSt 1, 266 ff. Für eine vollständige Weitergeltung auch *OLG Neustadt a. d. H.* in HESt 2, 189 (334 f.) (Urt. v. 9. März 1949), welches den Begriff „gesundes Volksempfinden“ einfach in „gute Sitten“ übersetzen wollte.

630 *Storsberg*, S. 14 f.

631 Dies erscheint zumindest zweifelhaft. Vergleiche dazu ausführlich *Storsberg*, S. 14 ff.

632 BGHSt 1, 266 (269), a. A. damals *Schönke* § 330c Anm. 1 (bis einschließlich zur 4. Auflage).

633 So zutreffend *Frellesen*, S. 110.

634 BGHSt 1, 266 (268).

nun aber dieser Begriff in einer rechtsstaatlichen Tradition stünde, so wäre seine Fortgeltung durchaus legitim.
Doch auch hier kann dem BGH nicht gefolgt werden. Der Hinweis, daß Begriffe wie „Volksbewußtsein“ oder Vergleichbares zuvor schon einmal als Rechtsquellen angesehen wurden, genügt nicht, das „gesunde Volksempfinden“ als feststehenden strafrechtlichen Begriff zu bewerten[635]. Bis zur Strafrechtsnovelle vom 28. Juni 1935, durch die unter anderem § 330 c StGB a. F. ins Strafgesetzbuch eingefügt wurde, stand der deutsche Richter zu keiner Zeit vor der Aufgabe, eine Handlung nach „gesundem Volksempfinden“ zu bewerten und auf ihre Tatbestandsmäßigkeit hin zu untersuchen[636]. Es handelt sich aus diesem Grunde also um eine typisch nationalsozialistische Neuerung des Strafrechts und nicht, wie der BGH annimmt, um einen althergebrachten Grundsatz im deutschen Strafrecht. Eine rechtsstaatliche Legitimation erscheint deshalb nicht ohne weiteres möglich.
Daher waren die kritischen Stimmen gegen eine Weitergeltung auch nach dem Urteil nicht verstummt. *Gallas* hat in einem Gutachten im Auftrag des Bundesjustizministeriums[637] ausführlich Stellung zu diesen Einwänden bezogen. Seine Schlußfolgerungen stellten schließlich die Basis dar, aufgrund derer § 330 c StGB a. F. reformiert wurde.
Im Rahmen des Dritten Strafrechtsänderungsgesetzes vom 4. August 1953[638] wurde die neue Fassung des § 330 c StGB beschlossen, die im wesentlichen bis heute gilt. Sie lautete:

> „Wer bei Unglücksfällen oder gemeiner Gefahr oder Not nicht Hilfe leistet, obwohl dies erforderlich und ihm den Umständen nach zuzumuten, insbesondere ohne erhebliche eigene Gefahr und ohne Verletzung anderer wichtiger Pflichten möglich ist, wird mit Gefängnis bis zu einem Jahre oder mit Geldstrafe bestraft.“

Mit der Änderung des Deliktes ging neben der Abschaffung der Pflichtenquelle des „gesunden Volksempfindens“ eine Absenkung der Strafandrohung von bis zu zwei auf bis zu einem Jahr Haft einher, es blieb damit bei der Einordnung des Deliktes als Vergehen. Die Absenkung des Strafrahmens wurde damit begründet, daß es sich um eine Anpassung des überhöhten Strafrahmens an die Tatsache handelte, daß die Vorschrift aus dem Bereich des Moralischen und nicht des Rechtlichen stamme[639]. Strafgrund der Norm ist nach weitverbreiteter

---

635 *Storsberg*, S. 35.

636 Vergleiche diesbezüglich *Storsberg*, S. 35 ff., der hier auch ausführlich auf Entstehung und Inhalt des Begriffes „gesundes Volksempfinden“ eingeht.

637 Mit geringfügigen Ergänzungen abgedruckt in JZ 1952, 396 ff.

638 BGBl. 1953 I, S. 735, 743, 750.

639 Vergleiche die Amtliche Begründung, BT-Drucks Nr. 3713, S. 43. Dagegen *Spendel*, in: LK-StGB § 323 c Rn. 12.

Ansicht[640] die Verletzung der Hilfspflicht bei Unglücksfällen oder allgemeiner Gefahr, ihr Zweck und Rechtsgrund die strafrechtliche Sicherung der Nothilfe[641]. Das dem Verpflichteten auferlegte Gebot ist damit eine wirkliche Solidarpflicht im engeren Sinne.

In der Bundesrepublik Deutschland war eine Gesinnungsstrafbarkeit und der Gedanke der Erziehung durch Strafrecht im nationalsozialistischen Sinne selbstverständlich nicht mehr Strafgrund dieses Deliktes. Zwar stand hinter dem Strafgrund des § 330 c StGB n. F. die Verletzung der (moralischen) Pflicht, einem in Not geratenen Menschen zu helfen, insofern läßt sich sicherlich eine durch die Strafandrohung erzieherisch intendierte Motivation erkennen. Doch unter Berücksichtigung der präventiven Funktionen, die allen Strafgesetzen zu eigen sind, stellt dies keine Besonderheit dar. Damit nicht vergleichbar war die Intention der nationalsozialistischen Gesetzgeber, die diese Norm ursprünglich auf den Weg gebracht hatten: Diese ging sehr viel weiter und dazu noch in eine völlig andere Richtung, wie bereits oben ausgeführt wurde und wie es die Geschichte überdeutlich gezeigt hat.

Die bislang letzte Veränderung in seiner wechselhaften Geschichte erfuhr die Nothilfebestimmung im Jahr 1980. Durch das 18. Strafrechtsänderungsgesetz vom 28. März 1980[642] wurde im Zuge der Neunumerierung aus dem alten § 330 c StGB der § 323 c StGB, ohne daß sich inhaltlich etwas änderte.

D. Bewertung des Verlaufes

Der Verlauf der Legalentwicklung stimmt überein mit der zuvor diesbezüglich aufgestellten Annahme. Der Gesetzgeber aus der Zeit des späten Liberalismus maß der Pflicht zur Nothilfe nur eine geringe Bedeutung zu, was anhand von Strafandrohung, Einstufung des Deliktes als Übertretung und Inhalt des geschützten Rechtsguts deutlich geworden ist. In der Zeit des Nationalsozialismus, in der, wie schon an zahlreichen anderen Stellen in der Arbeit erkennbar geworden ist, der Gedanke der Volks*gemeinschaft* und den daraus resultierenden Folgen übermächtig war, wurde aus der Motivation, das deutsche Strafrecht in ein Gesinnungsstrafrecht umzuwandeln, der § 330 c RStGB eingeführt. Dieser stimmt in seiner Struktur mit der heute geltenden Norm dahingehend überein, daß er das Nichthelfen um des Nichthelfens willen unter Strafe stellt und nicht, wie vorher § 360 Ziffer 10 RStGB, primär den Verstoß gegen polizeiliche Anweisungen. Die beiden jüngeren Normen stellen somit Nothilfevorschriften im engeren Sinne dar. An einer solchen Vorschrift hat der auch Gesetzgeber der vom Solidarismus beeinflußten Bundesrepublik in der Zeit nach dem Dritten Reich festgehalten, die heute geltende Norm ist

640 *Tröndle* § 323 c Rn. 1 m. w. N. auch zur Rechtsprechung.

641 *Spendel*, in: LK-StGB § 323 c Rn. 26.

642 BGBl. 1980 I, S. 373, 374, 379.

dem Dritten Reich festgehalten, die heute geltende Norm ist allerdings vom Ballast der nationalsozialistischen Vorschrift befreit worden.

Die Bedeutung staatlich geforderter Hilfspflichten ist in der Zeitspanne vom Kaiserreich bis in die heutige Zeit deutlich gewachsen. Dieser Verlauf, der sich auch in der Strafgesetzgebung niedergeschlagen hat, läßt sich an der dargestellten Legalentwicklung auf dem Gebiet der unterlassenen Hilfeleistung leicht nachvollziehen. Die erfolgte gesetzliche Entwicklung stützt die eingangs dieses Kapitels behauptete voll umfänglich. Überdies stärkt sie auch die Hypothese, die eingangs der Arbeit hinsichtlich der unechten Unterlassungsdelikte aufgestellt worden ist, denn Ausdruck der vorherrschenden gesellschaftlichen Ideologie ist auch stets die gesetzte Norm. Der Strafgesetzgeber hat sich auf dem Gebiet der Nothilfevorschriften im Laufe der Zeit exakt übereinstimmend mit dem gemutmaßten Bedeutungswandel verhalten: unbedeutender in Kaiserreich und Weimarer Republik, überwichtig im Dritten Reich, gewissermaßen „dazwischen" angesiedelt in der heutigen Bundesrepublik. Der Bereich der Solidarpflicht „unterlassene Hilfeleistung" unterlag auf dem Feld der Legislative offensichtlich dem unterstellten Bedeutungswandel. Das Augenmerk soll deshalb nun auf den Bereich der Judikative gerichtet werden, um zu untersuchen, ob sich dieses Ergebnis auch dort wird nachweisen lassen.

2. Kapitel:
Die Entwicklung der Judikatur im Bereich der unterlassenen Hilfeleistung

Bevor nun anhand der Entwicklung der Rechtsprechung zur unterlassenen Hilfeleistung untersucht werden soll, ob die Hypothese auf dem Gebiet dieser Solidarpflicht auch bei der höchstrichterlichen Rechtsprechung Geltung beanspruchen darf, ist vorab zu klären, welche Entwicklungsstränge für diese Arbeit in Betracht kommen. Anders als bei den unechten Unterlassungsdelikten, bei denen der Gesetzgeber die Schaffung der Tatbestandsgruppen weitgehend in die Hand der Judikatur gelegt hat, indem er zunächst keine, später dann nur eine generalklauselartige Regelung festgeschrieben hat, bieten die geschriebenen Normen der echten Unterlassungsdelikte den Gerichten nur Raum für die Auslegung der Tatbestandsmerkmale, nicht aber für deren Schaffung und Ausgestaltung. Der Jurisdiktion sind damit engere Grenzen gesetzt, die Zahl der für diese Untersuchung interessanten Entwicklungsstränge ist folglich kleiner.

Die Anwendungsfälle der unterlassenen Hilfeleistung in der Praxis der Gerichte unterteilt sich in folgende Hauptgebiete: Den größten Teil nehmen Fallgestaltungen ein, die im Zusammenhang mit Verkehrsunfällen stehen. Daneben spielen noch die unterlassene Hilfeleistung bei vorsätzlichen deliktischen Angriffen, bei Selbstgefährdungen und Selbstmordversuchen und die Verweigerung ärztlicher Hilfe bei Krankheitsfällen eine größere Rolle[643]. Eine lange Entwicklungsgeschichte hat insbesondere der Bereich der Suizidversuche hinter sich, so daß eine diesbezügliche Untersuchung vielversprechend erscheint. Schon allein aufgrund der Tatsache, daß der Frage nach Hilfspflichten im Straßenverkehr bereits im vorangegangenen Teil der Arbeit nachgegangen worden ist, soll dieser Bereich auch hier Aufmerksamkeit erfahren; schließlich soll mittels dieser Darstellung ja auch der Gehalt der Hypothese hinsichtlich der Entwicklung bei den unechten Unterlassungsdelikten und die Vergleichbarkeit von Solidarpflichten in beiden Bereichen der Unterlassungsdelikte nachgeprüft werden.
Weiterhin wird die Entwicklung der Hilfspflicht des Arztes untersucht. Diese Untersuchung erfolgt speziell unter Berücksichtigung des (qualitativen) Umfangs der Hilfeleistungspflicht, während die vorangegangenen Darstellungen das Tatbestandsmerkmal des Unglücksfalles in seiner Entwicklung zeigen. Aufgrund des unterschiedlichen Ansatzes soll so die behauptete Entwicklung mittels eines breiteren Spektrums gerichtlicher Entscheidungen einer ausführlicheren Untersuchung unterzogen werden.
Zwar stellen auch die deliktischen Angriffe noch eine quantitativ bedeutsamere Gruppe, diese weist indes keine Entwicklung auf, die von besonderem Interesse

---

643 Vergleiche dazu mit zahlreichen Nachweisen zur Rechtsprechung *Frellesen*, S. 114 f.

für diese Untersuchung ist. Aus diesem Grund soll auf eine Darstellung verzichtet werden.

Ehe nun erneut eine Analyse der Judikatur, wiederum an den einzelnen Sachverhaltsgestaltungen orientiert, erfolgen wird, soll zunächst die begriffliche Entwicklung des zentralen Tatbestandsmerkmals der Nothilfevorschriften, des Unglücksfalles, dargestellt werden. Unabhängig von den jeweils zugrunde liegenden Fallgestaltungen wird hierbei nachvollzogen, wie die höchstrichterliche Rechtsprechung diesen Begriff im Laufe der Zeit definitorisch ausgefüllt hat. Möglicherweise ist bereits dem Wortlaut dieser Ausfüllung eine Entwicklung in der Judikatur zu entnehmen, die sich mit der vorangestellten Hypothese in Zusammenhang bringen läßt.

A. Der Begriff des Unglücksfalles

I. Die Entwicklung in der Rechtsprechung

Zu Anfang der Untersuchung stellt § 360 Nr. 10 RStGB die maßgebliche Nothilfevorschrift dar. Entscheidungen des Reichsgerichts, die diese Übertretungsnorm zum Inhalt hatten, sind nicht ersichtlich. Im Gegensatz zu anderen Übertretungsnormen, die durchaus Thema von Entscheidungen des damals höchsten deutschen Gerichtes waren[644], erscheint der Nothilfeparagraph nach dem ersten Eindruck in der Judikatur der damaligen Zeit von geringerer Bedeutung gewesen zu sein. Um zu einer Definition des Begriffes „Unglücksfall“ aus dem Bereich der Rechtsprechung zu gelangen, muß das Augenmerk auf die nächstniedere Instanz, die der Oberlandesgerichte, gerichtet werden. Hier findet sich eine frühe Begriffsbestimmung in einem Urteil des OLG Breslau. Darin heißt es, ein Unglücksfall sei ein Unfall von erheblicher Bedeutung hinsichtlich der Verletzung von Personen und Sachen, der auch den Eintritt weiteren Schadens besorgen lasse[645]. Auch hinsichtlich der Tatbestandsalternativen „gemeine Not oder Gefahr“ sind mangels Urteilen natürlich keine Begriffsbestimmungen durch das Reichsgericht erfolgt, erneut oblag diese Aufgabe den Oberlandesgerichten[646].

Aufgrund der geringen Zahl einschlägiger Entscheidungen zu dieser Frage soll ein Blick auf die zeitgenössische Literatur geworfen werden, um die Definition

644 Vergleiche etwa RGSt 48, 321 zu § 360 Nr. 11, 12, 13; 49, 389 zu § 360 Nr. 13; 52, 74 zu § 360 Nr. 8; 56, 240 zu § 360 Nr. 3, 4; 64, 250 zu § 360 Nr. 11.

645 OLG Breslau HRR 1928 Nr. 2240 (Urt. v. 11. Februar 1928).

646 Vergleiche für die *gemeine Gefahr* OLG München GA 39 (1891) 352 (Urt. v. 27. Juni 1891); BayObLGSt 15, 9 (11 f.) (Urt. v. 21. Januar 1915); für die *gemeine Not* BayObLGSt 20, 268 (272 f.) (Urt. v. 22. Juli 1920).

des Unglücksfalles in der damaligen Zeit auf eine solidere Grundlage zu stellen. Nach einer der ältesten in den untersuchten Zeitraum fallenden Begriffsbestimmungen war ein Unglücksfall im Sinne von § 360 Nr. 10 RStGB als ein plötzlich und überraschend eintretendes Ereignis, das irgendein Gut verletzt und weitere Verletzungen besorgen läßt, zu verstehen[647].

Da hierdurch allerdings auch geringfügige Beschädigungen an Eigentum oder Gesundheit als relevant erfaßt würden, wurde diese Formel schon bald als zu weit und damit ungeeignet eingestuft, da das Gesetz nicht von Unfällen, sondern von Unglücksfällen spräche. Aus diesem Grunde seien bloß geringfügige Beeinträchtigungen von Rechtsgütern auszuschließen, relevant seien nur Ereignisse, die eine erhebliche Bedeutung hätten. Damit sollte der weite Kreis der (leichten) Unfälle ausgegrenzt und die Handhabung des Begriffes in Einklang mit dem Gesetz gebracht werden, das eben nicht nur von einem Unfall, sondern von einem Unglücksfall sprach. Einen Unglücksfall im Sinne der Nothilfevorschrift sollte deshalb ein plötzliches Ereignis darstellen, welches erheblichen Schaden an einem Rechtsgut verursacht und weiteren, ebenfalls nicht bloß unerheblichen Schaden zu verursachen droht[648]. Diese Auffassung deckt sich mit der Aussage des OLG Breslau, so daß angenommen werden kann, daß hinsichtlich der Auslegung des Unglücksfalles bei § 360 Nr. 10 RStGB Einigkeit herrschte.

Nach der Einführung des § 330 c RStGB im Jahr 1935 bekam auch das Reichsgericht erstmals mit der Nothilfevorschrift zu tun. Es sollte dabei an der Auslegung zu § 360 Nr. 10 RStGB festhalten, auch wenn der Charakter der Norm sich nach der Ablösung des Ungehorsamsdelikts entschieden geändert hatte[649]. Hinsichtlich des Tatbestandsmerkmals „Unglücksfall“ führten die Richter des Reichsgerichts in einer Entscheidung aus:

„Der Begriff des 'Unglücksfalles' wird für den § 330 c StGB. allgemein dahin bestimmt, es handele sich dabei um ein plötzlich eintretendes Ereignis, das erheblichen Schaden an Menschen oder Sachen verursache und weiteren Schaden zu verursachen drohe.“[650]

Darüber hinaus stellte das Gericht klar, daß es sich nicht immer um ein äußeres Ereignis handeln müsse, das den Unglücksfall hervorgerufen habe. Es könne vielmehr auch eine Krankheit und damit eine im Opfer angelegte Ursache eine

---

647 *Frank* (8. bis 10. Auflage), § 360 Nr. 10 RStGB Anm. X 1a.

648 *Ebermayer/Rosenberg/Lobe*, § 360 Nummer 10 RStGB Anm. X 3 m. w. N. Dieser Auffassung hat sich auch *Frank* in der 15. Auflage seines Kommentars angeschlossen, so daß hier weitestgehend Einigkeit bestand.

649 Dazu oben im Bereich der Legalentwicklung ab Seite 189.

650 RGSt 75, 68 (70) (Urt. v. 19. Dezember 1940). Vergleiche beispielsweise auch RGSt 75, 160 (162) (Urt. v. 18. März 1941).

Hilfspflicht gemäß § 330 c RStGB auslösen: Wenn nämlich die unerwartete weitere Fortentwicklung der Krankheit zu einem plötzlichen Ereignis geführt hat, das eine erhebliche Schädigung verursacht und darüber hinaus noch einen weiteren Schaden zu verursachen droht[651].

Der Lesart des Reichsgerichtes sollte sich auch der BGH zunächst anschließen[652]. Einige Jahre später erfuhr der Begriff allerdings eine Ausdehnung von seiten des Gerichts. Nach Ansicht des BGH stellte ein Unglücksfall nun jedes Ereignis dar, das mit einer gewissen Plötzlichkeit eingetreten ist und dabei einen erheblichen Schaden für Personen oder Sachen mit sich bringt *oder* zu bringen droht. Die kumulativ verwendeten Voraussetzungen, die das Reichsgericht und noch kurz zuvor der BGH an das Bestehen eines Unglücksfalles gestellt hatten, sollten nun jede allein alternativ genügen, um tatbestandsbegründende Wirkung entfalten zu können. Dabei sollte gleichgültig sein, ob diese Gefahrenlage dem Gefährdeten von außen zugestoßen war oder ob sie, wie etwa beim Selbstmörder, von seinem eigenen Willen hervorgerufen wurde[653]. Der Begriff des Plötzlichen, Unerwarteten dürfe, so der BGH, überdies nicht zu eng verstanden werden. Zu den Unglücksfällen werde weiter ein überraschendes Ereignis zu rechnen sein, von dem noch kein Schaden angerichtet worden sei, aber als unmittelbare ernste Gefahr drohe. Andernfalls käme die Hilfe unter Umständen zu spät[654]. Offensichtlich sollte nach Ansicht des BGH eine bevorstehende, noch nicht gegenwärtige Gefahr genügen, um das Vorliegen eines Unglücksfalles zu bejahen. Ihren Grund fand diese Ausweitung in der veränderten Einstellung des BGH zur Frage, ob es sich bei einem Selbstmordversuch um einen Unglücksfall im Sinnes dieser Vorschrift handelte[655]. Eine weitere Entwicklung der rechtlichen Definition des Begriffes „Unglücksfall" hat nicht stattgefunden, der BGH hat bis in die heutige Zeit an dieser Formel festgehalten[656].

II. Erste Rückschlüsse auf den Gehalt der Hypothese

Hinsichtlich der in der Hypothese behaupteten Ausweitung läßt sich damit zweierlei festhalten: Dem Reichsgericht lagen zu Zeiten von Kaiserreich und Weimarer Republik keine Fälle vor, die die Nothilfevorschrift zum Thema hat-

---

651 Vergleiche RG a. a. O. und RGSt 77, 302 (303) (Urt. v. 14. Januar 1944).

652 Vergleiche nur BGHSt 2, 150 (151) (Urt. v. 12. Februar 1952). Seitens des OGH sind keine Entscheidungen bzgl. § 330 c StGB ergangen.

653 BGHSt -GS- 6, 147 (152 f.) (Urt. v. 10. März 1954).

654 BGHSt -GS- 6, 147, 152).

655 Die Entwicklung der Rechtsprechung hinsichtlich dieser Einschätzung wird im Anschluß an diese Ausführungen eigenständige Betrachtung erfahren.

656 Vergleiche für die jüngere Rechtsprechung etwa BGH NStZ 1985, 409 (Urt. v. 3. April 1984).

ten. Auch die oberlandesgerichtliche Instanz hatte nur selten mit § 360 Nr. 10 RStGB zu tun. Dies sollte nach der Änderung im Jahr 1935 unter dem Nationalsozialismus anders werden. Hierin ist ein Bedeutungszuwachs für die Vorschrift zu erkennen, der seine Gründe sicher auch in den bereits bei der Legalentwicklung dargestellten gesellschaftlichen Veränderungen findet.

Weiterhin bleibt zu festzuhalten, daß der Begriff des Unglücksfalles bis in die heutige Zeit in seinen Grundzügen inhaltlich gleich geblieben ist. Der BGH allerdings hat seit seiner Entscheidung BGHSt 6, 147 eine Ausweitung betrieben, die ausdrücklich vom Opfer selbst (freiwillig) herbeigeführte Gefahrenlagen mit einbezog. Das Reichsgericht[657] hatte diese Frage noch offengelassen. Hieran läßt sich eine Ausweitung der Haftung durch eine Ausweitung der Zahl potentieller Unglücksfälle festmachen. Eine weitere, in dieser Entscheidung angelegte Ausdehnung bedeutet de facto die Tatsache, daß der BGH die Voraussetzungen des Tatbestandsmerkmals alternativ genügen lassen will und auf den bereits erfolgten Eintritt eines Schadens verzichtet: Nach Dafürhalten des Reichsgerichtes (und auch des BGH in seinen ersten Entscheidungen) wurde der Begriff des Unglücksfalls noch dahingehend gefaßt, daß dieser ein Ereignis darstellte, aufgrund dessen ein erheblicher Schaden an Personen oder Sachen verursacht werde und die Gefahr weiteren Schadens drohe. Seit der Entscheidung des Großen Senats für Strafsachen aus dem Jahr 1954 aber soll ausreichen, daß eine bedeutende Gefahr besteht oder zu bevorzustehen droht. Ob dieser erste Anschein, der die aufgestellte Hypothese einer Ausweitung vom Zeitalter des Liberalismus in die heutige Zeit zu untermauern scheint, tatsächlich zutrifft, soll nun anhand einzelner Sachverhaltskonstellationen und Fallgruppen genauer untersucht werden, wobei zu erwarten ist, daß sich die Phase des Dritten Reichs erneut als ein Bruch in der Entwicklung ausnehmen wird.

B. Selbstmordversuch als Unglücksfall im Sinne von § 323 c StGB[658]

Die letztgenannte Ausweitung des Begriffes „Unglücksfall“ durch den BGH hat das Gericht anhand eines Sachverhaltes vorgenommen, in dem er die Frage zu entscheiden hatte, ob es sich bei einem Selbstmord(-versuch) um einen Unglücksfall im Sinne des § 330 c StGB (heute 323 c StGB) handelte oder nicht. Diese Frage ist im Laufe der Zeit von der Rechtsprechung nicht immer einheitlich beantwortet worden.

657 Vergleiche etwa RGSt 71, 187 (189) (Urt. v. 16. April 1937).

658 Beziehungsweise § 360 Nr. 10 RStGB, § 330 c StGB alte und neue Fassung.

I. Die Situation in der Rechtsprechung zu Zeiten des Reichsgerichts

Aus der Zeit der Geltung des § 360 Nr. 10 RStGB sind keine Entscheidungen des Reichsgerichtes in Bezug auf die vorgenannte Vorschrift bekannt, so daß natürlich auch hinsichtlich der Beantwortung der Frage, wie ein Suizidversuch in dieser Zeit von der reichsgerichtlichen Rechtsprechung eingestuft worden ist, nur festgehalten werden kann, daß eine solche Antwort mangels existierender Urteile nicht gegeben werden kann. Aus diesem Grunde soll ein Blick auf die Rechtsprechung der Oberlandesgerichte geworfen werden.

Auch diese ist mit Blick auf § 360 Nr. 10 RStGB von geringem Umfang. Kurz nach der Jahrhundertwende lag dem *Kammergericht Berlin* ein entsprechender Sachverhalt zur Entscheidung vor. Im dem Urteil zugrunde liegenden Fall hatte eine Frau Selbstmord durch Ertrinken begangen. Der Angeklagte hatte, trotz Anwesenheit am Ort des Geschehens, der Möglichkeit zu helfen und der polizeilichen Aufforderung dazu, nicht helfend eingegriffen[659]. Im Ergebnis verneinte das Gericht einen Unglücksfall und damit eine Strafbarkeit. Wer freiwillig ins Wasser gehe, um sich das Leben zu nehmen, wer die Verletzung des Rechtsgutes der Gesundheit also selbst herbeigeführt habe, sei nicht Opfer eines Unglücksfalles im Sinne dieser Vorschrift.

In einer Entscheidung des *OLG Breslau*, die zwanzig Jahre später ergangen ist, hatte das Gericht eben jene Frage erneut zu beantworten[660]. Auch in diesem Fall war ein Suizidversuch durch Ertrinken Gegenstand des Urteils, auch in diesem Fall wurde trotz Aufforderung und Möglichkeit dazu nicht eingegriffen. Die Richter bejahten, anders als das Kammergericht zuvor, im Ergebnis eine Strafbarkeit des Mannes, indem sie den Suizidversuch unter den Terminus Unglücksfall subsumierten[661]. Nach ihrer Ansicht war die Entstehung der schadendrohenden Gefahrenlage bei der Bewertung außen vor zu lassen. Ob die Gefahr unverschuldet, fahrlässig oder gewollt herbeigeführt worden sei, wäre irrelevant. Der Begriff der Gefahr beziehe sich allein auf die tatsächliche Lage, nicht hingegen auf deren Entstehung. Konkret auf den Selbstmordversuch bezogen heißt es, es sei im Moment der Entdeckung in den meisten Fällen nicht erkennbar, ob es sich um eine freie Geistesentscheidung handele oder aber um die Tat eines geistig Umnachteten[662], und aufgrund dieser zumeist unausräumbaren Zweifel sei vom Vorliegen eines Unglücksfalles auszugehen.

---

659 KG Berlin, DJZ 1908, 877 (Urt. v. 21. Mai 1908).

660 OLG Breslau HRR 1928 N. 2240 (Urt. v. 11. Februar 1928).

661 Da die (zu diesem Zeitpunkt noch lebende) Selbstmörderin bereits im Wasser trieb, stand auch nicht nur eine Gefahrensituation bevor, sondern hatte die Realisierung der Gefahr, der Eintritt des Schadens bereits begonnen. Beim Angeklagten handelte es sich um einen Schiffsbaggerführer, der sich mit seinem Kahn selbst auf dem Fluß befand, vergleiche OLG Breslau a. a. O.

662 OLG Breslau a. a. O.

Festzuhalten bleibt deshalb zunächst, daß sich in der Zeit des § 360 Nr. 10 RStGB, also in der noch liberalistisch geprägten Zeit von Kaiserreich und Weimarer Republik, keine einheitliche Linie in der höchstrichterlichen Rechtsprechung nachweisen läßt. Zudem erscheint es mangels letztinstanzlicher Urteile des Reichsgerichtes nicht als möglich, den in der damaligen Zeit vorherrschenden Standpunkt auf diesem Gebiet festzustellen. Die vermutete Tendenz scheint sich hier jedoch bereits wenigstens anzudeuten, wenn man berücksichtigt, daß das Urteil des Breslauer Gerichts in die Endphase der Weimarer Republik fällt und damit einer Zeit zuzuordnen ist, in der, wie bereits früher in dieser Arbeit angesprochen wurde, von den Vorstellungen des Liberalismus in der Realität nicht mehr viel übrig war.

Aus der Zeit nach Einführung des § 330 c RStGB im Jahr 1935 sind ebenfalls keine Entscheidungen des Reichsgerichtes explizit zu diesem Problem ergangen. Darüber hinaus mangelt es an entsprechenden Urteilen auf der nächsten Ebene der Oberlandesgerichte. Um trotzdem zu einer Einschätzung der damaligen Anschauung zu gelangen, muß deshalb auf Indizien zurückgegriffen werden, aus denen sich etwaige Schlüsse hinsichtlich der bestimmenden Haltung in dieser Epoche ziehen lassen.
Die amtliche Begründung zu § 330 c RStGB wollte den Selbstmordversuch ausdrücklich in den Begriff „Unglücksfall" mit einbezogen wissen: Auch dann, wenn der Betroffene das Unglück absichtlich selbst herbeigeführt habe, bestehe eine Hilfeleistungspflicht im Sinne der Vorschrift[663]. Gegen diese Position der Legislative steht aber, daß das Reichsgericht ja tatsächlich in keiner seiner Entscheidungen je eine solche Pflicht ausgesprochen hat. Vielmehr war das Gegenteil der Fall. Das Reichsgericht hat zwar in keiner seiner Entscheidungen ausdrücklich die Frage, ob ein Suizidversuch ein Unglücksfall sei, beantwortet. In den Entscheidungen aber, denen entsprechende Sachverhalte zugrunde lagen, gelangte es „nebenher" zu gegenteiligen Ergebnissen: Wenn das Reichsgericht in seiner Entscheidung vom 16. April 1937[664] ausführt, die Fragestellung, ob auch eine vom Opfer selbst herbeigeführte Lage einen Unglücksfall darstelle, könne - aufgrund der speziellen Sachverhaltskonstellation - dahingestellt bleiben, dann unterstellt es damit zumindest nicht als selbstverständlich, daß ein Selbstmordversuch einen Unglücksfall bedeute und damit eine Hilfspflicht nach § 330 c RStGB auslöse. Vielmehr hat das Gericht die Nichthinderung einer Tötung zwar als ethisch verwerflich betrachtet, ein Zuwiderhandeln gegen diese Verpflichtung wurde aber nicht als strafrechtlich relevanter Rechtsverstoß gewertet. Es ist keine Entscheidung bekannt, die zu dieser Frage einen anderen Standpunkt eingenommen hätte. In einem anderen Fall unterhielt der Angeklag-

---

663 Amtliche Begründung, zitiert nach *Kohlrausch*, (38. Auflage 1944) § 330 c Anm. 1.
664 RGSt 71, 187 (189).

te, ein verheirateter Mann, ein geschlechtliches Verhältnis zu einer geschiedenen Frau, dieses wurde bekannt und aufgrund der daraus resultierenden öffentlichen Schande entschlossen sich beide, durch Erhängen aus dem Leben zu scheiden. Den Mann packte in letzter Sekunde die Angst, er befreite sich, kam der bereits bewußtlosen Gefährtin überaus unzureichend zu Hilfe und floh. Die Frau starb. In der Begründung des freisprechenden Urteils hat das Reichsgericht deutlich ausgesprochen, daß es entgegen dem Wortlaut der Amtlichen Begründung Suizidversuche nicht zu den Unglücksfällen zählt[665]:

„Auf die Tat des Angeklagten ist keine Vorschrift des StGB anzuwenden; es ist auf sie auch kein Strafgesetz entsprechend anzuwenden."[666]

In der Rechtsprechung des Reichsgerichtes ist also zu keiner Zeit ein Selbstmordversuch als Unglücksfall im Sinne von § 330 c RStGB angesehen worden.

II. Die Entwicklung in der Rechtsprechung des BGH

Der BGH ist zunächst gleichfalls davon ausgegangen, daß ein Selbstmordversuch - zumindest soweit er freiwillig unternommen wird und sich nicht als Folge etwa einer Geisteskrankheit darstellt - keinen Unglücksfall im Sinne der unterlassenen Hilfeleistung darstellte. Diesen Standpunkt hat das Gericht sehr deutlich zum Ausdruck gebracht: In der ersten Entscheidung des BGH, die die Behandlung eines Suizidversuches aus der Warte des 330 c StGB zum Thema hatte, stellte er ausdrücklich fest, daß ein Unglücksfall als ein plötzliches *äußeres* Ereignis vom Willen des Verunglückten unabhängig sein müsse. Die Betrachtung eines Selbstmordversuches als Unglücksfall sei jedenfalls begrifflich und sprachlich ausgeschlossen, solange das verantwortliche Handeln des Suizidenten die Lebensgefahr im wesentlichen so gestalte, wie dieser es sich vorgestellt habe und solange sein Selbsttötungswille fortbestehe[667].
Doch diese eher liberale, die Eigenverantwortung auch beim Selbstmörder hoch einschätzende Haltung des Gerichtes fand schon zwei Jahre später ein Ende, mit dem ein vollständiger Wandel in der Auffassung des BGH einher ging. In der Entscheidung des Großen Senats für Strafsachen vom 10. März 1954 machte das Gericht dies bereits im Leitsatz seines Urteils klar:

---

665 RGSt 70, 313 (314) (Urt. v. 14. September 1936).

666 Vergleiche dazu auch *Schmitt*, in: MDR 1986, 617 (618, 619), der gleichfalls annimmt, daß das Reichsgericht trotz des entgegenstehenden Wortlautes der amtlichen Begründung einen Selbstmordversuch nicht unter den Begriff des Unglücksfalles subsumiert hat.

667 BGHSt 2, 150 (151) (Urt. v. 12. Februar 1952).

„Die durch einen Selbstmordversuch herbeigeführte Gefahrenlage ist ein Unglücksfall im Sinne des § 330 c StGB."[668]

Begründet wurde dieser Richtungswechsel vornehmlich mit den Geboten des Sittengesetzes. Jeder Selbstmord, so führten die Richter aus, werde - von äußersten Ausnahmefällen abgesehen - vom Sittengesetz streng mißbilligt. Niemand dürfe selbstherrlich über sein eigenes Leben verfügen und sich das Leben nehmen, deshalb könne das Recht nicht anerkennen, daß die Hilfspflicht des Dritten hinter dem sittlich mißbilligten Willen des Selbstmörders zu seinem eigenen Tode zurückzutreten habe[669].

In der Begründung ihrer Entscheidung setzten sich die Richter mit dem vorhergehenden Urteil BGHSt 2, 150 auseinander, in dem ja bekanntlich die Sichtweise des erkennenden Senates eine ganz andere war. Im ersten Urteil hatten die Richter deutlich gemacht, daß es klar dem Sprachgebrauch widerspräche, wenn man einen freiwillig unternommenen Suizidversuch mit aufrechterhaltenem Selbsttötungswillen als Unglücksfall im strafrechtlichen Sinne einstufen wolle. Um dieser klaren Argumentation etwas entgegensetzen zu können, um das gegenteilige Ergebnis zu untermauern, nahm der Große Senat eine Subjektivierung des Begriffes „Unglücksfall" vor[670]. So führten die Richter aus, daß dem damals erkennenden 1. Strafsenat dann zugestimmt werden könnte, wenn man denn ausschließlich von der Lage des Gefährdeten ausginge. Wolle man aber dem Wesen des § 330 c StGB gerecht werden, so daß Gericht weiter, dann dürfe man nicht danach fragen, was ein Unglücksfall seinem allgemeinen Begriffe nach oder was er für die betroffene Person sei. Vielmehr könne die Frage nur dahin gestellt werden, welche Bedeutung der Ausdruck „Unglücksfall" für denjenigen habe, der durch § 330 c StGB zur Hilfe aufgerufen sei. Dieser werde durch den Inhalt der Vorschrift verpflichtet, dann zu helfen, wenn er einer ernsten, Hilfe erfordernden Gefahrenlage ansichtig werde[671]. Betrachte man die Sache unter diesem Gesichtspunkt, so bestünden nach Dafürhalten der Richter keine sprachlichen Argumente dagegen, die durch einen Suizidversuch entstandene Gefahrenlage als Unglücksfall im Sinne der Vorschrift zu klassifizieren[672].

Um ihr Ergebnis noch weiter zu fundieren, untersuchten die Richter im Anschluß daran die Entstehungsgeschichte der Nothilfevorschrift, um den Willen des Gesetzgebers zu erforschen[673,674]. Auch wenn sie die bereits oben ange-

---

668 BGHSt -GS- 6, 147 (Leitsatz).

669 BGHSt -GS- 6, 147 (153).

670 Vergleiche dazu auch *Schweiger*, in: NJW 1955, 816.

671 BGHSt -GS- 6, 147 (149).

672 BGHSt -GS- a. a. O.

673 Vergleiche BGHSt -GS- 6, 147 (149 f.).

führte Amtliche Begründung aus dem Jahr 1935 heranzogen, in dem zwar der Wille des Gesetzgebers ohne Zweifel deutlich wird, ändert dies aber nichts an der Tatsache, daß sie mit dieser Entscheidung „judikatives Neuland" betreten haben[675], denn das Reichsgericht hatte ja trotz des erklärten Willen des Gesetzgebers eine andere Position eingenommen.
Mit der Begriffsbestimmung hinsichtlich des „Unglücksfalles" durch die zuletzt angesprochene Rechtsprechung des Reichsgerichtes setzte sich der Große Senat in diesem Urteil explizit an anderer Stelle auseinander. Das Ergebnis dieser Auseinandersetzung war eine Ausdehnung der möglichen Anwendungsfälle durch eine Verkürzung der Definition: Zuzustimmen, so der BGH, sei dem Reichsgericht so weit, wie es unter einem Unglücksfall ein plötzliches Ereignis verstanden hatte, daß erheblichen Schaden an Menschen oder Sachen verursacht habe und weiteren Schaden daran zu verursachen drohe; allerdings dürfe der Ausdruck des Plötzlichen, des Unerwarteten nicht zu eng verstanden werden. Überdies aber, und das ist neu, müsse zur Begründung ein überraschendes Ereignis genügen, von dem ein Schaden noch nicht angerichtet sei, aber in Form einer unmittelbar bevorstehenden, ernsten Gefahr drohe. Wäre dies anders, dann könne die notwendige Hilfe unter Umständen zu spät kommen[676]. Anders als das Reichsgericht etwa in seiner Entscheidung RGSt 71, 187 (189) verlangt der BGH damit nicht mehr, daß bereits ein Schaden eingetreten sein muß, um zu einer möglichen Strafbarkeit nach § 330 c StGB zu kommen[677].

Faßt man die Erkenntnisse, die sich aus dieser weitreichenden Entscheidung gewinnen lassen, zusammen, dann bietet sich folgendes Bild: Die Entscheidung des Großen Senates für Strafsachen hat drei Änderungen mit sich geführt. Die erste, rein faktische Änderung war die, daß im Gegensatz zu älteren Entschei-

---

[674] Die offensichtliche „Bräune" der damaligen Amtlichen Begründung machte es dem Großen Senat offenbar recht schwer, diese ohne weiteres zur Untermauerung ihrer Argumentation heranzuziehen. Dies wird daran deutlich, daß das Gericht versuchte, durch eine Darstellung der vor der nationalsozialistischen Machtergreifung hervorgebrachten Entwurfsvorschläge zur Regelung der Nothilfepflicht über § 360 Nr. 10 RStGB hinaus § 330 c StGB von dem Ruch zu befreien, eine typisch nationalsozialistische Vorschrift zu sein. Es sei vielmehr eine Vorschrift, die unabhängig davon allein aus Gründen der christlichen Nächstenliebe (S. 151) ihre Berechtigung erfahre. Selbst - oder gerade! - wenn man diesem Schluß zustimmen möchte, erscheint fraglich, warum sich der BGH dann aber explizit auf die Amtliche Begründung aus dem Jahr 1935 stützen mußte, um seine Position zu fundieren. Nicht umsonst hat der BGH sich später (im Jahr 1984, vergleiche BGHSt 32, 367 (375 f.)) von dieser Begründung selbst (etwas) distanziert.

[675] Oder, in diese Richtung *Schmitt* (in MDR 1986, 617 (618)), „strafrechtliches Niemandsland".

[676] BGHSt -GS- 6, 147 (152).

[677] Dem BGH dahingehend zustimmend *Dölling*, in: NJW 1986, 1011, kritisch *Kühl*, in Lackner/Kühl, § 323c Rn. 2, jeweils m. w. N.

dungen fortan der Selbstmord seitens der Judikative als ein Unglücksfall im Sinne des § 330 c StGB einzustufen war. Diese völlige Änderung der Rechtsprechung hatte also die Folge, daß der Kreis der Sachverhalte, in denen eine strafrechtlich normierte Hilfeleistungspflicht entstehen kann, um eine Situation erweitert wurde. Des weiteren hat der BGH in zweierlei Hinsicht rechtliche Veränderungen vorgenommen. Zunächst hat er den Begriff des Unglücksfalles dahingehend erweitert, daß es sich nunmehr nicht mehr ausschließlich um ein äußeres Ereignis handeln mußte, welches die Unglückssituation ausgelöst hatte. Des weiteren ist noch die Ausdehnung zu nennen, daß nach Auffassung der Richter bereits eine drohende, also erst zukünftige, noch nicht realisierte Gefahrenlage einen Unglücksfall darstellen könne.

Diese in rechtlicher Hinsicht doppelte Ausweitung des Tatbestandsmerkmals „Unglücksfall" sollte deutliche Auswirkungen in der Rechtsprechung nach sich ziehen. Als Beispiel für diese Folgewirkungen sei etwa ein unterinstanzliches Urteil des *Landgerichts Hamburg* aus dem Jahr 1958 zitiert[678], das bei der Annahme eines Unglücksfalles sehr weit ging. Darin heißt es unter ausdrücklicher Zugrundelegung der Auslegung des Großen Senats wörtlich:

> „Hier aber hatte in dem Augenblick, in dem der Angeklagte den in seiner Wohnung eingeschlossenen D. verließ, der Selbstmordversuch des D. nicht begonnen. Ein Unglücksfall i. S. von § 330 c StGB lag dennoch bereits in diesem Augenblick vor, denn das Gesetz spricht von einem „Unglücksfall" im Zusammenhang mit der erforderlich werdenden Hilfeleistung. Eine solche Hilfeleistung ist aber schon dann erforderlich, wenn sich ein in seelische Not geratener Mensch in einem Zustand befindet, daß er ernsthaft die Absicht äußert und zu erkennen gibt, sich das Leben zu nehmen, und danach handelt. In dieser Lage beginnt das Unglück, aus dem dem Betroffenen eine ernste Gefahr droht. Für den zur Hilfeleistung Berufenen ist bereits dann, wenn er von der ernsthaften Selbsttötungsabsicht erfährt, eine Situation geschaffen, die sein Tätigwerden erfordert."[679]

Der Wille des Selbstmörders bleibt vollständig außer Betracht, allein die Beurteilung der Lage durch Außenstehende erscheint als maßgeblich. Trotz der heftigen Kritik aus den Reihen der Literatur[680] hat der BGH an der Auffassung festgehalten, ein Selbstmordversuch stelle einen Unglücksfall im Sinne von § 330 c StGB (oder, in jüngerer Zeit, im Sinne von § 323 c StGB[681]) dar[682]. Al-

---

678 LG Hamburg (Urt. v. 22. Juli 1958), AZ (32) 104/58 (unveröffentlicht), zit. nach *Kauczor*, in: NJW 1962, 479.

679 LG Hamburg a. a. O.

680 Vergleiche nur *Spendel*, in: LK-StGB Rn. 50 m. w. N (insb. Fn. 66); vergleiche dazu auch BGHSt 32, 367 (372).

681 Zur Legalentwicklung in diesem Bereich vergleiche oben ab Seite 187 f.

682 Vergleiche nur BGH JR 1956, 347 (348) (Urt. v. 8. Mai 1956); BGHSt 13, 162 (Leitsatz und S. 169) (Urt. v. 15. Mai 1959); BGHSt 32, 367 (Urt. v. 4. Juli 1984).

lerdings hat die Begründung für diese Einordnung einen Wandel erfahren. Stellte der Große Senat in den fünfziger Jahren noch primär auf das Sittengesetz ab, das den Suizid strengstens mißbillige, so zog der erkennende 3. Strafsenat im Jahr 1984 medizinische und psychologische Argumente heran, um den unveränderten Standpunkt zu untermauern[683]. Der Selbsttötungswille des Suizidenten „verfalle" nach Ansicht des Gerichts häufig nach Beendigung des Selbstmordversuchs, d. h. dann, wenn der Lebensmüde aus eigener Kraft nicht mehr zurücktreten könne. Das Verhalten vieler Geretteter zeige, daß der ursprüngliche Selbsttötungswille den Todeseintritt nicht mehr trage[684]. Da man also nie wissen könne, ob der Selbsttötungswille noch bestehe oder ob es sich aufgrund des Wegfalls eines solchen Willens um einen tatsächlichen Unglücksfall handele[685], hielt der BGH an der Linie des Großen Senats fest, den Willen eines Lebensmüden für grundsätzlich unbeachtlich zu erklären.
Leichte Einschränkungen hat das Gericht dabei allerdings vorgenommen. Wenn der Große Senat allgemein davon gesprochen hatte, daß das Sittengesetz allenfalls in äußersten Ausnahmefällen eine Selbsttötung nicht mißbilligen würde[686], dann fand nunmehr eine Konkretisierung dieser Fälle statt. Diese ging dahin, daß das Gericht ausdrücklich anerkannte, daß etwa im Verhältnis zwischen Patient und Arzt die Beachtung des Selbstbestimmungsrechtes von wesentlicher Bedeutung sei und es deshalb keine rechtliche Verpflichtung zur Erhaltung eines erlöschenden Lebens um jeden Preis geben könne[687]. Es scheint so, daß der BGH gewillt ist, in Fällen „medizinisch indizierter Suizide" von der grundsätzlichen und strengen Linie der vorhergegangenen Jahre abzuweichen. Womöglich hat ein Einstellungswandel in einer zunehmend säkularisierten Gesellschaft - Vereinigungen wie die „Gesellschaft für humanes Sterben" waren in der stark von der kirchlichen Moral beeinflußten Gesellschaft der fünfziger Jahre[688] nicht denkbar - hier Einfluß auf die Jurisdiktion genommen; eine weitere wichtige Ursache für den Einstellungswandel in breiten Teilen der Öffentlichkeit wird auf diesem Gebiet die fortschreitende Entwicklung der technischen Möglichkeiten der Medizin sein, die unter Umständen zu einer von vielen Menschen abgelehnten Verlängerung des Lebens - oder eher einer Verhinderung des Sterbens - unter fragwürdigen Umständen geführt hat.

---

683 BGHSt 32, 367 (376).

684 BGH a. a. O. mit Nachweisen zu einschlägiger medizinischer Literatur.

685 Und da zumal die meisten potentiellen Retter meist keine genügenden „psychiatrisch-psychologischen Fachkenntnisse" (S. 376 oben) aufweisen werden.

686 BGHSt -GS- 6, 147 (153).

687 BGHSt 32, 367 (378, 379).

688 Vergleiche dazu auch die entsprechenden Ausführungen hinsichtlich von Unzuchtsverhinderungspflichten im Kapitel zu den unechten Unterlassungsdelikten.

Diese Richtung, zumindest in Fällen unheilbar oder Schwerkranker den Willen des Lebensmüden stärker zu berücksichtigen und so eine Sachverhaltskonstellation zu schaffen, in der eine Hilfspflicht im Sinne des § 323 c StGB entfällt, hat der BGH beibehalten, wenn nicht sogar verstärkt eingeschlagen. In einer weiteren Entscheidung, die sich mit dem Konflikt zwischen der Verpflichtung zum Lebensschutz und der Achtung des individuellen Selbstbestimmungsrechts beschäftigt hatte, führten die Richter aus, sie wollten in Anlehnung an BGHSt 32, 262[689] einem ernsthaften, freiverantwortlich gefaßten Selbsttötungsentschluß eine stärkere rechtliche Bedeutung beimessen, als dies im vorgenannten Urteil[690] geschehen war[691]. Hier deutet sich eine einschränkende Tendenz an, die womöglich auch über das Gebiet der „medizinisch-initiierten" Suizide hinaus Raum greifen kann. Das Gericht spricht allgemein von einer Stärkung der freiverantwortlichen Entschließungsfreiheit, nicht allein beschränkt auf das Verhältnis zwischen Arzt und Patient.

III. Bewertung des Verlaufes

Die zuvor aufgestellte Behauptung ging dahin, daß im Wandel der Zeit und damit der gesellschaftlichen Systeme das Anwendungsgebiet des Tatbestandsmerkmals „Unglücksfall" und damit die Haftung des Hilfspflichtigen durch die Judikatur ausgeweitet wurde. Diesen Verlauf spiegelt die Entwicklung der Rechtsprechung zu der Frage, ob es sich bei einem Selbsttötungsversuch um einen Unglücksfall handele, wider. Das Reichsgericht hat zu Zeiten des § 360 Nr. 10 RStGB keine Position zu dieser Frage bezogen[692], eine einheitliche Beantwortung dieser Fragestellung fand auch durch die Oberlandesgerichte nicht statt.

Das Reichsgericht hatte schließlich auch während der Geltungsphase des § 330 c RStGB einen Selbstmordversuch nicht als Unglücksfall klassifiziert, wie trotz des Fehlens einer eindeutigen Stellungnahme deutlich geworden ist; gleiches hat für die erste entsprechende Entscheidung des Bundesgerichtshofes zu gel-

---

689 Dieser Entscheidung lag ein Sachverhalt zugrunde, in dem es um die Ermöglichung einer Selbstgefährdung durch die Überlassung von Heroin ging. Der BGH setzt sich in dieser Entscheidung ausführlich mit der Frage der Strafbarkeit bei fremder Selbstgefährdung auseinander und räumt im Ergebnis der Eigenverantwortung des Gefährdeten höheren Wert ein. Vergleiche hierzu auch die Ausführungen im Kapitel zu den unechten Unterlassungsdelikten, Seite 158 f.

690 BGHSt 32, 367 f.

691 BGH MDR 1988, 243 (244) (Urt. v. 8. Juli 1987).

692 Im übrigen liegen Entscheidungen des Reichsgerichtes zu anderen Übertretungsvorschriften des § 360 RStGB durchaus vor, vergleiche die Nachweise in Fußnote 644. Am Fehlen entsprechender Entscheidungen läßt sich auch die der Nothilfevorschrift beigemessene Bedeutung ablesen.

ten. Nur kurze Zeit später, keine zwei Jahre, wandelte sich die Auffassung des BGH grundsätzlich. Mit der Entscheidung des Großen Senats, die durchaus paternalistische Züge aufweist, ist eine deutliche Ausweitung des Begriffes „Unglücksfall“ einhergegangen. Auch wenn es sich bei dem dem Hilfspflichtigen auferlegten Gebot um eine Pflicht handelt, die durchaus dem Willen des Suizidenten widerlaufen kann, so handelt es sich dabei doch um eine solidarisch motivierte Pflicht, bei der die Gerichte, wie eingangs der Arbeit bei der Erarbeitung der Hypothese schon einmal angesprochen, staatliche, gesellschaftliche „verobjektivierte“ Werte über die subjektiven des einzelnen stellen. Die letztgenannte, leicht einschränkende Entscheidung des BGH hat daran nichts grundsätzliches geändert, sie mag allerdings als Fingerzeig dahingehend zu verstehen sein, die paternalistischen Züge, die die Rechtsprechung zuvor unverkennbar gezeigt hat, zukünftig zu beschneiden, ohne dabei einen grundsätzlich neuen Weg zu bedeuten.

Die in der Hypothese erwartete Entwicklung der Rechtsprechung erfährt auf diesem Gebiet Bestätigung. Ihren Grund findet dieser Verlauf vor allem in den sich wandelnden Gesellschaftsbildern, wie er zu Beginn der Untersuchung dargestellt worden ist. Die geschichtliche Entwicklung hat zu einer Abkehr von einem rein individualistischen Denken zu einer stärkeren Betonung der sozialen Verantwortung des einzelnen geführt[693]. Erstaunen mag vor diesem Hintergrund und in diesem Zusammenhang, daß das Reichsgericht in den Jahren von 1933 bis 45 hier keine derartige Ausweitung vorgenommen hat. Schon im ersten Kapitel war ja deutlich geworden, daß der Individualismus in dieser Zeit auch in der Rechtsprechung kein großes Ansehen hatte. Vielleicht, so kann vermutet werden, spielt hier vor dem Hintergrund der nationalsozialistischen Ideologie gerade eine Rolle, daß Selbstmörder in dieser Zeit sicher nicht ohne weiteres „schützenswert“ erschienen.

C. Unfälle im Straßenverkehr als Unglücksfall im Sinne von § 323 c StGB

I. Die Entwicklung des Straßenverkehrs und der Verlauf der Rechtsprechung

Das Hauptanwendungsgebiet des § 330 c StGB sowohl der alten als auch der neuen Fassung beziehungsweise des § 323 c StGB lag oder liegt bei der unterlassenen Hilfeleistung im Straßenverkehr, der überwiegende Teil der zu diesen Vorschriften ergangenen Entscheidungen betrifft also Verstöße gegen Hilfeleistungspflichten im Zusammenhang mit Verkehrsunfällen[694].

---

693 So in diesem Zusammenhang auch *Dölling*, in: NJW 1986, 1011 (1013).

694 Vergleiche die zahlreichen Nachweise bei *Frellesen*, S. 115, Fn. 114.

Das Reichsgericht hat, wie bereits weiter oben festgestellt, in keiner Entscheidung zur Vorschrift des § 360 Nr. 10 RStGB Stellung genommen. Zwangsläufig kann es dann auch keine Urteile dieses Gerichts geben, in denen es den Nothilfeparagraphen im Zusammenhang mit einem Verkehrsunfall herangezogen hat. Diese Tatsache läßt sich zunächst damit erklären, daß die damalige Kodifikation für diesen Bereich speziellere Vorschriften kannte, etwa den § 22 Abs. 2 KFG[695], zu dem auch einige Entscheidungen ergangen sind[696]. Die Zahl einschlägiger Urteile ist jedoch äußerst gering, verglichen mit der jüngeren Situation. Neben der bereits geäußerten Vermutung, hieran ließe sich der geringe Grad der Bedeutung dieser Norm im liberalistischen Zeitalter ablesen, scheinen noch zwei weitere Aspekte in Frage zu kommen, die die Nichtbeachtung der Vorschrift gerade auf dem Gebiet der Unfälle im Straßenverkehr begründen können.

Der erste Gesichtspunkt ist der, daß bei § 360 Nr. 10 RStGB die Hilfeleistungspflicht an eine vorherige polizeiliche Aufforderung geknüpft war. Da es sich bei einem großen Teil der einschlägigen Sachverhalte um Konstellationen handelte, in denen sich der hilfspflichtige, am Unfall beteiligte Fahrer unmittelbar nach Geschehen des Unfalls vom Unfallort entfernt hat[697], konnte es zu einer entsprechenden Aufforderung zur Hilfe gar nicht kommen, die Nothilfevorschrift war nicht anwendbar[698].

Des weiteren sind die technischen Entwicklungen auf dem Gebiet des Verkehres und, wie man sehen wird, auf dem der Telekommunikation zu nennen. Wie bereits oben[699] dargestellt worden ist, fällt in die beobachtete Zeitspanne sowohl die Entwicklung des Automobils als auch seine spätere, teils rasante Ausbreitung[700]. Diese Entwicklung im Straßenverkehrs im 20. Jahrhundert hat zu einer immensen Zunahme der Verkehrsunfälle geführt. Meist sind an solchen Unfällen Kraftfahrzeuge beteiligt, häufig kommen dabei Menschen zu Schaden und erleiden schwere Verletzungen, die wenigstens der ersten Hilfe bedürfen.

---

695 Wortlaut der Vorschrift war: „Verläßt der Führer des Kraftfahrzeuges eine bei dem Unfall verletzte Person vorsätzlich in hilfloser Lage, so wird er mit Gefängnis bis zu sechs Monaten bestraft."

696 Etwa RG JW 1911, 514 (Urt. v. 3. Januar 1911); RG JW 1936, 3472 (Urt. v. 19. Oktober 1936).

697 Vergleiche dazu die Nachweise zu den zahlreichen entsprechenden Gerichtsentscheidungen bei *Frellesen*, S. 121, Fn. 137.

698 Gleiches wird im übrigen bei den Fällen des Suizidversuches zu gelten haben, da aufgrund typischer Umstände eine polizeiliche Aufforderung in den meisten Fällen nicht ergehen wird. Auf diesem Gebiet liegen aber immerhin zwei höchstrichterliche Entscheidungen vor, vergleiche dazu die Ausführungen oben.

699 Im Kapitel bezüglich der Garantenstellung eines Gastwirtes gegenüber einem motorisierten, betrunkenen Gast, Seite 148 f.

700 Vergleiche dazu die Zahlen des *Kraftfahrt-Bundesamtes*, Fußnoten 484 f.

Infolge dieser Entwicklung treten Situationen, in denen Hilfeleistung erforderlich ist, um den Eintritt noch schwererer Schäden zu verhindern, in der Gegenwart häufiger auf als in vergangenen Zeiten. In der stark motorisierten Gesellschaft von heute kann sich niemand den Gefahren des Straßenverkehrs entziehen, gleich, wie er nun am Straßenverkehr teilnimmt.
Wenn die fortschreitende Technisierung nun die Möglichkeit, als Opfer auf eine Hilfeleistung angewiesen zu sein, hat ansteigen lassen, dann hat das gleiche für die andere Seite zu gelten: Jedermann kann auch leichter als in der Vergangenheit in die Situation geraten, in der es auf seine Hilfeleistung bei einem Verkehrsunfall ankommt. Dies um so mehr, als durch die technische Entwicklung im Bereich des motorisierten Straßenverkehrs der vergangenen hundert Jahre sich nicht nur die Gefahren für den einzelnen vergrößert haben, sondern auch seine Möglichkeiten, bei Unglücksfällen wirksame Hilfe zu leisten. Durch telefonische Benachrichtigung kann ohne weiteres ärztliche Hilfe angefordert werden und dank der modernen Verkehrsmittel in kurzer Zeit zum Unfallort gebracht werden. Gerade das Herbeirufen von Hilfe mit den Mitteln der Technik ist eine Art der Hilfeleistung, die es früher nicht oder wenigstens nicht in diesem Umfang gab, und stellt oft die einzige erfolgversprechende Hilfeleistung dar, zu der der am Unfallort Anwesende in der Lage ist. Fälle, in denen das telefonische Herbeirufen von Hilfe unterlassen oder anderen Personen die Benutzung des Telefons sogar verweigert wurde, kommen in der Praxis häufig vor[701].
Die fortschreitende Entwicklung auf dem Feld der Telekommunikation - erwähnt seien hier insbesondere die Mobiltelefone, von denen bereits heute ein beträchtlicher, stetig anwachsender Anteil an Notrufen eingeht - wird dafür sorgen, daß dieses Gebiet an Bedeutung noch gewinnt. Hinzu kommt für den Bereich der potentiell Hilfspflichtigen, daß es gerade mit Hilfe des Kraftfahrzeuges möglich ist, den Unfallort schnell zu verlassen, bevor der Hilfspflichtige oder das Kennzeichen seines Kraftfahrzeuges erkannt werden. Insofern hat der technische Fortschritt im Straßenverkehr die Möglichkeiten, Hilfe zu leisten, ebenso erweitert, wie die Möglichkeiten, sich der Hilfeleistung zu entziehen[702].
Die beiden genannten Entwicklungstendenzen, die auf dem technischen Fortschritt beruhen - nämlich einmal die Zunahme der Verkehrsunfälle und die Erweiterung der individuellen Hilfsmöglichkeiten zum anderen - haben dazu geführt, daß die Menschen der heutigen Zeit häufiger in Situationen geraten, in denen sie sich mit einem Hilfeleistungsgebot, sei es rechtlicher oder moralischer Natur, konfrontiert sehen, als dies in vergangenen Zeiten der Fall war[703]. Die

701 Vergleiche nur BGHSt 11, 135 (Urt. v. 14. November 1957); 14, 213 (Urt. v. 8. April 1960); BGH bei *Martin*, DAR 1960, 67 r. Sp. (Urt. v. 6. November 1959).

702 Ausführlich *Frellesen*, S. 120.

703 Vergleiche auch *Frellesen*, S. 116 f.

starke Zunahme der Zahl der Urteile läßt sich folglich (auch) mit dieser Entwicklung erklären.

Wenn es sich nun beim überwiegenden Teil der Verkehrsunfälle um Sachverhalte handelt, in denen die Hilfeleistung von unfallbeteiligten Autofahrern gegenüber verunglückten Fußgängern oder Radfahrern unterlassen wird[704], ist einsichtig, daß das Reichsgericht insbesondere in der frühen Zeit keine Gelegenheit hatte, sich mit solchen Tatbeständen auseinanderzusetzen und daß eine quantitative Zunahme in der Judikatur vom Reichsgericht zur Zeit des § 330 c RStGB hin zum BGH heute hat stattfinden müssen. Ursprung und Zunahme dieser Fallgruppe von Unglücksfällen lassen sich so aus dem technischen Fortschritt der letzten hundert Jahre heraus erklären. Einen Bedeutungszuwachs von Solidarität respektive von Solidarpflichten ist hierin sicher nicht zu erkennen. Doch eine solche Entwicklung hat sich auch hier vollzogen. Während das Reichsgericht nämlich bei der Behandlung der Hilfspflicht nach Unfällen im Straßenverkehr den Bereich der echten Unterlassungsdelikte, und dabei besonders den von § 330 c RStGB nicht verlassen hat, ist der BGH nach 1958 einen anderen Weg gegangen. Wie bereits oben im Kapitel zur Garantenstellung des Kraftfahrzeugführers[705] gegenüber einem Unfallopfer ausgeführt wurde, hat der BGH das Feld der echten Unterlassungsdelikte verlassen, um das der unechten zu öffnen. Damit ging eine deutliche Anhebung der möglichen Strafrahmen einher - die Obergrenze bei § 323 c StGB stellt ein Jahr Freiheitsentzug dar, während mittels der Konstruktion einer Garantenstellung ein Rückgriff auf die deutlich höheren Strafmaße der Erfolgsdelikte möglich wurde. Auch wenn der BGH in jüngerer Zeit die Bestrafung wegen unechten Unterlassens wieder eingeschränkt hat[706], bleibt doch festzuhalten, daß neben der zahlenmäßigen, technisch bedingten Zunahme auch eine qualitative Ausweitung erfolgt ist. Betrachtet man das diesbezüglich bereits gezogene Resümee[707], dann findet sich auch hier, bei der Behandlung von Verkehrsunfällen als Unglücksfälle durch die höchstrichterliche Rechtsprechung, eine Ausweitung.

II. Strafgrund und Zumutbarkeit der Hilfeleistung

Der unterschiedliche Strafgrund, der § 330 c RStGB und § 330 c StGB n. F. bzw. § 323 c StGB zugrunde lag, zeigt sich auch im Verlauf der Entwicklung

---

704 Vergleiche etwa RGSt 71, 200 (Urt. v. 26. April 1937); 74, 69 (Urt. v. 19. Januar 1940); 74, 199 (Urt. v. 20. Mai 1940); BGHSt 1, 266 (Urt. v. 28. Juni 1951); 11, 135 (Urt. v. 14. November 1957); 14, 213 (Urt. v. 8. April 1960); BGHSt 25, 218 (Urt. v. 19. Juli 1973); BGH VRS 13, 120 (Urt. v. 16. Mai 1957).

705 Vergleiche Seite 173 f.

706 Vergleiche die Ausführungen a. a. O.

707 Vergleiche Seite 176 f.

der Jurisdiktion von Reichsgericht und BGH. Einer Entscheidung des Reichsgerichts[708] lag, grob skizziert, folgender Sachverhalt zugrunde: Ein Autofahrer hatte zwei Radfahrerinnen, ein zehnjähriges Mädchen und dessen Mutter, mit seinem Fahrzeug erfaßt und dabei in den Straßengraben geschleudert. Während das Kind unversehrt blieb, war die Mutter sofort tot. Obwohl der Fahrer von diesem Ereignis Kenntnis hatte, reagierte er nicht und fuhr weiter, ohne sich etwa ein Bild von der Unfallsituation zu machen. Das Reichsgericht hat eine Strafbarkeit wegen § 330 c RStGB bejaht. Aus heutiger Sicht erscheint dies verwunderlich: Die Mutter war sofort tot, ihr konnte keine Hilfe mehr geleistet werden; das Kind war unverletzt, es bedurfte also keiner Hilfe, zumindest nicht im Sinne dieser Vorschrift. Trotzdem bejahte das Gericht die Pflicht des Unglücksfahrers, sich des Mädchens anzunehmen.
Zieht man die reichsgerichtliche Definition des Unglücksfalles aus dieser Zeit in Betracht[709], dann liegt in dieser Konstellation kein Unglücksfall im Sinne der Nothilfevorschrift, denn es droht keine weitere Gefahr; eine Verschlimmerung des Unglücks, ein Mehr an Schaden ist nicht zu erwarten. Die Richter kümmerte das wenig, denn es heißt ausdrücklich in der Begründung des Urteils:

„Er (der Angeklagte, d. Verf.) konnte sich nicht etwa darauf berufen, daß E. R. tatsächlich seiner Hilfe nicht bedurft und daß sein rücksichtsloses Weiterfahren keine weiteren Folgen nach sich gezogen habe. Denn nach dem Sinne des § 330 c StGB. wird das Unterlassen als solches wegen der rücksichtslosen Gesinnung bestraft, die in ihm zutage getreten ist, unabhängig davon, ob und welche Folgen das Unterlassen der Hilfeleistung gehabt hat.“[710]

Der Frage, ob das Verhalten des Angeklagten auch dann als rücksichtslos zu qualifizieren gewesen wäre, wenn er darauf vertraut hätte, daß das Mädchen sich in keiner Gefahrensituation befindet, ist das Gericht nicht nachgegangen. Nicht das Verhalten, sondern die Gesinnung des Angeklagten war Gegenstand der Untersuchung und diese war aufgrund der Fortsetzung der Fahrt und des Unterlassens der Hilfe nach Ansicht des Gerichts ohne weiteres allein durch die Tatsache des Weiterfahrens als rücksichtslos einzustufen.[711] Die Bestrafung fußte also allein im Gesinnungsstrafrecht der damaligen Zeit, dieser Charakter, diese Funktion des Strafrechts wurde ja bereits weiter oben, bei der Darstellung

---

708 RGSt 71, 200 (Urt. v. 26. April 1937).

709 „Der Begriff des 'Unglücksfalles' wird für den § 330 c StGB. allgemein dahin bestimmt, es handele sich dabei um ein plötzlich eintretendes Ereignis, das erheblichen Schaden an Menschen oder Sachen verursache und weiteren Schaden zu verursachen drohe.“, RGSt 75, 68 (70) (Urt. v. 19. Dezember 1940).

710 RGSt 71, 200 (202, 203).

711 RGSt 70, 200 (203).

der Legalentwicklung der Nothilfevorschrift, deutlich. An dieser Linie sollte das Reichsgericht in seiner Spätzeit festhalten[712].

Der BGH dagegen schlug diesbezüglich von Beginn an eine andere Richtung ein. Bereits in seiner ersten Entscheidung zu § 330 c StGB aus dem Jahr 1951[713] hieß es, bestraft werde nicht die rücksichtslose Gesinnung des Täters, sondern die Verletzung der Hilfeleistungspflicht bei schweren Unglücksfällen[714]. Dieser Entscheidung lag ein ähnlicher Sachverhalt zugrunde wie der besprochenen Reichsgerichtsentscheidung, auch hier wurde ein Radfahrer von einem Autofahrer angefahren, auch hier fuhr der Unfallverursacher weiter, ohne sich durch das Geschehene aufhalten zu lassen. Wie im zuvor geschilderten Fall verstarb das Opfer unmittelbar durch die Zusammenprall. Da eben der Betroffene durch den Unfall sofort den Tod gefunden habe, entfalle eine Hilfspflicht ihm gegenüber, da ihm ohnehin nicht mehr zu helfen sei[715]. Die Richter des BGH verwiesen an dieser Stelle auf das oben besprochene Urteil des Reichsgerichtes, das, so der BGH, gleichfalls von einem Entfallen der Pflicht im Falle des Todes ausgegangen sei. Die Richter des Reichsgerichts hätten statt dessen auf das Vorliegen einer gemeinen Gefahr abgestellt, um die Pflicht des Angeklagten festzuschreiben[716]. Dem ist nicht zuzustimmen. Das Reichsgericht hatte den strafwürdigen Pflichtverstoß des Angeklagten, sich um das Kind zu kümmern, nicht im Vorliegen einer gemeinen Gefahr begründet[717], sondern allein in der Gesinnung des „Volksgenossen“. Die Rechtsprechung des BGH stellt also entgegen der Aussage des Gerichtes selbst eine Einschränkung der vorhergehenden Judikatur dar, wenn sie deutlich macht, nicht die tadelnswerte Gesinnung werde bestraft, sondern die Verletzung der Hilfeleistungspflicht selbst und zwar dann, wenn zumindest theoretisch ein eingreifendes Tun noch möglich war[718]. In dieser Beschneidung insbesondere des Gesinnungsstrafrechts ist selbstverständlich eine Reaktion auf die ideologisch motivierte Jurisdiktion des Nationalsozialismus zu sehen.
Aber auch der BGH hat ein Verhalten, wie es zuvor beschrieben worden ist, im Ergebnis als strafwürdig erachtet. Der Weg, eine Strafbarkeit über die Gesinnung zu erreichen, war ihm allerdings versperrt, so daß die Richter angehalten waren, eine andere Lösung zu suchen. Die Richter haben diese darin gese-

---

712 Vergleiche etwa RGSt 75, 354 (359) (Urt. v. 9. Oktober 1941).

713 BGHSt 1, 266 (Urt. v. 28. Juni 1951).

714 BGHSt 1, 266 (268, 269).

715 BGHSt 1, 266 (269).

716 BGH a. a. O.

717 Die Annahme einer „gemeinen Gefahr“ im Sinne des § 330 c RStGB durch das Reichsgericht erscheint aufgrund der kurzen, nicht in eine tiefere Begründung gehenden Ausführungen zudem als fraglich, vergleiche RGSt 71, 200 (203 unten).

718 Vergleiche BGHSt 1, 266 (269).

hen, den liegengebliebenen Leichnam als Gefahr für den Straßenverkehr einzustufen und so die Tatbestandsalternative der „gemeinen Gefahr“ als erfüllt zu bewerten[719]. Eingedenk der Tatsache, daß, als Gegenbeispiel, in früheren Entscheidungen etwa der Krieg[720] als gemeine Gefahr eingestuft worden war, erscheint es als zumindest fraglich, einen auf der Straße legenden Körper mit nur knapper Begründung als gemeine Gefahr zu definieren. Hier erklärt sich auch, warum der BGH in dieser Entscheidung versucht hat herauszuarbeiten, das Reichsgericht habe gleichfalls auf das Merkmal der „gemeinen Gefahr“ abgestellt[721]: Hierdurch wollten sie ihr Urteil in eine bereits bestehende Linie der Rechtsprechung einordnen. Festzuhalten bleibt aber, daß das gewünschte Ergebnis, nämlich das Bejahen der Strafbarkeit, dem Gericht hier offensichtlich den Weg vorgegeben hat. Der vom Reichsgericht in der Zeit des Nationalsozialismus begonnene Weg der Haftungsausweitung wurde vom BGH im Ergebnis mit einer anderen Begründung fortgeführt.

III. Bewertung des Verlaufes

Um die Tatsache zu erklären, daß Verkehrsunfälle heute die quantitativ bedeutendste Gruppe der Rechtsprechung des BGH zu § 323 c StGB darstellen, während sich unter den älteren Entscheidungen des Reichsgerichtes keine entsprechenden Urteile finden, bedarf es keines Rückgriffs auf die vorangestellte Hypothese oder einer Untersuchung hinsichtlich der sich wandelnden Bedeutung der „Solidarität“ in den unterschiedlichen Gesellschaftssystemen, vor deren Hintergrund oder auf deren Basis dieser Rechtsprechungsverlauf erfolgt ist. Der Grund heißt schlicht, daß sich zu Zeiten des Reichsgericht viel weniger Unfälle im Straßenverkehr ereigneten und daß die Zahl die Hilfsmöglichkeiten infolge der technischen und technologischen Weiterentwicklung insbesondere in diesem Jahrhundert zugenommen hat. Zu diesen technisch begründeten Einflüssen auf die Judikatur ist bereits weiter oben das Notwendige gesagt worden.
Die für diese Arbeit interessante „Zunahme“ der Haftung ist eine andere. Das Reichsgericht hatte sich allein auf Tatbestände aus dem Kreis der echten Unterlassungsdelikte beschränkt, der BGH hat dagegen mit den oben skizzierten Folgen das Feld der unechten Unterlassungsdelikte betreten. Diese Tatsache stellt zweifelsohne eine qualitative Ausweitung dar, die ihre Gründe in dem im Rahmen der Arbeit dargestellten gesellschaftlichen Wandel findet.

---

719 Vergleiche BGHSt 1, 266 (269); BGH bei *Martin*, DAR 1960, 67.

720 BayObLGSt 1915, 9.

721 Vergleiche dazu oben auf Seite 216.

D. Die Hilfspflicht des Arztes bei Unglücksfällen

Der letzte Bereich, in dem einer Entwicklung in der Rechtsprechung von Reichsgericht und BGH nachgegangen werden soll, ist die Frage nach der Hilfspflicht des Arztes. Der Unterschied zu den vorangegangenen Untersuchungen ist dabei der, daß nicht nachvollzogen wird, ob ein Unglücksfall vorliegt und welche Voraussetzungen die Judikatur an die Bejahung dieses Tatbestandsmerkmals im Laufe der Zeit gestellt hat, sondern ob, wann und wie eine bestimmte Gruppe möglicher Adressaten hilfspflichtig war, welchen Umfang ihre Pflicht also hatte. Womöglich ist auch auf diesem Gebiet der „Qualität der Hilfeleistung" eine vergleichbare Entwicklung erfolgt. Sollte auch hier eine Haftungsausweitung zu verzeichnen sein, so stellt diese einen weiteren Beleg für die Hypothese dar, zumal sie damit auf einem anderen Gebiet stattgefunden hätte.

I. Die Position in der Rechtsprechung des Reichsgerichts[722]

Einen Arzt, der bei einem Unglücksfall zugegen ist, trifft die in § 330 c StGB - respektive seit 1980 in § 323 c StGB - normierte Hilfeleistungspflicht, wie sie jeden anderen Menschen auch trifft, der einer solchen Situation ansichtig wird. Dies stellt sich als Selbstverständlichkeit dar, da die Nothilfevorschrift ja gerade eine „Jedermann-Hilfspflicht" konstituiert. Der Berufsstand der Ärzte kann aber in bestimmten Fällen des § 330 c StGB bzw. des § 323 c StGB in besonderer Weise betroffen sein.

Seit in der höchstrichterlichen Rechtsprechung klargestellt worden ist, daß die Ursache, die den Unglücksfall herbeigeführt hat, keineswegs allein eine äußere Ursache sein müsse, sondern daß darüber hinaus unter bestimmten Voraussetzungen auch innere Anlässe genügen könnten, um das Vorliegen eines Unglücksfalles zu begründen[723], können auch Krankheiten einen solchen darstellen. Nach Auffassung des Reichsgerichtes im ersten hier einschlägigen Urteil soll eine schwere Krankheit dabei nicht per se einen Unglücksfall darstellen, sondern vielmehr nur dann, wenn sie sich zu einem plötzlichen Ereignis fortentwickelt, das eine erhebliche Schädigung verursacht und weiteren Schaden zu verursachen droht[724]. Wird in einer derartigen Situation ein Arzt um Hilfe gerufen, so kann er unter Umständen Hilfspflichtiger im Sinne der Vorschrift werden. Auf diesem Wege wird der Täterkreis nicht auf die bei der Notsituation

722 Da wie bekannt keine Entscheidungen des Reichsgericht zu § 360 Nr. 10 RStGB existieren, beginnt auch diese Darstellung mit § 330 c StGB a. F.

723 Seit RGSt 75, 68 (70) (Urt. v. 19. Dezember 1940).

724 RG a. a. O. Diese Position nimmt die Rechtsprechung - mit gewissen Modifikationen - bis heute ein. Vergleiche ausführlicher *Kreuzer*, S. 41-49.

Anwesenden beschränkt, sondern auf Abwesende, insbesondere auf um zu Hilfe Gerufene, ausgedehnt; begründet wird dieses Vorgehen damit, daß nicht die räumliche Nähe des Hilfsbedürftigen zu dem Nichthelfenden ausschlaggebend sei, sondern die funktionale Beziehung zwischen der Notlage und der potentiellen Hilfsquelle[725]. An diesem Prinzip hat die Judikatur bis in die heutige Zeit festgehalten[726].
Da natürlich vor allem Ärzte in Fällen sich verschlimmernder Krankheiten zu Hilfe gerufen werden, ist dieser Kreis möglicher Täter durch die Rechtsprechung besonders betroffen. Um aber eine Belastung über die Maßen zu vermeiden - wie sie von der Vorschrift ja auch nicht intendiert ist - stellte das Reichsgericht gleich in der ersten Entscheidung klar, daß es keine besonderen Pflichten für die Ärzteschaft habe schaffen wollen. Ausdrücklich heißt es in der Begründung, aus § 330 c StGB könnten keine Sonderpflichten für Ärzte abgeleitet werden und daß aus diesem Grunde ein Unterlassen des Besuches von Schwerkranken durch einen Arzt nicht ohne weiteres unter diese Strafvorschrift falle. Eine Verpflichtung, gemäß § 330 c StGB zu helfen, entstehe auch für einen Arzt im Einzelfall nur unter denselben Voraussetzungen wie für jedermann[727]. Zwar könnten sich Art, Maß und Umfang der zu leistenden Hilfe nach den jeweiligen Fähigkeiten der beteiligten Pflichtigen richten, die Frage, ob überhaupt eine Hilfeleistungspflicht bestünde, werde auf diesem Wege nicht beantwortet[728].

Ähnlich hatte das Reichsgericht kurz darauf in einem Fall entschieden, in dem der Arzt in einer kleinen Ortschaft trotz mehrmaliger dringender Anrufe einer Hebamme in den Nachtstunden wegen plötzlich auftretender Komplikationen bei einer Geburt nicht zum Ort des Geschehens gekommen war, obwohl der Hausarzt der werdenden Mutter aufgrund einer gestörten Telefonverbindung nicht und ein anderer Arzt nur in einem entfernteren Ort zu erreichen war[729]. Auch in diesem Fall wurden zur Bejahung eines Unglücksfalles und für die Hilfspflicht des Arztes selbst keine besonderen Voraussetzungen aufgestellt.
Nach Auffassung des Reichsgerichtes oblagen Ärzten also trotz möglicher Fälle, in denen Krankheiten als Unglücksfälle eingestuft worden sind, keine Sonderpflichten, was ihre Hilfeleistungsverpflichtung im Rahmen des § 330 c StGB betraf.

---

725 *Spendel*, in: LK-StGB § 323 c Rn. 106 m. w. N.

726 Vergleiche nur BGHSt 21, 50 (Urt. v. 22. März 1966); BGH JZ 1983, 151 (Urt. v. 26. Oktober 1982).

727 RGSt 75, 68 (72, 73).

728 RGSt 75, 68 (73).

729 RGSt 75, 160 (Urt. v. 11. März 1941).

II. Die Entwicklung in der Rechtsprechung des BGH

Der ersten Entscheidung des BGH, in der es um die Hilfspflicht eines Arztes ging, lag ein Sachverhalt zugrunde, in dem ein Internist sich weigerte, einen verunglückten und nicht unerheblich am Kopf verletzten Jungen zu untersuchen und, worum er gebeten worden war, ins Krankenhaus zu fahren, obwohl er als dort beschäftigter Arzt zehn Minuten später ohnehin dorthin fahren wollte. Der Arzt war beim Unglück nur einige Meter von der Unglücksstelle entfernt gewesen[730]. Im Ergebnis bejahte das Gericht eine Strafbarkeit des Arztes. Beim Unglücksfall in dieser Fallkonstellation handelte es sich, anders als in den vorangegangenen Fällen, die dem Reichsgericht vorlagen, nicht um eine sich plötzlich verschlimmernde Krankheit, und der Arzt war auch nicht von weiterer Entfernung gerufen worden, um den Jungen zu versorgen. Es handelte sich also um den „typischen" Unglücksfall im Rahmen von § 330 c StGB (323 c StGB). Die Richter blieben auch in diesem Zusammenhang dabei, daß die Vorschrift der unterlassenen Hilfeleistung keine ärztlichen Sonderpflichten erzeuge, daß aber bei Bestehen eines Unglücksfalles der Umfang der Hilfeleistungspflicht von der ärztlichen Sachkunde bestimmt und beeinflußt werde[731]. Der BGH blieb also der Linie treu, die bereits das Reichsgericht eingeschlagen hatte, eine Haftungsausweitung hatte zu diesem Zeitpunkt noch nicht stattgefunden.

Dies bleibt auch für eine weitere Entscheidung des BGH festzuhalten, in der, anders als in der gerade vorgestellten Entscheidung, wieder der Verlauf einer Krankheit den Unglücksfall bildete. Zwar schrieb das Gericht schon im Leitsatz des Urteils fest, daß eine Strafbarkeit nach § 330 c StGB auch dann zu bejahen sei, wenn das Opfer bei Ankunft des herbeigerufenen Arztes auf jeden Fall verstorben wäre, dieser aber zu einem Zeitpunkt *informiert* worden war, zu dem eine Hilfeleistung noch möglich war. Maßgeblich war nach Dafürhalten des Gerichtes also der Zeitpunkt, zu dem den Arzt der an ihn gerichtete Hilferuf erreichte; als Maßstab galt die Beurteilung durch einen verständigen Dritten in dem Augenblick, in dem sich die Notwendigkeit zu helfen herausstellte[732]. Diese Feststellung, daß die Erfolgsaussichten der Hilfeleistung bei der Beantwortung der Frage, ob eine Strafbarkeit wegen unterlassener Hilfeleistung vorliegt, nicht in Betracht zu ziehen, sondern die ex - ante - Betrachtung entscheidend sei, stellt, wie die vorangegangenen Ausführungen zu § 330 c StGB alte und neue Fassung schon zuvor gezeigt haben, keine tatsächliche Ausweitung dar.

---

730 BGHSt 2, 296 (Urt. v. 22. April 1952).

731 BGHSt 2, 296 (298, 299).

732 BGHSt 17, 166 (169) (Urt. v. 2. März 1962); vergleiche auch BGH 14, 213 (216). An der Auffassung, auf die Erfolgsaussichten der Hilfeleistung käme es nicht an, hat der BGH bis heute festgehalten, vergleiche nur BGH NStZ 1985, 409 (Urt. v. 3. April 1985).

Überdies hat sie keinen ausweitenden Einfluß speziell auf die Pflichten des Arztes. Der BGH hat also auch in seiner Entscheidung aus dem Jahre 1962 keine qualitative Ausweitung etwaiger Arztverantwortung vorgenommen. Wenige Jahre später sollte sich dies allerdings ändern.
Dem Urteil[733], in dem die Veränderung der Betrachtungsweise deutlich wird, lag folgendes Geschehen zugrunde: Eine ältere Frau kam in ihrer Wohnung zu Fall und konnte sich aus eigener Kraft nicht mehr aufrichten. Der herbeigerufene praktische Arzt stellte eine Verdachtsdiagnose auf Schenkelhalsbruch. Er veranlaßte daraufhin eine Überführung der Frau ins Krankenhaus. Der Angeklagte, der Oberarzt der chirurgischen Abteilung, war telefonisch über die Einlieferung informiert worden, wollte aber erst am folgenden Tag im Rahmen der Arztvisite nach der Frau sehen. Er ordnete zudem an, die Patientin ruhig zu lagern und ihr eine schmerzstillende Spritze zu verabreichen. Erst einen weiteren Tag nach der Visite ließ er das Bein der Verunglückten röntgen, meinte angesichts des Bruches, „da könne man nichts machen" und ließ weiterhin nur schmerzstillende Maßnahmen vornehmen. In die Krankengeschichte trug er fälschlich ein, es habe lediglich ein Bluterguß vorgelegen; nach dem Rückgang der Schmerzen wurde die Patientin aus dem Krankenhaus entlassen. Das Bein war infolge der nicht erfolgten operativen Einrichtung fehlerhaft zusammengewachsen[734]. Der Angeklagte war aufgrund dieses Geschehens von der Vorinstanz wegen unterlassener Hilfeleistung verurteilt worden, der BGH bestätigte dieses Urteil.
Die Haftungsausweitung ist darin zu finden, daß der BGH eine Untersuchungs- und Behandlungspflicht sogar dann vom Krankenhausarzt fordert, wenn ein anderer Arzt zuvor den Verunglückten untersucht und nach Möglichkeit versorgt hat. Ein Unglücksfall im Sinne der Vorschrift der unterlassenen Hilfeleistung erfordert vom Arzt also nicht nur eine allgemeine Untersuchungspflicht, sondern, nach Auffassung des Gerichts, darüber hinaus eine fachärztliche Nachuntersuchung, wenn der Arzt seiner Hilfeleistungspflicht ausreichend nachkommen will[735]. In den vorangegangenen Entscheidungen hatten die Gerichte den Arzt immer nur deshalb strafrechtlich belangt, weil er nicht geholfen hatte, weil er also überhaupt nicht aktiv geworden ist. In diesem Urteil ging der BGH darüber hinaus und bestrafte den Arzt, weil er nach Ansicht des Gerichts nicht richtig gehandelt hatte. Zwar ist allgemein anerkannt, daß es nicht genügt, wenn der Pflichtige irgend etwas tut, wenn er beispielsweise nur Scheinmaßnahmen ergreift[736]. Das Gericht wollte den Arzt im vorliegenden Fall aber darüber hinaus zu einer bestimmten Behandlungsmethode (Röntgen der Verletzten spätestens

---

733 BGHSt 21, 50 (Urt. v. 22. März 1966)

734 BGHSt 21, 50 (50-52).

735 BGHSt 21, 50 (54).

736 BGH a. a. O. mit weiteren Nachweisen auch zur Literatur.

am zweiten Tage der Behandlung) verpflichten. Es erscheint zumindest fraglich, ob eine derart weitgehende Verpflichtung tatsächlich aus § 330 c StGB (§323 c StGB) hergeleitet werden kann, wenn dabei nicht doch ärztliche Sonderpflichten begründet werden sollen[737]; sicher erscheint aber, daß es sich hier um eine qualitative Ausweitung der an den Arzt gestellten Anforderungen handelt.
Daneben wird die ausweitende Tendenz, die sich in diesem Urteil zeigt, noch an Folgendem deutlich: Die Richter führten aus, der Unglücksfall dauere an, bis die gebotene und zumutbare Hilfe geleistet wäre, d. h. bis zur Vornahme der Röntgenuntersuchung am folgenden Tag. Solange habe auch die Hilfspflicht des Angeklagten und, da er dieser nicht nachgekommen war, das strafbare Verhalten des Angeklagten fortbestanden[738]. Betrachtet man diese zeitliche Ausdehnung des Unglücksfalles, dann könnte man annehmen, jeder Krankenhausaufenthalt von der Einweisung bis zur Entlassung stellte einen Unglücksfall dar[739]. Auch unter Enthaltung einer Bewertung dieser Rechtsprechung bleibt hier zu konstatieren, daß der BGH die Hilfspflicht von Medizinern bei Unglücksfällen ausgedehnt hat[740].

III. Bewertung des Verlaufes

Seit 1940 hat das Reichsgericht Erkrankungen zumindest dann zur Erfüllung des Tatbestandsmerkmals „Unglücksfall" genügen lassen, wenn sie sich plötzlich verschlimmerten und noch weiteren Schaden zu verursachen drohten. In der Zeit davor hatte das Reichsgericht bekanntlich zu diesem Thema geschwiegen - Entscheidungen dieses Gerichts zum § 360 Nr. 10 RStGB liegen, wie schon dargelegt wurde, keine vor - , was natürlich auch für diesen Bereich Rückschlüsse für die geringere Bedeutung im liberalistisch geprägten Zeitalter erlaubt. Der BGH schließlich hat mit seinem Urteil aus dem Jahre 1966 für eine weitere Ausdehnung der Haftung gesorgt. Wenn einem - ohnehin nur nachbehandelnden - Arzt, der zwar nicht ordnungsgemäß behandelt, aber wenigstens schmerzstillend eingreift, eine Behandlungsweise über mehrere Tage hinweg vom Gericht vorgeschrieben wird, dann ist hierin ohne weiteres eine qualitative Ausweitung der Hilfspflicht zu sehen, die zumindest in die Richtung einer ärztlichen Sonderpflicht geht.
Die eingangs aufgestellte Behauptung von einer Haftungsausweitung auf dem Gebiet der Solidarpflichten und hier im speziellen bei § 323 c StGB vor dem Hintergrund der dargestellten und motiviert durch die gesellschaftliche Ent-

---

737 Ausführlich dazu *Kreuzer*, in: NJW 1967, 278 f.

738 BGHSt 21, 50 (55).

739 Vergleiche dazu auch kritisch *Kreuzer*, in: NJW 1967, 278 (279).

740 In diese Richtung wohl auch *Spendel* (vergleiche LK StGB § 323c Rn. 113), der dieser Entwicklung grundsätzlich positiv gegenüber steht. Dort finden sich auch zahlreiche Nachweise zu kritischen Stimmen in der Literatur, siehe Fußnote 146 ebenda.

wicklung wird auch in diesem Bereich der Hilfspflichten, die sich aus dem Tatbestand der unterlassenen Hilfeleistung ergeben können, bestätigt.

E. Zusammenfassung der Erkenntnisse

In Anbetracht der untersuchten Gebiete läßt sich feststellen, daß der vermutete Verlauf der Jurisdiktion dem tatsächlichen entspricht. Gleich, ob man allgemein den Begriff des Unglücksfalles betrachtet oder speziell den Umfang der Hilfspflicht des Arztes: Der BGH hat in seiner Rechtsprechung sowohl in der Festlegung des Tatbestandsmerkmals Unglücksfall als auch hinsichtlich des Umfangs der Hilfeleistungspflichten im Vergleich mit der Judikatur des Reichsgerichtes eine Ausweitung der Pflichten vorgenommen.

Auch wenn selbstverständlich auf diesem Gebiet gleichfalls, wie zuvor schon bei den unechten Unterlassungsdelikten, außerrechtliche Einflüsse - namentlich der wirtschaftlich-technische Fortschritt - merkliche Spuren hinterlassen haben, so wird trotzdem deutlich, daß in der Entwicklung von den Urteilen aus der Zeit des Liberalismus bis hin zu den Entscheidungen der vom Solidarismus geprägten heutigen Zeit vor allem der Bedeutungszuwachs einer Solidaritätsgarantie die entscheidende Triebfeder gewesen ist; schließlich ist die Vorschrift der unterlassenen Hilfeleistung auch gewissermaßen das Musterbeispiel für eine verrechtlichte Solidarpflicht. Eine Gesamtbetrachtung der zuvor dargestellten Entwicklungen in den einzelnen Gebieten und der dort vorgenommenen Analysen läßt ohne weiteres den Schluß zu, daß die Hypothese, die auf den Bedeutungszuwachs der Solidarpflichten abstellte, um den Verlauf der Rechtsprechung zu prognostizieren, bestätigt wird durch den tatsächlichen Gang der Judikatur. Auch der hinter dieser Entwicklung stehende Grund der verstärkten Bedeutung von Solidarpflichten in den untersuchten Epochen entspricht, wie die Analysen belegt haben, dem prognostizierten.

Vergleicht man nun die auf dem Gebiet der unechten Unterlassungsdelikte erfolgten Entwicklungen mit dem hier aufgezeigten Fortgang der Rechtsprechung, dann lassen sich folgende Rückschlüsse ziehen:
Der von der Judikatur beschrittene Weg ist bei der Vorschrift des § 323 c StGB quasi parallel zur Entwicklung bei den unechten Unterlassungsdelikten verlaufen, sofern man die Garantenstellungen betrachtet, die einen stärkeren Bezug zu Solidarverpflichtungen aufweisen. Diese Pflichten nehmen, wie im ersten Teil der Arbeit sichtbar wurde, einen erheblichen Anteil unter den Garantenpositionen ein. Die Ähnlichkeit ist insbesondere deshalb von Interesse, weil es sich bei der unterlassenen Hilfeleistung um ein Gebot im rechtlichen Sinne handelt, während die unechten Unterlassungsdelikte und mit ihnen die Garantenstellungen ja bekanntlich als abgeleitete Gebote dem Kreis der Verbote

entstammen. Wenn nun die Entwicklung der Rechtsprechung bezüglich einer Solidarpflicht „reinsten Wassers“, dem § 323 c StGB, als weitgehend übereinstimmend zu der Richtung bei den das Element der Solidarität enthaltenen Garantenstellungen und -pflichten zu charakterisieren ist, dann erlaubt diese Tatsache auch eine Schlußfolgerung hinsichtlich der Bedeutung der Solidarpflichten bei der Entwicklung zu den Garantenstellungen. Aufgrund des übereinstimmenden Verlaufes wird deutlich, daß die Frage nach dem Bedeutungswandel der Solidarpflichten für die Garantenjudikatur nicht einfach nur eine Ursache unter vielen für den Gang der Dinge darstellte, sondern eine wesentliche Rolle gespielt hat. Die Tatsache, daß der BGH auf beiden Gebieten einen übereinstimmenden Ausbau vorgenommen hat, läßt diesen Rückschluß auf das Feld der unechten Unterlassungsdelikte durchaus zu.

Eingangs der Arbeit war festgehalten worden, daß die Verbote dem Gedanken des Individualismus entstammen, der Kreis der Gebote aber der Garantie der Solidarität zuzuschreiben ist. Die unechten Unterlassungsdelikte sind ihrem Wesen nach von Verboten abgeleitete Gebote und stellen von daher keine typischen Beispiele für eine besondere Bedeutung eben der garantierten Solidarität dar, wie es die originären Gebote tun. Wenn nun aber sowohl die Darstellung der Entwicklung im ersten Teil der Arbeit als auch der zuletzt gezogene Vergleich mit dem Verlauf bei der unterlassenen Hilfeleistung gezeigt hat, daß der entsprechende Einfluß von großer, insgesamt noch anwachsender Wichtigkeit ist, dann drängt sich in einer abschließenden Gesamtschau folgender Eindruck auf: Ihren Ursprung haben die unechten Unterlassungsdelikte im Kreis der Verbote. Die Aufgabe der „Garantie der Solidarität“ ist damit nicht unbedingt ihr Leitgedanke. Durch den erheblichen Bedeutungszuwachs aber, den die höchstrichterliche Judikatur den Solidarpflichten im Zusammenspiel mit den Garantenstellungen in der jüngeren Geschichte einräumt, hat sie de facto weite Teile der Strafbarkeit wegen unechten Unterlassens entgegen deren eigentlichen Charakter auf den Komplex der (originären) Gebote überführt, die Bedeutung der Garantie der Solidarität hat bei den hergeleiteten Geboten im untersuchten Zeitraum erheblich zugenommen.

Literaturverzeichnis

Albrecht, Hans-Jörg; Heine, Günter; Meinberg, Volker: Umweltschutz durch Strafrecht? (Empirische und rechtsvergleichende Untersuchungsvorhaben zum Umweltstrafrecht und zur Umweltkriminalität), in: ZStW 96 (1984), 943 f.

Bärwinkel, Richard: Zur Struktur der Garantieverhältnisse bei den unechten Unterlassungsdelikten, Dissertation, Berlin 1968

Barth, Heinrich: Die Nothilfe im neuen deutschen Strafrecht, in: JW 1935, 2320 f.

Beckerath, Erwin von (Hrsg.) u. a.: Handwörterbuch der Sozialwissenschaften, Band 9, Göttingen 1956

Bergmann, Klaus: Anmerkung zu BGH StV 1993, 517, in: StV 1993, 518 f.

Binding, Karl: Lehrbuch des Gemeinen Deutschen Strafrechts, Besonderer Teil, 2. Bd., 2. Abt., Leipzig 1905

Bockelmann, Paul: Betrug verübt durch Schweigen, in: Festschrift für Eberhard Schmidt, S. 437 f., Göttingen 1961

Bohne, Gotthold: Anmerkung zu RG JW 1932, 2720, in: JW 1932, 2720 f.

Bottke, Wilfried: Anmerkung zu BGH JR 1989, 430, in: JR 1989, 432 f.

Bracher, Karl Dietrich, Funke, Manfred, Jacobsen, Hans-Adolf: Die Weimarer Republik, 1918-1933, Bonn 1998

Brammsen, Jörg: Die Entstehungsvoraussetzungen der Garantenpflichten Dissertation, Berlin 1986

derselbe: Strafrechtliche Rückrufpflichten bei fehlerhaften Produkten? in: GA 1993, 96 f.

Brockhaus: Brockhaus - Die Enzyklopädie in 24 Bänden, Band 20, 20. Auflage, Leipzig, Mannheim 1998

Busch, Richard: Zur gesetzlichen Begründung der Strafbarkeit unechten Unterlassens, in: Festschrift für Hellmuth von Weber zum 70. Geburtstag, S. 201 f., Bonn 1963

Dahm, Georg: Anmerkung zum Urteil des Reichsgerichts vom 20. Mai 1936, in: DR 1940, 1421 f.

de Witt, Siegfried; Huffmann, Johann-Friedrich: Nichteheliche Lebensgemeinschaft, 2. Auflage, München 1986

Doering, Detlef: Strafrechtliche Garantenpflicht aus homosexueller Lebensgemeinschaft?, in: MDR 1972, 664 f.

Dölling, Dieter: Suizid und unterlassene Hilfeleistung, in: NJW 1986, 1011 f.

Dörner, Heinrich: Industrialisierung und Familienrecht, Dissertation, Berlin 1974

Ebermayer, Ludwig; Rosenberg, Werner; Lobe, Adolf: Strafgesetzbuch, 4. Auflage, Berlin, Leipzig 1929
Frank, Hans (Hrsg.): Nationalsozialistische Leitsätze für ein neues deutsches Strafrecht, 2. Teil, Berlin 1936
Frank, Reinhart: Das Strafgesetzbuch für das Deutsche Volk, 8.-10. Auflage, Tübingen 1911, 18. Auflage Tübingen 1931
Frellesen, Peter: Die Zumutbarkeit der Hilfeleistung, Dissertation, Frankfurt 1980
Furtner, Georg: Hilfeleistung nach § 330 c StGB trotz Gefahr eigener strafgerichtlicher Verfolgung?, in: NJW 1961, 1196 f.
Gallas, Wilhelm: Die strafrechtliche Verantwortung der am Bau Beschäftigten, Heidelberg 1963
derselbe: Studien zum Unterlassungsdelikt, Heidelberg 1989
derselbe: Der dogmatische Teil des Alternativ-Entwurfs, in: ZStW 80 (1968), 1 f.
derselbe: Zur Revision des § 330 c, in: JZ 1952, 396 f.
Geilen, Gerd: Zur Mitverantwortung des Gastwirts bei Trunkenheit am Steuer, in: JZ 1965, 469 f.
derselbe: Garantenpflichten aus ehelicher und eheähnlicher Gemeinschaft, in: FamRZ 1961, 147 f.
Georgakis, Jannis: Hilfspflicht und Erfolgsabwendungspflicht im Strafrecht, Dissertation, Leipzig 1938
Görtemaker, Manfred: Deutschland im 19. Jahrhundert – Entwicklungslinien, Bonn 1996
Grünwald, Gerald: Zur gesetzlichen Regelung der unechten Unterlassungsdelikte, in: ZStW 70 (1958), 412 f.
derselbe: Der Vorsatz des Unterlassungsdeliktes, in: Festschrift für Hellmuth Mayer, S. 281 f., Berlin 1965
Gürtner, Franz; Freisler, Roland: Das neue Strafrecht. Grundsätzliche Gedanken zum Geleit von Franz Gürtner und Roland Freisler., Berlin 1936
Heinitz, Ernst: Anmerkung zu BGH JR 1955, 104, in: JR 1954, 105 f.
derselbe: Teilnahme und unterlassene Hilfeleistung beim Selbstmord, in: JR 1954, 403 f.
Henkel, Heinrich: Strafrichter und Gesetz im neuen Staat, Hamburg 1934
Herzberg, Rolf Dieter: Die Unterlassung im Strafrecht und das Garantenprinzip, Berlin 1992
derselbe: Zur Garantenstellung aus vorangegangenem Tun, in: JZ 1986, 986 f.
Huschens, Werner: Die unterlassene Hilfeleistung im nationalsozialistischen Strafrecht, Dissertation, Freiburg 1938
Jähnke, Burghard; Laufhütte, Heinrich Wilhelm; Odersky, Walter: Leipziger Kommentar zum Strafgesetzbuch, Großkommentar, 11. Auflage, Berlin, New York 1992-1998

Jakobs, Günther: Strafrecht Allgemeiner Teil: Die Grundlagen und die Zurechnungslehre, 2. Auflage, Berlin, New York 1991
Jarass, Hans Dieter, Pieroth, Bodo: Grundgesetz für die Bundesrepublik Deutschland, 4. Auflage, München 1997
Jauernig, Othmar (Hrsg.): Bürgerliches Gesetzbuch, 8. Auflage, München 1997
Jescheck, Hans-Heinrich, Weigend, Thomas: Lehrbuch des Strafrechts, Allgemeiner Teil, 5. Auflage, Berlin 1996
Jescheck, Hans-Heinrich: Die Behandlung der unechten Unterlassungsdelikte in neueren StGB-Entwürfen, in: Festschrift für Herbert Tröndle S. 795 f., Berlin 1989
Kauczor, Herbert: Ist das Nichteingreifen bei fremden Selbstmord gemäß § 330c StGB strafbar?, in: NJW 1962, 479 f.
Kaufmann, Armin: Die Dogmatik der Unterlassungsdelikte, Göttingen 1959
Kohlrausch, Eduard: Strafgesetzbuch, 29. Auflage, Berlin 1930; 38. Auflage, Berlin 1944
derselbe; Lange, Richard: Strafgesetzbuch, 43. Auflage, Berlin 1961
Kreuzer, Arthur: Ärztliche Hilfeleistungspflicht bei Unglücksfällen im Rahmen des § 330 c StGB, Dissertation, Hamburg 1965
derselbe: Die unterlassene ärztliche Hilfeleistungspflicht in der Rechtsprechung, in: NJW 1967, 278 f.
Kühne, Hans-Heiner: Geschäftstüchtigkeit oder Betrug?, Kehl am Rhein 1978
Kuhlen, Lothar: Strafhaftung bei unterlassenem Rückruf gesundheitsgefährdender Produkte, in: NStZ 1990, 566 f.
Lackner, Karl; Kühl, Kristian: Strafgesetzbuch, 21. Auflage, München 1995
Lammers, Hans Heinrich: Die Staatsführung im Dritten Reich, in: DJ 1934, 1296 f.
Landscheidt, Christoph: Zur Problematik der Garantenpflichten aus verantwortlicher Stellung in bestimmten Räumlichkeiten, Dissertation, Berlin 1985
Lange, Richard: Ordnungswidrigkeiten als Vergehen, in: GA 1953, 1 f.
Laufs, Adolf: Ein Jahrhundert wird besichtigt - Rechtsentwicklungen in Deutschland: 1900 - 1999, in: JuS 2000, 1 f.
Lilie, Hans: Garantenstellungen für nahestehende Personen, in: JZ 1991, 541 f.
Löwe/Rosenberg (Hrsg.: Peter Rieß): Die Strafprozeßordnung und das Gerichtsverfassungsgesetz, 24. Auflage, Berlin 1989
Loos, Fritz: Anmerkung zu BGH JR 1982, 341, in: JR 1982, 342 f.
Maaß, Wolfgang: Betrug verübt durch Schweigen, Dissertation, Gießen 1982
Mann, Golo (Hrsg.): Weltgeschichte - Eine Universalgeschichte - 8. Band: Das neunzehnte Jahrhundert, Frankfurt 1980
Maurach, Reinhart; Gössel, Karl Heinz; Zipf, Heinz: Strafrecht Allgemeiner Teil, Teilband 2, 7. Auflage, Heidelberg 1989

Meier, Bernd-Dieter: Verbraucherschutz durch Strafrecht?, in: NJW 1992, 3193 f.
Metz, Karl H.: Solidarität und Geschichte, Institutionen und sozialer Begriff der Solidarität in Westeuropa im 19. Jahrhundert, in: Solidarität (Rechtsphilosophische Hefte; Bd. 4), S. 17 f., Frankfurt a. M., Berlin u. a. 1995
Meyer-Bahlburg, Hartwig: Zur gesetzlichen Regelung der unechten Unterlassungsdelikte, in: MschKrim 48 (1965), 247 f.
Mezger, Edmund: Deutsches Strafrecht. Ein Grundriß, Berlin 1938
derselbe: Anmerkung zu RG JW 1934, 1418, in: JW 1934, 1418 f.
Morgenstern, Henrike: Unterlassene Hilfeleistung, Solidarität und Recht, Dissertation, Frankfurt, Berlin 1997
Müller, Ingo: Furchtbare Juristen, München 1989
Nagler, Johannes: Die Problematik der Begehung durch Unterlassung, in: GS 111, 1 f.
Naucke, Wolfgang: Ausnutzen einer Fehlbuchung kein Betrug durch Unterlassen, in: NJW 1994, 2809 f.
Nohlen, Dieter (Hrsg.): Wörterbuch Staat und Politik, Bonn 1998
Olshausen, Justus von: Kommentar zum Strafgesetzbuch, 11. Auflage, Berlin 1927
Otto, Harro: Vorangegangenes Tun als Grundlage strafrechtlicher Haftung, in: NJW 1974, 528 f.
Palandt, Otto: Bürgerliches Gesetzbuch, 57. Auflage, München 1998
Posener, Paul: Strafprozeßordnung, Berlin 1924
Ranft, Otfried: Rechtsprechungsübersicht zu den Unterlassungsdelikten, in: JZ 1987, 859 f., 908 f.
Rudolphi, Hans-Joachim; Horn, Eckhard; Samson, Erich; Günther, Hans-Ludwig: Systematischer Kommentar zum Strafgesetzbuch, Stand: Oktober 1998, Neuwied
Samson, Erich: Probleme strafrechtlicher Produkthaftung, in: StV 1991, 182 f.
derselbe: Begehung und Unterlassung, in: Festschrift für Hans Welzel zum 70. Geburtstag, S. 579 f., Berlin, New York 1974
Sangenstedt, Christof: Garantenstellung und Garantenpflicht von Amtsträgern, Dissertation, Frankfurt 1989
Schäfer, Leopold: Die Einzelheiten der Strafrechtsnovelle vom 28. Juni 1935, in: DJ 1935, 998 f.
Schäfer, Ernst; Dohnany, Hans von: Die Strafgesetzgebung der Jahre 1931 bis 1935, Nachtrag zur 18. Auflage von Reinhart Frank, Das Strafgesetzbuch für das Deutsche Reich, Tübingen 1936
Schaffstein, Friedrich: Formalismus im Strafrecht, in: DR 1934, 349 f.
Schem, Joachim: Die Analogie im Strafrecht, Dissertation, Breslau 1936
Schickert, Wilhelm: Anmerkung zu RG DR 1940, 2057, in: DR 1940, 2057 f.

Schmidt-Leichner, Hans: Anmerkung zu BGH NJW 1952, 512 (=BGHSt 2, 129), in: NJW 1952, 512 f.
Schmidt-Salzer, Joachim: Strafrechtliche Produkthaftung - Das Lederspray-Urteil des BGH, in: NJW 1990, 2966 f.
Schmitt, Rudolf: Das Recht auf den eigenen Tod, in: MDR 1986, 617 f.
Schönke, Adolf: Strafgesetzbuch, 1. Auflage, München 1942; 3. Auflage, München 1947
derselbe; Schröder, Horst: Strafgesetzbuch, 8. Auflage München 1957; 25. Auflage, München 1997
Schünemann, Bernd: Grund und Grenzen der unechten Unterlassungsdelikte, Dissertation, Göttingen 1971
Schwarz, Otto: Strafgesetzbuch, 2. Auflage, München, Berlin 1934; 11. Auflage, München, Berlin 1942
derselbe: Strafprozeßordnung, 7. Auflage , München, Berlin 1939
Schweiger, Karl: Selbstmord und Hilfeleistung, in: NJW 1955, 816 f.
Seelmann, Kurt: "Unterlassene Hilfeleistung" oder: Was darf das Strafrecht?, in: JuS 1995, 281 f.
derselbe: Opferinteressen und Handlungsverantwortung in der Garantenpflichtdogmatik, in: GA 1989, 241 f.
derselbe: Solidaritätspflichten im Strafrecht? in: Recht und Moral: Beiträge zu einer Standortbestimmung, S. 295 f., Baden-Baden 1991
Storsberg, Günther: Der gegenwärtige Umfang der Nothilfepflicht im Strafgesetzbuch, Dissertation, Göttingen 1952
Stree, Walter: Beteiligung an vorsätzlicher Selbstgefährdung - BGHSt 32, 262 und BGH NStZ 1984, 452, in: JuS 1985, 179 f.
Tenckhoff, Jörg: Garantenstellung des Wohnungsinhabers bei Angriffen auf einen Gast - BGHSt 27, 10, in: NJW 1978, 308 f.
Tröndle, Herbert: Strafgesetzbuch, 48. Auflage, München 1997
Vermander, Eduard: Unfallsituation und Hilfspflicht im Rahmen des § 330 c StGB, Tübingen 1969
Wassermann, Rudolf (Hrsg.): Kommentar zum Strafgesetzbuch, Reihe Alternativkommentare, Band 1, §§ 1-21, Neuwied 1990
derselbe: Kommentar zur Strafprozeßordnung, Reihe Alternativkommentare, Band 2, Teilband 1, Neuwied 1992
Weber, Hellmuth von: Anmerkung zu BGH NJW 1953, 1072, in: NJW 1953, 1072 f.
Wehler, Hans-Ulrich: Deutsche Gesellschaftsgeschichte, Dritter Band: 1849-1914, München 1995
Welp, Jürgen: Vorangegangenes Tun als Grundlage einer Handlungsäquivalenz der Unterlassung, Dissertation, Berlin 1968
Welzel, Hans: Das deutsche Strafrecht, 11. Auflage, Berlin 1969
derselbe: Anmerkung zu BGH JZ 1960, 178, in: JZ 1960, 179 f.

Welzel, Hans: Zur Problematik der Unterlassungsdelikte, in: JZ 1958, 494 f.
Werber, Wolfgang: Analogie- und Rückwirkungsverbot im Dritten Reich unter Berücksichtigung der Kontinuitätsfrage zur Weimarer Zeit, Dissertation, Bonn 1998
Werle, Gerhard: Justiz-Strafrecht und polizeiliche Verbrechensbekämpfung im Dritten Reich, Berlin, New York 1989
Wessels, Johannes: Strafrecht Allgemeiner Teil, Die Straftat und ihr Aufbau, 25. Auflage, Heidelberg 1995
Wolf, Erik: Das Rechtsideal des nationalsozialistischen Staates, in: ARSP 28 (1935), 349 f.
Zeichner, Wolfgang: Die Entwicklung der Rechtsprechung zur Garantenstellung aus enger Lebensgemeinschaft seit der Gründung des Reichsgerichts, Dissertation, Göttingen 1973

Anstelle eines eigenen Abkürzungsverzeichnisses wird verwiesen auf:

Kirchner, Hildebert: Abkürzungsverzeichnis der Rechtssprache, 4. Auflage Berlin 1993

FSC
www.fsc.org
MIX
Papier | Fördert
gute Waldnutzung
FSC® C083411

Kolibri 360 GmbH
Ferdinand-Jühlke-Straße 7
99095 Erfurt, Deutschland
produktsicherheit@kolibri360.de

Druck:
CPI Druckdienstleistungen GmbH
im Auftrag der
Kolibri 360 GmbH
Ferdinand-Jühlke-Str. 7
99095 Erfurt